中国秘书史

杨树森 张树文 著

安徽大学出版社

图书在版编目(CIP)数据

中国秘书史 / 杨树森,张树文著. ——合肥:安徽大学出版社,2003.8(2016.1重印)
 ISBN 978－7－81052－688－3

Ⅰ.①中… Ⅱ.①杨… ②张… Ⅲ.①秘书学－历史－中国 Ⅳ.①C931.46－092

中国版本图书馆 CIP 数据核字(2003)第 054175 号

中国秘书史

杨树森　张树文　著

出版发行	安徽大学出版社	印　刷	合肥现代印务有限公司
	(合肥市肥西路3号 邮编230039)	经　销	全国新华书店
联系电话	编辑部 0551－65108846	开　本	880×1230　1/32
	发行部 0551－65107716	印　张	9.125
电子信箱	ahdxchps@mail.hf.ah.cn	字　数	210 千
责任编辑	谈　菁	版　次	2006 年 8 月第 2 版
封面设计	孟献辉	印　次	2016 年 1 月第 6 次印刷

ISBN 978－7－81052－688－3　　　定价 16.00 元

如有影响阅读的印装质量问题,请与出版社发行部联系调换

目　次

引　言 …………………………………………………… 1

上　编

第一章　中国古代的秘书机构和秘书人员 ……………… 9
　第一节　中国秘书工作的起源 …………………………… 9
　第二节　中国最早的秘书官职和秘书机构 …………… 15
　第三节　春秋战国以后历代秘书机构和秘书官职
　　　　　的演变 ………………………………………… 22
　第四节　中国古代的非官方秘书 ……………………… 40
　第五节　中国古代对秘书素质的要求和秘书
　　　　　的培养、选拔 ………………………………… 45
　第六节　中国古代著名秘书和当过秘书的名人 ……… 57
　复习思考题 ……………………………………………… 74

第二章　中国古代的文书档案工作 …………………… 76
　第一节　公务文书和文书档案工作的出现 …………… 76
　第二节　中国古代公文种类和名称的演变 …………… 82
　第三节　中国古代的文书工作制度 …………………… 94
　第四节　中国古代的公文文风和公文写作理论 …… 102

第五节　中国古代公文的载体、制作工具和书写字体
　　　　　的演变 ·· 111
　　第六节　中国古代档案工作概况 ······························ 128
　　复习思考题 ··· 143

第三章　中国古代其他秘书工作 ······························ 145
　　第一节　中国古代历史上的社会调查 ······················· 145
　　第二节　中国古代驿传制度和信息传递方法 ············· 151
　　第三节　中国古代秘书参谋言谏职能考辨 ················ 156
　　第四节　中国古代的信访工作 ································ 163
　　第五节　中国古代的会务工作 ································ 168
　　第六节　中国古代的保密工作和印玺管理 ················ 173
　　复习思考题 ··· 181

下　编

第四章　中华民国的秘书工作 ···································· 183
　　第一节　民国各时期秘书机构的演变 ······················· 183
　　第二节　民国时期的文书工作 ································ 190
　　第三节　民国时期的档案工作 ································ 199
　　第四节　民国时期的其他秘书工作 ·························· 204
　　复习思考题 ··· 209

第五章　民主革命时期中国共产党的秘书工作 ············· 211
　　第一节　建党初期和大革命时期的秘书工作 ············· 211
　　第二节　土地革命战争时期的秘书工作 ···················· 216
　　第三节　抗日战争时期的秘书工作 ·························· 225
　　第四节　人民解放战争时期的秘书工作 ···················· 233
　　第五节　民主革命时期中共领导下的秘书工作的特点 ··· 238
　　复习思考题 ··· 239

第六章　新中国成立后的秘书工作 …………… 241
　第一节　建国初期的秘书工作 ………………… 241
　第二节　"文革"时期的秘书工作 ……………… 252
　第三节　新时期秘书工作的恢复和发展 ……… 259
　复习思考题 ……………………………………… 277

附　录　中国历史朝代沿革表 …………………… 279
主要参考书目 ……………………………………… 281
后　记 ……………………………………………… 282
再版后记 …………………………………………… 284

引 言

一、中国秘书史的研究目的

中国秘书史是研究我国秘书工作的产生、发展状况和发展规律的一门学科。就像政治工作者应该熟悉政治史知识、经济工作者应该了解经济史知识、教育工作者应该了解教育史知识一样，一位合格的秘书工作者也应该对我国的秘书史有所了解。中国秘书史理所当然应该成为秘书专业高等教育的一门必修课程。

研究中国秘书史的目的主要是：通过对中国历史上秘书工作发展规律的探讨，总结历史上秘书工作的经验，吸取反面教训，为现实的秘书工作服务。

作为一门历史学科，毫无疑问应该解决历史上的秘书工作是"什么样子"的问题，这个问题基本上属于知识性问题，而秘书工作是一项实践性极强的工作，需要的是能力和经验，而能力的培养、经验的获得，除了通过工作中的实际锻炼之外，认真总结历史经验、了解秘书工作的发展脉络和规律，也是其中一个重要方面。从这一目的出发，中国秘书史就不能仅仅满足于告诉读者历史上的秘书工作是"什么样子"的有关知识，还应告诉读者有哪些历史经验值得继承和借鉴，哪些教训应该记取。

二、中国秘书史的研究对象

为了达到这个目的，中国秘书史的研究对象应该包括哪些范围呢？这里有五个问题必须加以明确。

首先,要明确中国秘书史的研究对象,就必须解决"哪些工作属于秘书工作"的问题。在现代秘书学中,"秘书"这一概念是一个有诸多不同理解的概念。按照1999年版《辞海》,秘书是一个"职务名称",是"掌管文件并协助领导人处理日常工作的人员"。这是一种狭义的解释。在我国秘书学界的各种专著、教材、学术论文中,对"秘书"这一基本概念的定义多达几十种。但一个有趣的现象是,尽管对"秘书"的定义差别很大,但对于"秘书部门"或"秘书机构"的理解,则并没有多大的分歧:秘书机构就是指各级各类机关、单位中区别于具体业务部门的综合办事机构。在基层机关或较小的企事业单位,秘书部门就是"办公室";在较高层次的机关或大型企事业单位,除了办公厅以外,独立于办公厅的"政策研究室"、"信访办公室"等也属于秘书机构。

现代秘书工作就是秘书部门所承担的具体工作。根据我国各级各类机关秘书部门承担的秘书工作实际内容,秘书工作包括以下三个方面二十余项具体事务:

(1)政务性工作——秘书部门承担的直接为领导决策服务的综合性工作,主要有调查研究、信息工作、参谋咨询、协调工作、督查工作、议案(提案)工作、文稿撰写。

(2)业务性工作——秘书部门承担的带有专业性质的工作,主要有文书工作、档案工作、资料工作、会务工作、谈判事务、信访工作、网站管理、公关工作、保密工作。

(3)事务性工作——秘书部门承担的一些机关具体事务,主要有领导日程安排、随从工作、通信联络、接待工作、值班工作、机关日常事务管理。

在以上各项工作中,有一些自古以来就是秘书工作的重要内容,例如调查研究、信息工作、会务工作、文书工作、档案工作、信访工作等等;有一些则是直到新时期才正式成为秘书部门的例行工作,例如督查工作、公关工作、网站管理等等。有一些工作纯粹属于事务性工作,虽然从业务量来说,在现代秘书工作中占有相当大的比重,但很难说有什么历史规律可循,例如领导日程安排、接待工作、值班工作等等,这些工作肯定是自古就有的,但详细考证它们在历史上的状况似乎没有多大的意义。因此,中国秘书史不能面面俱到地对所有这些工作的历史状况都作详细考察,而应该有所侧重。

第二,要明确中国秘书史的研究对象,就必须澄清历代"什么人是秘书、哪些官职属于秘书官职、哪些机构属于秘书机构"的问题。因为秘书工作是由秘书人员和秘书机构来完成的,中国秘书史当然要把我国古代秘书人员的素质要求、秘书人才的培养选拔,秘书官职的设置,秘书机构的演变等等作为它的重要研究对象。

按照现代秘书学观点,秘书是为领导、主管或雇主提供辅助管理、综合服务的人员。依此类推,古代的秘书也就应该是为帝王公侯和各级主官提供辅助管理、综合服务的人员。历史上绝大多数文职官员或长或短担任过秘书性质的职务,但我们不能笼统地说他们都是秘书,因为对于历史人物的评价,是以他在历史活动中的主要经历为依据的,一个只任过很短时间秘书职务的名人(如唐代的韩愈、清代的林则徐),是不宜称为"著名秘书"的。有的秘书史读本在介绍历代重要秘书时,将蒲松龄也列入其中,这是否恰当?蒲松龄以其《聊斋志异》的文学成就闻名于后世,而当知县的秘书(幕僚)只有一年,以此就说他是重要秘书显然是不恰当的。我们认为,关于蒲松龄,我们可以说他当过秘书,而且当得不错,对此可以在适当的篇章中予以介绍,但不宜将他归入古代著名秘书的行列。如果蒲松龄也算"重要秘书",那么我们在介绍当代重要秘书时,岂不是要把毛泽东、邓小平都算作重要秘书?因为毛泽东是党的一大的兼职秘书,还是中共历史上第一位专职秘书,而邓小平则三次出任中共中央秘书长。假如某一本"中国现代著名秘书"的书中列有毛泽东、邓小平的名字,恐怕是很不妥当的。

关于古代哪些官职属于秘书职务,哪些衙门属于秘书机构,也是一个无法回避的问题。有的秘书史读本将历代丞相都说成是皇帝的"办公厅主任",将丞相府说成是皇帝的"办公厅"。众所周知,丞相在历代都是"一人之下,万人之上"的最高官职,如果连丞相都算是秘书官职,那么历代除皇帝和将帅等武官外,中央政府的所有官职则都可以说是秘书官职了,地方政府中除主官外,所有从官也都可以说是秘书官职了。这样处理不仅将秘书职务的范围定得太宽,同时也给秘书史知识体系内部造成了不可解脱的矛盾。有一本秘书史专著,前面说秦代"秘书工作以丞相府为主,御史大夫为辅","丞相府实际是皇帝处理政务的办公厅,丞相则相当于皇帝的办公厅主任";后面又说御史(大夫)"相当于皇帝的秘书长"。这里的"办公厅主任"也好,"秘书长"也好,都是一种比方,但谁都知道,办公厅主任是受秘书长领导的,"为主"的秘书机构丞相府的首脑(丞相),要受"为辅"的秘书机构御史寺的主官(御史大夫)的领导,这里的关系似乎总难理顺。究其原因,乃是把不属于秘书官职的丞相一职硬说成是秘书官的结果。

第三,要明确中国秘书史的研究对象,还必须界定"史"这一概念的确切含义,也就是本学科研究对象的时代上下限问题。有的名为"中国秘书史"的读本只讲到清代,对辛亥革命以后的秘书工作不作研究考察,这样的读本只能算是"中国古代秘书史"。1993年,全国高等教育自学考试指导委员会关于秘书专业考试计划的"主要课程说明"中明确指出:开设中国秘书简史这门课程的主要目的是:"了解中国历代(尤其是近现代)秘书工作的概况,能运用马克思主义的基本观点和方法分析、甄别其中可供借鉴的历史经验,为现实的秘书工作服务。"这里特别强调了"近现代"秘书工作的历史经验对今天的借鉴价值。根据这一精神,中国秘书史这门学科的研究范围,就决不能只将年代下限定为清代,而应该包括辛亥革命以后直至当代的秘书工作。

有的秘书史读本不谈当代秘书工作的发展,这种处理方法可以避开一些当代敏感的问题。但是我们认为,以探讨历史上秘书工作发展规律、总结秘书工作历史经验为目的的秘书史研究,是不应该回避这一段历史的。随着市场经济体制的建立,目前我国的秘书工作与建国之初的秘书工作相比,已经有很大的不同,甚至与改革开放之初的秘书工作也有明显的区别,而"文革"时期的秘书工作的反面教训,永远值得后人记取。目前我国的秘书工作制度,与50年的历史息息相关,如果秘书史回避这50年的历史,是不利于把握当代秘书工作的规律的。因此,我们认为一本内容全面的名副其实的《中国秘书史》,应该包括当代秘书工作的历史发展,其年代下限以定在20世纪90年代中期为宜,即市场经济体制开始运行之时。之所以留下最近几年不谈,是因为最新的秘书工作发展情况可以在"秘书学概论"或"秘书实务"等学科中加以研究或介绍;而且作为历史经验的总结,也应该留下一段时间等待实践的检验。

第四,要明确中国秘书史的研究对象,还应该搞清楚中国秘书史的分期问题。在中国政治和社会发展史上,从1840年鸦片战争到1919年五四运动爆发,被称为中国近代史,它在中国历史上无疑是一个非常重要的时期。但从秘书工作的角度看,从1840年到1911年辛亥革命爆发,除了出现了少量近代企业因而也产生了近代企业秘书外,秘书工作在其他方面没有什么实质性的变化。而1911年的辛亥革命和随之于1912年初建立的南京临时政府,在我国秘书史上是一个真正的分水岭。由于从辛亥革命到五四运动只有几年时间,而且五四运动对秘书工作的历史发展并没有产生重大的直接影响,因此五四运动虽然可以作为中国近代史和现代史的的分界点,但却不宜作为中国秘书史的分界点。中国秘书史的研究没有必要与中国政治和社会发展史一样,分为古代(1840年以前)、近代(1840~1919)、现当代(1919年以后)三个时期,而应以辛亥革命为界,将中国秘书工作的历史发展分为古代和现当代两个时期,1911~1919这几年的秘书工作,应该归入现当代秘书工作加以介绍。

在近现代秘书工作史中,1911~1949年的秘书工作,又应该分为中华民国的秘书工作和中国共产党领导下的秘书工作两条线来研究,这是因为,中国共产党的秘书工作与民国政府的秘书工作不仅在工作内容上,而且在工作方法上都有明显的区别,而新中国的秘书工作主要是在民主革命时期中国共产党领导下的秘书工作的基础上建立和发展起来的。有一本秘书史专著在"中华民国时期的秘书工作"一章中,只用了七分之一的篇幅极为简略地介绍"中国共产党的秘书工作",这样处理是不够妥当的。

第五,要明确中国秘书史的研究对象,还必须搞清楚秘书工作、秘书部门和秘书人员究竟是什么关系。秘书人员所干的工作是秘书工作,秘书人员所在的机构就是秘书机构,这似乎没有什么问题。但事实上不是这么简单,尤其是在古代。一个普遍的现象是,许多朝代朝廷和中央政府的秘书工作是由几个部门共同承担的,如唐宋的中书省和门下省,清代的内阁和军机处;从另一方面看,一些机构除了承担秘书工作外,还承担其他许多事务,如秦代的御史府承担许多典型的秘书工作,但同时又有监察官吏的职责。从秘书人员和秘书工作的关系看,担任典型的秘书官职的当然主要从事秘书工作,但有些人并没有担任过多长时间的秘书官,但所做的一些事情则具有秘书工作的性质,例如,唐代的韩愈和宋代的王安石,一生当秘书官的时间很短,但在任其他官职时写过许多著名的公文,堪称公文写作的典范,而撰写公文显然是一项主要的秘书业务。总之,历代秘书人员、秘书机构和秘书工作三者之间存在交叉关系。本书作为中国秘书通史读本,以总结历史上秘书工作的经验为主要目的,所涉及的机构就不能仅限于典型的秘书机构,所涉及的人员也不能仅限于典型的秘书官员。

三、中国秘书史的研究方法

关于中国秘书史的研究方法问题,是同它的研究目的和研究对象紧密联系在一起的。"方法本身就是对象的内在原则和灵魂"(列宁:《哲学笔记》,第237页)。秘书史首先是"史",而任何历史都是"过去发生过的事实"。因此,研究中国秘书工作发展史,必须像其他任何历史科学的研究一样,需要掌握足够的资料,运用校勘、考据、训诂等文献整理的方法,没有这些基础的资料收集和文献整理过程,所谓中国秘书史的研究就只能是空中楼阁。在这方面,一些学者已经做过许多有益的、艰苦的基础工作。关于古代秘书史,这里特别需要提出的是杨剑宇先生的《中国秘书史》,这本出版于20世纪80年代的学术专著,在秘书史研究领域是具有开创意义的,尤其是在资料的翔实性方面,这本书无疑为以后的秘书史研究开创了一个先例。

但是作为一门以探讨历史经验和发展规律为目的的专门史,又不能满足于对史料的直接引用或客观描述,而应该在充分占有资料的基础上,运用科学的方法对历史经验加以总结。我们认为,在中国秘书史的研究方法上,应该注意以下几点:

第一,必须以现代秘书学理论为指导。作为一项专门史,涉及许多秘书学的专门知识。秘书学在我国是一门出现于20世纪80年代初的新兴学科,由于中国秘书工作与西方秘书工作存在着极大的差异,因此秘书学不能像大众传播学、公共关系学等学科一样,通过引进西方的理论体系和研究成果而在较短时期内走向成熟。为数有限的20世纪80年代出版的秘书史读本,虽然做了开创性工作,有着不可抹杀的历史贡献,但当时秘书学知识体系尚处于初创阶段,有的理论很不成熟,因而在分析古代秘书工作现象时不免缺少现代秘书理论的指导,有的结论难以经得住推敲。例如,现代秘书学认为秘书是为领导或雇主提供辅助管理、综合服务的人员,而不仅仅是从事文书写作或管理的人,因此,就不能把文字的出现或公务文书的出现作为秘书工作起源的必要条件。我国历史上契丹族建立辽国的时候,尚没有文字,但其建国过程中显然有大量的辅助性或参谋性服务,因而也就有秘书人员和秘书工作。但一些秘书史读本却明确地说文字和公务文书的出现是秘书工作产生的先决条件,这显然是不符合现代秘书学理论的。

第二,必须避免体系内部的矛盾。任何理论体系内部不能包含逻辑矛盾,这是逻辑学的基本要求。在进行中国秘书史研究的时候,体系内部的无矛盾性无疑是基本要求之一。然而,中国秘书史上却有一些现象似乎难以解释,例如,魏晋南北朝时期我国公文写作理论研究取得了很大成就,但也正是在这一时期,公文文风却日益颓败,形式主义盛行,在公文写作实践上是一个大倒退时期,以致到了隋、唐时代有许多有作为的政治家呼吁对六朝文风进行彻底改革。对类似这些现象,如果仅作客观的描述,就会使人感到迷茫,必须从理论上给以合理的解释,才能真正揭示历史发展的规律。

再如,有的秘书史读本说秦代的丞相"相当于皇帝的办公厅主任",又说"副丞相"御史大夫"相当于皇帝的秘书长",而我们知道,在当代秘书长的职位高于办公厅主任,而古代"副丞相"显然是低于丞相的职位的。这显然难以自圆其说。

第三,必须坚持历史唯物主义观点,真正用历史的眼光分析历史现象。在中国秘书史上,有一些正面经验值得继承,例如西周的社会调查制度、唐太宗创立的文书签发前的执论制度等等;也有一些非常不好的反面教训值得记取,例如极为丑陋的文书避讳制度、一再出现的宦官秘书专权干政现象等等。但是,秘书史上更多的现象具有两面性,例如春秋战国时期档案的大量流失,客观上为利用档案传道授业创造了条件;武则天为鼓励告密而设置的匦使院,客观上却开创了中央政府设立专门信访机构的先河等等。对这些历史现象必须用历史唯物主义的观点加以客观分析,给予恰如其分的评价。

为了使中国秘书史的研究更好地为现实秘书工作和秘书教育事业服务,本书对古代秘书史部分不采取断代史的方法,而采用专项内容纵向考察的方法,希望能让读者对秘书工作的每一个重要方面的历史发展脉络有一个立体的把握。

上 编

第一章 中国古代的秘书机构和秘书人员

第一节 中国秘书工作的起源

一、关于中国秘书工作起源的不同观点

中华民族素以历史悠久、文献丰富而闻名于世。中国秘书工作发展的历史,也是源远流长。

关于中国历史上的秘书工作究竟发端于何时,学术界有两种不同的观点。一种观点认为,"秘书工作是随文书的产生而出现的。探讨中国文书的起源,必须紧紧抓住两点:一是中国文字的出现,二是中国阶级社会的出现"。因此,公务文书的出现也就是秘书工作的出现,"不但是在有了文字以后,而且是在有了阶级统治以后才有可能"(李欣等编著:《中国现代秘书工作基础》,

第39页）。历史常识告诉我们，中国的阶级社会始于夏代，根据上述观点，中国的秘书工作发端应该是在夏代，也就是作为阶级统治工具的国家出现以后，距今四千年左右。持这一观点的还有刘登山先生，他直接指出："秘书工作产生于夏代的奴隶社会。"（刘登山：《秘书学教程》，第15页）

另一种观点认为，"秘书工作的产生必须具有两个条件：文字和有领导部门的社会组织"。根据这两个条件，"可以推断，从广义的范围来说，我国的秘书工作起源于部落联盟的昌盛时期，即黄帝至禹时期，约距今四千五百年至四千一百年之间；从狭义的范围而论，它起源于黄帝时期，即距今约四千五百年至四千四百年之间的龙山文化晚期，最迟当启端于尧舜时期"（杨剑宇：《中国秘书史》，第11页、20页）。

二、秘书工作产生的条件——社会组织领导集团的出现

上述两种观点都把文字的出现作为秘书工作产生的必要条件，我们认为，虽然历史上的秘书工作可能确实产生于文字出现以后，但从理论上说，文字的出现并不是秘书工作产生的必要条件。

把文字的出现作为秘书工作产生的必要条件，是基于这样一个推论：公务文书就是公务活动中产生的文字材料，有了文字才会有公务文书；有了公务文书才会有撰写、处理和保管公务文书的秘书人员，才会有秘书工作。这一推论的一个隐含前提是：秘书工作就是有关公务文书的工作。而这一前提是不符合现代秘书学观点的。

尽管1999年版《辞海》仍然将作为职务名称之一的"秘书"一词解释为"掌管文件并协助领导处理日常工作的人员"，但事实上秘书队伍中的许多人并不承担"掌管文件"的具体事务，因此《辞海》的这一释义不是"秘书"的准确定义。现代秘书学认为，秘书是为领导或雇主"提供辅助管理、综合服务的人员"（陈合宜著：《秘书学》，第18页），秘书工作的范围是非常广的，即按照

《中国现代秘书工作基础》的解释,党政机关秘书工作是"以为领导者的工作运转和决策服务为宗旨,在办文、办会、办事等方面从事参谋性、助理性工作"(该书第144页)。"办文、办会、办事"这三个主要方面,只有办文一项是以公务文书为工作对象,其他两方面虽然也会用到文书,但文书只是作为一种手段或必然产生的结果(现代社会有哪一项工作能脱离文书呢)。

根据对我国各级各类机关和企事业单位办公室所承担的实际工作的调查,秘书工作的内容包括政务性工作、业务性工作、事务性工作等三个方面二十余项业务,而其中只有文书工作和档案工作是以公务文书为工作对象的。因此,尽管文书档案工作是秘书部门诸项业务中占有相当大比重的工作,但秘书工作的范围则远远大于文书档案工作的范围。由此可见,文字的出现只是文书档案工作产生的必要条件,而不能笼统地说它是秘书工作产生的必要条件。

关于文字或公务文书的出现不是秘书工作产生的前提条件,这里还有两个旁证:

第一,我国古代的契丹族,自公元4世纪起即活跃于北方,其社会发展阶段处于原始社会后期,到7世纪时,形成了相对稳定的部落联盟,9世纪末进入奴隶制社会,公元916年,原来的部落联盟首领阿保机称帝建立辽国,而直到这时,契丹族仍然没有文字,而是"刻木契记事"。公元920年,阿保机才命从侄鲁不古和突吕不创制契丹文字。而在这之前,契丹族的部落联盟管理活动中,早已有了秘书工作。与此类似,北方女真族在公元1115年建立奴隶主国家"大金"之后,才创造出女真文字。

第二,新中国成立初期,我国有的社会发展水平比较低的少数民族也处于原始社会末期阶段,或奴隶社会阶段,他们没有自己的文字,也不使用汉字,其部落内部进行管理并不使用公务文书,但其首领(酋长)却配有助手,这些助手帮助酋长做一些收集信息、传达命令、筹备集会和对外联络等工作,这些工作显然具有秘书工作的性质。

秘书工作既然只能定义为"为领导提供辅助管理、综合服务的工作",从理论上说,当社会组织发展到一定规模并形成相对稳定的领导人或领导集团的时候,为这些领导提供辅助管理、综合服务的秘书工作也就随之出现了,而不管这时是否已经有了文字和公务文书。因此,社会组织领导人和领导集团的出现,既是秘书工作产生的必要条件,也是秘书工作产生的充分条件。

下面我们就来考察分析秘书工作产生的这一条件出现的时间。

三、原始社会组织发展情况及其领导集团的形成

考古发现的化石证明我国最早的人类祖先距今有二百多万年的历史。最早的人类是以原始人群的方式生活的,虽然原始人群已经是一种社会组织,但其组织结构极其简单,没有形成发号施令的领导者或领导集团,因此不具备秘书工作产生的条件。

经过漫长而缓慢的发展过程,到原始社会后期,逐渐形成了以血统关系结成的稳定的社会基本经济单位——氏族。氏族组织发展到一定规模后,又出现了若干血缘相近的氏族联合而成的胞族,若干胞族组成更大的社会组织部落,部落由两个以上血缘相近的胞族或氏族构成,它通常有自己的地域、名称、方言、宗教、习俗,并形成了管理公共事务的机构和部落首领。我国古代传说中的有巢氏、燧人氏、伏羲氏、神农氏等就是这样一些部落首领。

到传说中的黄帝时期,华夏土地上又出现了若干部落联合而成的部落联盟,当时黄帝是中原最大部落联盟的首领,在黄河上游有以炎帝为首领的羌人部落联盟,在南方长江流域则有以蚩尤为首领的九黎族部落联盟。根据这些传说,一个部落联盟所居住的区域是很大的,大的部落联盟超过现在的一个省。

原始社会末期的氏族、部落和部落联盟的管理实行原始民主制，凡遇重大事务，由氏族全体成员、氏族族长或部落酋长议事会讨论决定，而氏族族长、部落酋长、部落联盟首领，均需分别经过其成员推举产生。

传说中的部落联盟有时发动大规模的军事行动，如黄帝部落与炎帝部落曾联合发动了征服南方蚩尤部落的战争，后来黄帝部落又征服了炎帝部落，人们拥戴黄帝为"天子"，号轩辕氏，定都涿鹿，各部落表示服从命令。部落联盟除组织共同的军事行动外，还具有加强部落间经济、文化联系等职能。由此可见，部落联盟组织是一个很大区域的最高行政组织，内部有相当严密的管理系统，不然无法解释它何以能发动、指挥大规模的战争行动。据传黄帝设置了分管各项工作的官职——"六相"，组成了部落联盟的领导集团，而黄帝就是这一领导集团的核心。

四、关于我国秘书工作起源的推断

在以黄帝为首的这样颇具规模的管理系统中，需要有提供"辅助管理综合服务"的秘书工作，应该说是没有疑义的。古籍记载，黄帝不仅设立了分管各项事务的"六相"，而且设置了专门的"秘书官"——史官，他们有名有姓，如仓颉、沮诵、孔甲等均当过黄帝的史官（关于史官下一节还将详细讨论）。由此可见，黄帝时期就有了名副其实的秘书工作，因此，以上所引我国古代"秘书工作产生于夏代的奴隶社会"的观点是可以排除的。

现在的问题是，我们能否根据以上材料就断定我国秘书工作起源于黄帝时期呢？或者说在黄帝之前就不会有秘书工作呢？

有的秘书史读本在论述黄帝前没有秘书工作时写道：在黄帝之前，"一个氏族集中居住于一个村落，地域小，人口少，公共事务简单，凡交流情况，互通信息，通过交谈即能办到，如需决定重要问题，往往在村落中央的公共房屋中商议而定，因此，首领运用口语即能了解情况、表示意见、发出指令……管理工作中对公务文书的要求尚不迫切,秘书工作也未产生,《淮南子·氾论》就云:'神农无制令而民从。'"(李欣主编:《中国秘书发展史》,第5页)

这段文字所描述的氏族首领实施领导的确无需秘书提供"辅助管理",但这只限于一个氏族的管理,其管理范围不超过现在的一个自然村。但是,在黄帝为首领的部落联盟形成之前,早已出现了若干氏族组成的"胞族"和若干胞族组成的"部落",一个部落的规模有多大呢?据《尧典》所载,一个部落联盟包含了9个部落,9个部落包含100个胞族,100个胞族下又包含若干氏族(即"万邦")。如此推算,一个部落大约由100个氏族组成,每个氏族按100口人计算,一个部落也有10000人。可见在部落联盟形成前,每个部落的规模就已经相当大了,部落领导机构或首领的管理活动就决非通过直接交谈即能实现的,必须有人为部落酋长的管理活动提供辅助性服务。因此,从理论上说,部落管理活动中就已经有了秘书工作。

至于"神农无制令而民从",即使它为真,也只能说明神农之时的管理活动中尚没有公务文书和与之相关的文书工作。如前所述,文书工作仅仅是秘书工作的一个重要方面,秘书工作的外延远远大于文书工作的外延,其他秘书工作先于文书工作在历史上出现是完全可能的。

我们从有关传说中黄帝时期的秘书工作的记载看,黄帝有史官多人,且有分工,这绝不是最原始的秘书工作,而是经过了一定发展阶段的比较成熟的秘书工作。

至此,我们可以得出以下结论:在原始社会后期,当若干氏族联合组成规模较大的部落时,就产生了为部落领导集团活动提供辅助管理的秘书工作,其时间距今至少有五千年左右;而到了四千五百年之前的传说中的黄帝时期,我国秘书工作已经发展到一定水平了。

第二节 中国最早的秘书官职和秘书机构

一、我国最早的秘书官职——史官

虽然从理论上推断,我国秘书工作起源于黄帝之前的原始部落形成时期,但有史籍可考的中国最早的秘书官职则是国家出现以后的"史官"。

1. 关于"史"的字形考辨

我国最早的秘书官职是史官。"史"字,小篆作𠁁,由"中"、"又"两字组成。《说文》:"史,记事者也。从又持中。中,正也。"徐铉注:"记事者当主于中正也。"按这里的解释,史就是负责记录事情的人,而记录事情,应该忠于事实,不偏不倚,这就是"中正"。这里不但将"史"解释为典型的秘书职务,而且还揭示了史的最基本的职业道德——忠于事实。

关于"史"字还有一种解释,即它像手持"中"形,而"中"乃"串"字之省,"串"像若干木片或竹简以线相连之形,与"册"相同,即古代的简牍文书档案。"又"为手形,手者持也,可解释为"掌管",这样,"史"字本身就具有"掌管文书档案(的人)"的意思。

以上两说,都把"史"字解为会意字,虽然它们对"史"字两个部件("中"和"又")的解释各不相同,但"会意"的结果却是相同的,即"史"就是古代的秘书官职,其职责是记录领导集团的事情,掌管文书档案。

2. 历史传说中的史官

"史官"一职最早起于何时,现在已无法考证,但许多典籍记载自黄帝时代起即有了"史官"一职。

《世本注》:"黄帝之世,始立史官,仓颉、沮诵居其职。"大挠、隶首、宾成"皆黄帝史官"。《史记》、《汉书》中都说仓颉、沮诵是黄帝的史官,负责记录黄帝言行。还有人说仓颉是黄帝的

"左史",主要负责"记行";沮诵是黄帝的"右史",主要负责"记言"。这可能是根据后代"左史记行,右史记言"的分工进行的主观推断,未必可信。黄帝的另一个史官孔甲,曾为黄帝著辞二十多篇,其分工相当于今天的文字秘书,其职责是给黄帝起草公文。

在黄帝的诸多史官中,关于仓颉的传说最多。传说仓颉是汉字的发明者,这一说法源于战国时代,如《世本·作篇》上说:"仓颉作书。"在《吕氏春秋》、《韩非子》中都有类似的记载。到了汉代,这类传说更加流行,也越来越神圣其人。汉武梁祠中有仓颉造字的壁画;汉碑当中有《仓颉庙碑》;而《淮南子》上则有"仓颉作书而天雨粟,鬼夜哭"的神话;到了纬书家手里,仓颉竟成了"龙颜侈侈,四目灵光"的神奇人物,还具有"生而能书"的"特异功能"。后世学者多认为,汉字不可能出自一时一人,仓颉未必确有其人,大约是对创造文字过程中贡献最大的一些人的统称,而在上古时代,能够对创造文字作出重大贡献的人就是最有学问的人。这些人在传说中成了黄帝的"史官",从一个方面说明了秘书自古以来就是由文化水准较高的人来担任的。

黄帝的秘书是否称"史官",是值得怀疑的。从可靠的史料看,"史官"之名始见于夏代,且黄帝之后的有关尧、舜、禹的传说中,也没有"史官"一职。因此,"黄帝设置史官"一说,可能是后人根据当时的官制套用于黄帝时代的一种说法。

3.夏代的史官

公元前21世纪建立的夏朝是我国第一个奴隶制国家。有了国家,才有严格意义上的"官职","史官"这一秘书官职是最早设置的官职之一。

据《夏小正》,夏朝官制有所谓三公、九卿、二十七大夫、八十一元士,共有一百二十人,其总数几倍于尧舜之时。重要官职有:后稷、司徒、司马、司寇、司空、太史令、秩宗等。其中秩宗和太史令属于秘书官职。太史令是辅佐夏王处理国政的机要秘书长,其下还有左史、右史、遒人等从官。关于夏代史官的职掌,由于年代久远,古籍中没有确切记载,《吕氏春秋·先识览》有一段记载可作参考:夏桀之时,太史令终古拿出其保管的"图法"(《太平御览》作"图书",即档案文献)向夏桀展示,并哭着劝谏夏桀收敛其荒淫无道的行为,夏桀不听劝告,于是"太史终古抱其图法以奔商(投奔商汤)"。这一记载可以说明,夏代的太史令是以掌管文书档案为主要职掌的官职。

关于"秩宗"一职,将在下文介绍。

4. 商代的史官

商代是我国奴隶制鼎盛时期,当时,奴隶主国家政权日渐完善。商朝建立了机构庞大的中央政府,政府中设有各负其责的各种官员,官职名称多达四十余种,官位二百四十人,较夏代增加一倍。这些官职大约可分为四类:政务官、武官、史官和事务官。其中的史官主要从事秘书工作。商代史官中除太史仍为商王的机要秘书长外,还有名目繁多而又分工明确的各类史官,如尹、多尹、乍(同作)册、卜、多卜、工、多工、史、北史、卿史等(陈梦家:《殷墟卜辞综述》,第106页)。这些史官类官职已初步形成不同层次、不同职掌,大致说来可以分为以下两类四种:

第一类是神职史官,包括贞卜史官和祭祀史官。贞卜史官负责占卜事宜,解释卜兆,刻写卜辞,现存殷商甲骨卜辞多出自他们之手。由于殷人尊神,凡重大行动均要占卜,请示神灵,故负责解释神灵旨意的占卜史官虽然官衔不高,但对商王和其他统治者却有很大的影响力。祭祀史官主要掌管商王朝祭神和祭祖的典礼事务。商王室定期举行祭祀活动,其规模相当大,要有条不紊地组织好祭祀典礼,必须有统一的组织指挥者,祭祀史官就是负责祭坛的布置、程序的安排、人选的拟定、位次的排列等事务的。他们的工作有点类似现代的会务工作。

第二类是人事史官,包括作册史官和记事史官。作册史官有尹、乍册等名目,原先职掌为祭祀时奉商王册命以告神灵,商代后期专门负责制作和保管重要册命(公文),其性质相当于商王的文字秘书和机要秘书。记事史官的主要职掌是记录商王言行和宫廷大事、保管档案典籍、观察天象、记录历法等。据考证,《尚书》中的《商书》、《汤誓》、《盘庚》、《高宗肜日》、《西伯戡黎》、《微子》等篇,最早都出自记事史官之手。

在以上两类史官中,神职史官处理人(统治者)与神灵和先祖之间关系的事务,人事史官处理人(统治者)与臣民之间关系的事务。从工作性质上看,人事史官职掌的事务更近似于今天的秘书工作。

商代史官的社会地位十分显赫,神职史官通过阐释天意来参与国家政治的管理,人事史官则通过掌管"官书"来参与政治生活。由于商代文化以神为本,统治者对神灵和祖先顶礼膜拜,因此神职史官的地位又高于人事史官。商代史官不仅能对国家政治施以很大的影响,同时又是当时官办贵族学校的主管者。他们垄断神坛、把持政坛、执掌学坛,其活动对后世文化产生了深远的影响。

5. 西周的史官

西周时期的国家机构有所发展,中央政府形成以卿为首的政务部门"卿事寮"和以太史为首的事务部门"太史寮"两者并列的局面。

太史寮是为王室服务的秘书处,其长官太史是周天子的秘书长。太史主要职掌是侍从天子左右以备咨询,并直接参与政事、记载重要政事活动、起草文告。太史寮中还有许多史官,将在下面介绍。据史书记载,西周不仅国王设有史官,而且所有官署和各诸侯国皆设有史官,据粗略统计,仅王室和中央各机构的史官就有千人以上。

西周的史官有两个明显特点:

其一,人事史官地位明显提高。西周时代,人们逐渐认识到礼的作用大于神鬼,"吉凶祸福在于人事好坏,而不在鬼神的威灵"(范文澜:《中国通史》,第一册,第98页)。《礼记·表记》:"周人尊礼尚施,敬鬼神而远之,近人而忠焉。"这样,整个社会就由尊神文化时期转变为尊礼文化时期,占卜祭神活动减少,神职史官不仅人数减少,而且对统治者的影响减弱,其地位明显下降。而人事史官则不论从数量上,还是在地位上,都明显地超过了神职史官。据《周礼·天官·宰夫》:"……史,掌官书以赞治。"郑玄注:"赞治若今起草文书也。"这实际上将占卜、祭神一类事务排除出史官的职责范围,明确了秘书人员以文书档案工作为主要职责,从而对我国秘书工作的发展,起到了重要的开拓作用。

其二,史官分工趋向精细明确。西周时期,由于已经出现了太史寮这样成型的秘书机构,同一机构中的不同层次和名目的史官的分工也就越来越细了。根据《周礼·春官》记载,仅太史寮中就有"五史",其职掌分别是:"太史掌邦国之六典,小史掌邦国之志,内史掌书王命,外史掌使乎四方。"(《史通》)可见其分工非常明确。在周天子的王宫内,还配置了专门记录国王言行的左、右史,专门保管天子印信的典瑞和掌节,以及我国历史上最早的女秘书——专门为王后掌管礼仪和文书的女史等等。史官的明确分工符合秘书工作发展的规律,是秘书工作发展到一定阶段的必然产物,是秘书工作发展史上的一大进步。

二、上古其他秘书官职

上古时代史官虽是主要的秘书官职,但不是惟一的秘书官职。除了史官以外,尧、舜时期和夏、商、周三代还有以下一些秘书官职:

1. 传说中的"纳言"

传说中舜当政时有"十二官"之设:天子、百揆、四岳、司空、后稷、司徒、士、共工、虞、秩宗、典乐、纳言。每官各有分工,如天子统领天下、后稷负责农事、司徒负责教化人民等等。其中"纳言"的职责是"出纳帝言"。纳言是舜时特设之官,是典型的秘书职务。《尚书·舜典》载:舜曾对担任纳言职务的龙提出要求:"帝曰:龙!朕堲谗说殄行,震惊朕师。命汝作纳言,夙夜出纳朕命。

惟允。"(大意是：龙呵！我非常讨厌那种说坏话和阳奉阴违的人，因为这种人常常以一些错误的话使我的民众震惊。命令你担任纳言的职务，早晚代我发布命令，或向我汇报下面的意见，都必须忠诚老实。")《诗·大雅·烝民》说纳言"出纳王命，王之喉舌"，郑玄解释说，纳言"如今尚书，管王喉舌也"。孔安国则解释道："纳言，喉舌之官，听下言纳于上，受上言宣于下，必以信。"可见它是一种上通下达、出纳君命的官员，当是典型的秘书官职，故有的史家称纳言为舜的秘书长。

2. 巫祝和秩宗

巫祝是原始社会末期出现的不事生产的神职人员，巫负责在神人之间传达信息，祝在祭祀活动中负责致祝词，巫祝从事的工作带有秘书工作的性质。秩宗是传说中的尧、舜两王都设置的官职之一，其职掌是司典宗教祭礼。在夏代官制设置中，也有秩宗一职。秩宗实际上是巫祝的领导人，主持最重大的祭祀活动。在上古时期，由于人们对神灵和祖先的崇拜，巫祝人员有较高的社会地位。到夏商时期，巫祝与史官逐渐融合，演变为贞卜史官和祭祀史官，夏、商、西周三代官制中的太宗、太祝、太卜等均具有巫祝的性质。

3. 西周天子的宫廷秘书——宰

宫廷中的"宰"一职，在商代是国王的专职厨师，因经常接近天子而逐渐成为国王的亲信。西周时，周王让宰掌管宫廷事务，成为宫廷秘书首领，相当于王宫的办公厅主任。

三、我国最早的综合性秘书机构——太史寮

随着国家管理的正规化，秘书工作的内容越来越多，秘书官职和秘书人数也越来越多，秘书机构的设立也就成为历史的必然。

我国最早的秘书机构出现于何时？许多秘书史读本认为，出现于商代末年、成型于西周的太史寮是我国最早的中央秘书机构。其实，在太史寮之前，殷商政权就有了专门的秘书机

构——档案管理机构。

在殷墟考古中发现有成群的大型档案库,例如在YH127坑一个库房,就集中出土了武丁时期的甲骨档案一万七千余片,这些甲骨档案,大致都有朝代可循。据考古学家考证,为了集中保管这些甲骨档案,当时已有了"归档"的做法。根据《殷墟卜辞综述》记载:"卜辞集中出土于殷都安阳,而卜辞中所记占卜地往往有在殷都以外的,可见在外地占卜的这些甲骨仍旧归档于殷都。"如纣王在征伐人方时所形成的甲骨档案,就都带回到殷都宗庙。这些相当正规的档案工作很难设想是由个别的贞卜史官完成的,当时殷商中央政权已经有了管理甲骨档案的秘书机构是显而易见的,只不过这个机构的名称及具体情况,尚无确切史料可资考证。

商代末年出现的太史寮,确切地说,是我国历史上最早的综合性秘书机构。

根据殷墟卜辞记载,太史寮出现于商代末年,其主官为太史,属下有不同层次、不同分工的史官多人。太史寮在商代仅具雏形,到西周才成为与国家行政机构"卿事寮"并列的综合性秘书机构。太史寮由以下一些史官组成:

太史——也写作"大史",为太史寮之长,属六卿之一,是一种兼管神职与人事的职官。他一方面掌管起草文书、策命诸侯卿大夫、记载史事、编写史书、管理国家典籍,另一方面又管理祭祀、天象和历法,是周王朝中职位显赫的职官,相当于中央政府的秘书长。

小史——太史的副手,主要掌管邦国之志和贵族世系,相当于管理贵族人事档案的秘书官员。有时还协助太史负责重大礼仪活动(如大祭祀、大丧、大宾客)的组织工作。

内史——也称"作册"。从职名上看,当是从商代的乍(作)册史官衍变而来。据王国维研究:"内史之官虽在卿下,然其职之机要,除冢事外,实为他卿所不及,自诗书蠡器观之,内史实执政之一人,其职与后汉以后之尚书令、唐宋之中书舍人翰林

学士、明之大学士相当,盖枢要之任也。此官周初谓之作册,其长谓之尹氏。"(《观堂集林·释史》)

外史——据《周礼·春官·大宗伯》记载:"外史,掌书外令,掌四方之志,掌三皇五帝之书,掌达书名于四方。"可知其职在书写天子下达京畿以外的命令,掌理四方邦国的史记以及三皇五帝的典籍,并负有整理、改进、推广文字的职责。

御史——也称"柱下史",因其常侍立于朝堂殿柱之下,故有此名。《史记·张丞相列传》司马贞索隐:"周秦皆有柱下史,谓御史也。所掌及侍立恒在殿柱之下。"除了经常侍立殿柱之下,接收四方文书外,御史还"掌治令",负责保管档案和典籍,属太史寮中职位最低的秘书官。

上述秘书官员统称为"五史",他们等级有高低,执掌有分工,从而标志着太史寮这一中央综合性秘书机构已经成型。

第三节 春秋战国以后历代秘书机构和秘书官职的演变

一、春秋战国时期史官地位的衰落

自传说中的黄帝时期到西周,史官一直是各代主要的秘书官职,其社会地位也一直很高。这一情况在春秋战国时期发生了根本的改变。

东周王室和列国仍设有太史、御史、小史、女史等史官,地方政府也设有令史、丞史、佐史等。史官的数量依然比较多,但史官地位却急剧下降,其中多数人再不能像以前那样掌管政府秘书机要了。例如太史一职,在西周是"太史寮"主官,位高权重,相当于中央政府的秘书长,而到春秋战国时期,其职权削弱到仅掌记录、管理史料和天文历法。春秋时期,各诸侯国主要秘书官仍叫"史官",但职权逐渐被削弱,到了战国时期,各诸侯国干脆另设秘书官职,例如秦国的尚书、魏国的主书、齐国的掌书、楚国的左徒等等。

史官社会地位下降的原因主要有：

一是社会动荡，王室衰微。春秋时期，奴隶制已经进入晚期，东周王室对诸侯国的控制大大削弱，天下出现了群雄并起、诸侯纷争的局面。司马迁描述当时的社会情况是："杀君三十二，亡国五十六，诸侯奔走不得保其社稷者，不可胜数。"（《史记·太史公自序》）在这种情况下，王室和诸侯连自身地位也得不到保障，以管理文书档案为主要职掌的史官，其社会地位下降也就成为必然了。《汉书·司马迁传》追述作为史官世家的司马氏从周王室走向各诸侯国的情形，颇具典型性："司马氏世典周史。惠襄之间，司马氏适晋。晋中军随会奔魏，而司马氏入少梁。自司马氏去周适晋，分散，或在卫，或在赵，或在秦。"这里描绘的虽然只是一幅司马氏四散图，却可以推见当时史官纷纷离开了国君身边，无权参与政务、辅助决策的普遍情形。

二是私学兴起，文化普及。史官之所以能长期身居高位，一个重要原因是秘书职务需要较高的文化水准。而在西周之前，由于贵族对教育的垄断，只有为数很少的贵族子弟可以在国家办的贵族学校接受教育，所以文化人的数量极少，史官的地位得以保持。到了春秋后期，孔子率先创办私学，主张"有教无类"，招收学生不分出身贵贱，他教授学生达三千人；此后的墨子、孟子、淳于髡等人，弟子都在千人以上。私学的发展，促进了文化的普及，使文化人的数量激增，于是秘书队伍发生了根本的变化：文化人（主要是"士"）大量补充进秘书队伍，充当国君的顾问、谋士，史官对于国君的重要意义也就削弱了。

自战国时代起，虽然各朝仍然设有史官（如司马迁就是汉武帝时的"太史令"），但已经不是主要的秘书官职，而成了以保管国家档案文献为主要职掌的职务，他们对国家大政的影响也就很微弱了。

二、秦代的秘书机构和秘书官职

公元前221年,秦始皇统一天下以后,在中央实行三公(丞相、御史大夫、太尉)九卿(中央各部门的长官,即奉常、廷尉、宗正、卫尉、太仆、少府、典客、治粟内史和郎中令)的政体。三公府是朝廷事务机构,九卿中除廷尉、治粟内史、典客、奉常四卿外,其余大多为替皇宫服务的私府,这些私府与三公府相混合,所以当时的许多秘书官员既是三公府官员,又属皇宫秘书人员,彼此界限划分得并不明显。

1. 秦代中央政府主要秘书机构——御史府

秦代"三公"都设有自己的衙门——丞相府、御史大夫府、太尉府。其中丞相府是协助皇帝处理全国政务的行政机构,太尉府是掌军事的机构,而御史府则是主要的秘书机构。

秦在战国时已设有御史之职,为国君的亲信秘书,掌记事兼纠察。秦一统天下之后,又设立了御史府,以御史大夫为长官,与丞相、太尉并列三公。御史府的主要职掌有:

(1)受理公卿、百官和吏民对皇帝和中央政府的上书。
(2)负责对大小官员的监督和考察。
(3)掌管版籍、地图等重要档案和律法档案。
(4)受命代皇帝巡视各郡县,并监理郡务。
(5)受命处理皇帝交办的特殊事宜。

以上职掌中,除第二项类似于今天的监察、纪检、组织部门的工作外,其余四项都是今天的秘书部门(办公厅)处理的事务。因此,可以说御史府相当于中央政府的办公厅,而御史大夫则相当于皇帝的秘书长或办公厅主任。

御史府的副官叫御史中丞,下隶御史、典御史等职官。御史府内也分曹办事,其中奏曹专管拟写奏章,书曹负责收受、处理文书,令曹掌管秘令、法令,印曹则掌管刻制印玺。在各曹中,又均设有令史、下隶吏禄等秘书小吏,处理具体的文书档案工作。

有的秘书史读本说"秦代丞相府实际上是皇帝处理政务的皇帝办公厅",丞相则相当于"皇帝的办公厅主任"(杨剑宇,《中国秘书史》,第89~90页),这种说法值得商榷。丞相府的职责是"掌丞天子,助理万机","以处理日常政府事务为主要工作",地方州县或军队有要事上书,"都送交丞相府,由丞相府整理后送给皇宫秘书官尚书,转呈皇帝,然后根据尚书转达的皇帝的口谕或批复进行议决、处理","凡皇帝下达的诏书,由尚书转交丞相府,分送各相关衙门执行"(李欣主编:《中国秘书发展史》,第63页)。从以上职掌看,丞相府乃是协助皇帝处理全国政务的行政机构。

2.秦代皇宫的秘书官职

秦代实行中央集权,秦始皇为了独揽大权,加强对行政机构丞相府、秘书机构御史府和军事机构太尉府等国家机构的控制,在国家秘书机构御史府之外又设置了直接为皇帝服务的皇室秘书。皇室秘书官职分为两类,一类是为皇帝处理具体事务的秘书官,主要有:

尚书——战国时是秦国主要秘书官。秦统一后,设御史府处理中央政府秘书事务,将尚书改为皇宫属官,设4人,为首的称"尚书仆射"。《通典》说:"秦时少府遣吏四人在殿中,主发书,谓之尚书。"可知其地位不高,只管殿内文书的收发,起上情下达或下情上达的作用。

太史令——即史官,负责记录大事,有时代朝廷起草文书,地位也不高。

符玺令——负责保管皇帝印玺的人员。

另一类是参谋性质的秘书官,是皇帝的谋士,主要有:

博士——为皇帝的专职谋士。秦始皇有博士70人,组成了庞大的皇帝智囊团,其为首者称"博士仆射"。博士一般通晓古今,学识渊博,备皇帝咨询。最高统治者设专门的参谋机构,这在秘书工作史上是一大进步。

给事中——侍于殿中,备顾问应对,讨论政事。

侍中——本属丞相府中办理文书的官员,因丞相常派他们往来宫中,故称"侍中",后来成为侍从于皇帝左右、出入内宫的近臣。

3. 中央各府衙、地方政府和军队中的秘书官职

丞相府、太尉府等中央各大府衙内一般设有长史一职,其职责是协助主官处理公务,是府衙的秘书长;另有主簿1人,具体掌管府中的秘书业务。

秦代实行郡县制,各郡主官为郡守,副职为郡丞,郡丞兼管秘书工作,其下则有典领文书和处理日常事务的主簿,负责文书的起草、保管、收发的记室令史等专职秘书人员。各县主官为县令或县长,副职为县丞,县丞也兼管秘书工作,其下则有主簿、书史等专职秘书。

秦代军队中的秘书官职目前尚无史料可循,但从云梦秦简中有许多军队的律令、文书看,当时应设有专门管理它们的专职秘书。

从以上秦代各级各类秘书机构和秘书官职的设置情况看,随着中央集权的封建国家的建立,与之相适应的秘书工作机构和秘书职官制度已经形成。秦王朝虽然只存在不到二十年时间,但秦代秘书机构和秘书官职的设置,对后世有很大影响。其后建立的长达四百年之久的汉王朝,在秘书机构和秘书官职的设置上,就基本上沿袭了秦代的体制。

三、汉代的秘书机构和秘书官职

1. 御史府秘书职能的加强和消失

西汉前期,沿袭秦制,设三公九卿。御史府仍为中央政府主要秘书机构,其职权有所增加,某些制书、诏书须经御史大夫过目,再发往丞相府,然后由相府发往各部门办理;下级部门或地方官署上呈的文书,也由御史初阅筛选,对违反圣意或不合规范的公文,予以筛除,直至弹劾上呈该公文的官员。御史大夫配有副职御史中丞、下隶御史30人,处理纠察百官的文书,

另有侍御史15人,分为两部分,分别对口管理中朝和外朝的往来文书,其中有符玺侍御史专管皇上的玉玺符节、治书侍御史则在皇帝身边记录言行。御史府内分曹办事,其中的奏曹专管拟写奏章;书曹负责收受、处理文书;令曹掌理秘令、法令;印曹则职掌刻印。各曹内均设有令史、下隶史掾等一般秘书小吏,从事文书档案工作。

东汉"事归台阁",御史府承担的秘书事务,一部分移至尚书台,一部分转归太尉府,已成为专事监察百官的机构,其秘书职能也就消失了。

2.尚书地位的提高和尚书台的设置

由于三公皆为开国功臣担任,其权力日渐扩大,尤其是丞相位尊权重,大有架空皇帝的趋势。为了防止相权超越皇权,汉代最高统治者采取了一系列削减三公权力的措施,重用尚书并设立尚书台就是重要措施之一。

汉武帝为削弱相权,实行君主集权专制,启用了皇宫所属尚书,掌管中央政府的机要,并以宦官为尚书之职,是为"中书"。尚书在秦代仅是负责内外传达的低级秘书职务,武帝后成为重要的秘书官。西汉末年,汉成帝将尚书署升为尚书台(又称"中台"),以尚书仆射为其主官,并复用士人充任。哀帝时,尚书台已经成为皇帝实际上的机要秘书处。到东汉光武帝时,中枢机要进一步"政归台阁",握有"主赞奏事,总领纲纪,无所不统"的重权,它不仅取代了御史府的大部秘书职权,而且取代了丞相府的一部分行政权,成为皇帝以下各官府的权力中心,而丞相府和御史府反倒成为陪衬。到东汉中期以后,实权又逐渐转移到太尉府。

两汉前后跨越四百多年,秘书机构和官职变化较大。从尚书台的发展过程看,它在西汉时期基本上是一个以掌管机要为主要职责的秘书机构。东汉前期尚书台虽然重权在握,但毕竟是通过参与机要、出纳帝命、办理章奏等秘书业务影响皇帝而干预政务的,还不是直接执行政务的机构。从机构设置的目的和职掌看,它仍然具有秘书机构的性质,这同魏晋以后中央政权的行政机构"尚书省"是有差别的。

汉成帝建尚书台前,尚书仅4人,建台时增至6人。东汉光武帝时尚书台编制猛增至67人,并分6曹办事,尚书台内有尚书令1人为主官,尚书仆射1人为其副,6曹尚书各1人,每曹又有尚书侍郎6人、尚书令史3人。

3. 皇宫其他秘书官职

虽然尚书台后来成为实际上的中央政府的机要秘书机构,但尚书台设在皇宫之内,从编制上仍属皇宫秘书机构。除此之外,皇宫还设有两类秘书官职:

第一类是以参谋言谏为主要职责的秘书职务,主要有:

博士——其职能如同秦代。到汉武帝"罢黜百家,独尊儒术"后,博士的职责转为专事学术研究,负责儒家经学的阐释、讲授、传播,成为学者,失去了皇帝智囊的作用。

郎官——郎官是代替博士职能的殿廷侍从,能直接接近皇帝,起参谋、顾问作用。带有秘书性质的郎官主要有:①谏大夫,东汉改称"谏议大夫",职责为直言极谏,提醒皇上之缺失;②中大夫——后称"光禄大夫",备顾问应对,并常被派往各地办理救灾、选士、社会调查等事宜。③议郎——专掌顾问应对的低级参谋。

第二类是主要由宦官充任的贴身秘书官,主要有:

中常侍——出入宫廷,侍从皇上,传达诏令,掌管皇帝的机要文书。

侍中——往来殿中奏事,后被提升为"切问近对"的侍从顾问,品秩虽低,权力颇大,并有了办事机构"侍中寺"。

黄门侍郎——侍从皇上,传达诏命。

中书令——汉武帝时设此官,负责为皇帝起草诏令,掌管机要文书,颇有实权。

4. 以"秘书"冠名的秘书官职的出现

东汉时期,我国历史上第一次出现了以"秘书"二字冠名的秘书官职。

《汉书·刘向传》曰:"诏向校中五经秘书。"这里的"五经秘书",皆指图书秘文。秦始皇焚毁六国图书档案文献后,社会上文献极为珍贵,西汉初年,统治者为政治需要,广泛收集社会上遗留的图书文献,集中于宫中秘藏,故称"秘书"。此"秘书"指的是物,而不是指人。

东汉建和三年(公元149年),汉桓帝刘志在朝廷首置"秘书监"一职,其职责是"掌典图籍秘书,古今文字,考合异同"(《太平御览》)。朝廷以"秘书"名称任命官员,这在我国历史上是第一次,这个官职虽然以"秘书"冠名,但从其职掌看,仅是管理图书档案的官员,虽然也是秘书工作的一项内容(南北朝之前,图书和档案没有明显的区别),但不是主要的秘书官职。

作为主要秘书职务并以"秘书"冠名的名实相符的秘书官职,是在东汉末年出现的。公元216年,汉献帝封曹操为魏王,"魏武佐汉,初建魏国,置秘书令,典尚书奏事"(《文献通考》),秘书令下隶秘书左丞和秘书右丞两职。秘书令统领王府整个秘书工作,掌管王命的撰拟、传达等事务,其职责类似现代的政府秘书长。"秘书令"一名仅存在几年时间,魏文帝曹丕废汉称帝后,就把"秘书令"改为"中书令",此后各朝直到清代末年,以"秘书"冠名的官职如"秘书郎"、"秘书丞"之类,都不是主要秘书官。虽然如此,这一职名对我国近代秘书名称的正式确立仍有重大影响。

5. 王国、地方政府和军队中的秘书机构和秘书官职

汉初分封皇帝子弟和功臣为"王",各有王国,王国内秘书机构和秘书官员设置,与中央相似。"七国之乱"后,王国权力被削弱,其官职设置遂与地方郡府相同,即有专门的秘书机构"记室"和长史、主簿、书佐、令史等秘书官职。

王国之外的地区设郡县,汉武帝后,增设州一级行政机构,全国分为十三个州,长官为刺史,东汉后又改称"州牧",州的辖域较大,相当于今天省级行政机构。州、郡、县各级地方政府中

的秘书官职名称基本相同,如副职"丞"均兼掌秘书事务,主簿在各级政府中都是主要的秘书官职,相当于今天的办公厅主任,如汉代末年被曹操杀掉的杨修的职务就是"丞相府主簿";书佐则是负责起草公文的文字秘书。各级政府中还设置了专门的秘书机构"记室",专管起草、收发文书,其性质相当于今天的秘书处(科)。

汉代军事机关除中央的太尉府外,各地驻军长官的官邸称"将军幕府",幕府内设有长史、主簿、掌书记、令史等不同级别的秘书职官,其中长史和主簿是主要秘书官。汉代以后直到清末,长史和主簿一直是军队中的秘书职务的名称。

四、从魏晋到宋代的秘书机构和秘书官职

1."三省制"的形成

魏晋南北朝的官制,上承两汉,下开隋唐,是由秦汉的三公九卿制向隋唐的三省六部制演进的过渡形式。自汉武帝开始,尚书和尚书台地位日渐重要,魏晋以后,尚书台(南朝梁改称"尚书省")从皇宫内廷独立出来,成为中央执行政务的行政机关。尚书台(省)由内廷的机要文书机构变为外廷的行政机构以后,为了收发文书、起草和传达诏令的需要,从魏晋开始,另设中书省为文书处理机关,其长官为中书监和中书令。对中书省起草的诏令,皇帝又用亲近侍从参与审议,晋代时,将自东汉起就设于内廷的侍中寺改称"门下省",以侍中为长官。至此,一直延续到宋代的"三省制"已初步形成。

三省之间的关系是"中书出令,门下审议,尚书执行"。其"中书出令"并非说中书省是发布命令的机关,而是说中书省是起草政令的机关,它根据皇帝的旨意起草的政令要经过门下省审议后,最后由皇帝亲自批准,才能成为国家的法令,然后交尚书省执行。从三省的分工看,门下省属审议机关,尚书省是行政机关,中书省则是典型的中央政府的秘书机关。当然,起草政令必然对国家大政有重大影响,加上中书省设于宫中,接近

皇帝,所以其长官中书令实际上掌有相当大的实权,但中书省的机构性质仍然是秘书机构。

2. 中书省内的官职设置和职能的变化

中书省主官初为中书监和中书令两职,六朝后废中书监,只保留中书令。

中书舍人为中书省内最主要的秘书官,南朝梁、陈时设中书舍人5人,唐代定额为6人,"掌侍进奉,参议表章,凡诏旨制敕、玺书册命,皆起草进画,既下,则署行"(《旧唐书·职官志》),"凡百司奏议考课,皆预裁焉"(《新唐书·百官志》),"天下政务,莫不关决"(《职官分纪》)。可见中书舍人虽然官位不高(正五品上),但专掌诏书拟制,参与机密,实际上是皇帝的高级秘书。

中书省内还设有通事舍人(负责皇宫礼仪)、起居舍人(负责记录皇帝起居言行)、主书(负责保管文书,抄写诏敕)、书吏(负责文书抄录誊写)等中低级的秘书职务。

中书省除一直是中央政府的主要秘书机构外,在唐代还参与朝廷各种重大活动,唐代前期中书令是朝廷的宰相,"掌军国之政令",其副手中书侍郎"参议邦国之事务,朝廷之大政"。此时的中书令和中书侍郎实际上是行政长官,不是严格意义上的秘书官职,但中书舍人则始终是朝廷的秘书官。唐代后期,中书省的职权有所削弱。

宋代门下省内设有通进司、银台司(因司署位于银台门内而得名),后来合为"通进银台司",其主官是"知通进银台司"。该司职责是:"掌受三省、枢密院、六曹及寺、监、百司奏牍,文武近臣表疏,及章奏房所领天下章奏案牍,具事目进而颁布于中外。"(《宋史·官职志》)可见,它是宋代上下公文往来的总枢纽机构,是朝廷的咽喉。

3. 唐宋两代中央其他秘书机构和官职

翰林学士院——翰林,始于南朝,为文学之士,唐初于宫中置翰林院,为文人内廷供奉之所,只备临时差遣。唐玄宗开元年间,为限制中书省权力,启用部分翰林为皇帝起草重要文件,皇帝任命将相、册立太子、宣布征伐等重要文书,皆由翰林学士起草。翰林学士实际上成为皇帝的机要秘书。宋代这一机构称"翰林学士院",翰林学士除起草文件外,还侍从皇帝以备顾问应对,翰林学士院遂成为皇帝的机要秘书处,取代了中书省的部分重要职权。

枢密院——唐中期以后,皇帝重用宦官,代宗时于宫中设枢密院,以宦官为"内枢密使",掌朝廷机密,负责接受表章,向中书省、门下省传达皇帝旨意。唐朝末年,枢密使专权,引起祸乱。宋代皇帝废除了内宫的枢密院,于外朝设专掌军务的机构枢密院,它不是秘书机构。

秘书寺或秘书省——自晋代起中央政府设有"秘书寺",隋代改为"秘书省",隋代的秘书省与尚书省、内史省(即中书省,因避隋文帝之父杨忠的名讳而改名)、门下省、内侍省(隋皇宫总务部门)并称"五省"。秘书寺和秘书省虽冠以"秘书"二字,但并不是主要的秘书机构,其职掌为收集、管理历史档案和本朝档案,并根据档案史料撰修前朝国史,性质相当于今天的国家档案馆。

甄使院和鼓检两院——为唐宋两代的信访机构(详见第三章第四节)。

4. 门下省和尚书省内的秘书官职和秘书机构

审议机构门下省的主官为侍中,其职责为出纳帝命,议论朝政,过问朝廷大小事务,其职掌有一部分属于秘书工作。但门下省主要职责是审议,因此不能算是秘书机构,其主官侍中也不是朝廷的主要秘书官。在门下省内的主要秘书官职是给事中,其主要职掌是驳正臣下有违误的章奏;其次是起居郎,他与中书省的起居舍人一起负责记录皇帝的言行;另有符宝郎掌管皇帝的玉玺。

在国家行政机构尚书省内,设有直属的办事机构——都省,是尚书省的"办公厅";尚书省下分六部办公,各部设有"都事"一职,负责收发文书等秘书工作,是真正的秘书官。

5. 中央各衙署和地方政府中的秘书机构和秘书官职

汉以后,在中央政府其他官署和地方郡、县官府之内,都设有主簿、掌书记等秘书官职,负责文书簿籍,掌管印鉴。南北朝时期,一些主簿成为贵族王公的重要助手。如南朝萧道成在任刘宋政权的中领军时,其府内参军主簿纪僧真就是协助萧建立帝业的一个关键人物。《南史·纪僧真传》记载:"初,上在领军府,令僧真学上手迹下名,至是报答书疏,皆付僧真,上观之,笑曰:'我亦不复能别也。'"后萧准备灭宋自立,准备和大臣袁粲、褚颜回联合行动,明察各方情况的纪僧真献策说:"今朝廷猖狂,人不自保,天下之望,不在袁、褚。明公岂得默己,坐受夷灭。存亡之机,仰希熟虑。"萧道成接受了这一建议,最后终于登上了皇帝的宝座。

两宋时期,出现了两种没有官品的低级秘书吏员——押司和贴司。押司是从中央各官署到县府中都有的专门办理案牍事务的吏员,相当于文书保管员,《水浒传》中的宋江就是郓城县的押司;贴司的地位更低,只承担抄写文书等事务。

五、辽、金、元的秘书机构和秘书官职

辽、金是两宋时期北方少数民族建立的政权,元代是蒙古人在北方建立的政权,灭掉金、宋后统一了中国,元王朝统治全国近一百年(1271~1368)。这三个王朝都是少数民族建立的军事帝国,在秘书工作方面有相似之处。

1. 皇帝的机要秘书机构——翰林院

辽代中央实行特殊的南北两面官制,北面官管理皇宫事务和契丹等北方民族的居民,南面官管理汉族居住地区的行政事务。北面官中的"大林牙院"相当于宋代的翰林学士院,负责为皇帝起草、颁布重要文书,是皇帝的机要秘书机构。

金代皇帝的机要秘书处是翰林学士院,主掌诏令的起草。

元代翰林院分为翰林兼国史院和蒙古翰林院,前者主掌修撰国史,主要是一个学术机构;后者负责撰拟、翻译皇帝的机要文书,是皇帝的机要秘书处。

2. 三省制的废除

辽代仿唐宋在南面官中仍设中书、门下、尚书三省,但因南面官不掌实权,故其官职虽略同于唐宋,但中书省已不是朝廷的主要秘书机构。

金代初虚设三省,天德年间,金主完颜亮废中书、门下二省,仅留尚书省总揽政务。

元代实行中书省、枢密院、御史台三足鼎立的官制,枢密院主管军事,御史台掌督察,中书省掌行政。不设门下、尚书省,这时的中书省实际上就是唐宋时期的尚书省,已经完全不是秘书机构了。明朝初年,朱元璋完全废除了中书省,至此,"中书省"这个在秘书工作发展史上据重要地位的机构就从历史上消失了。

3. 特殊的秘书职务——译史和通事

辽、金、元三代,由于皇帝和地方政府的主官为契丹、女真、蒙古人,而属官既有少数民族人,也有汉人,公文往往需要多种文字的文本,这就需要有人从事公文的翻译工作。三代州以上官署中设有专门从事公文翻译的秘书职务——译史。元代还设有为蒙古族或色目族官员充当口头翻译的官员——通事。

4. 元代下层官吏中的秘书职务

元代统治者尚武,各官署和地方政府的主官多由武将担任。他们文化水准较低,不得不任用汉人为助手,这些由汉人充任的低级职务统称"吏员"。据《元史·百官志》记载,在三十余种吏员中,有九种属于秘书职务,它们是:负责处理公文事务的案牍吏员令史、司吏、书吏、典吏,负责传达、催办等事务的传达吏员宣使、奏差,负责掌印的知印,以及负责翻译的译史和通事。

六、明、清两代的秘书机构

朱元璋建立大明王朝后,开始沿袭元制,由中书省总领全国政务。为巩固皇权,朱元璋于洪武十三年(公元1380年)以擅权挠政为名,杀中书省丞相胡惟庸,并下令撤消中书省,废除丞相一职,由皇帝自任宰相,吏、户、兵、礼、刑、工六部直接对皇帝负责。为适应这种集皇、相权于一身的体制,必须设立庞大的秘书机构来协助皇帝处理政务,因此明代的秘书机构体制与前代有很大的变化,史称"内阁制"。清代基本上沿用了明代制度,但也有所创新。

1. 内阁的秘书职能

洪武十五年(公元1382年),朱元璋在宫内设文渊阁,从翰林学士中选择可信者入阁备顾问,"详看诸司奏启,兼司平驳",此为内阁之始。内阁正式建于惠帝建文四年(公元1402年),是年永乐皇帝占领南京,"开内阁于东门角内",以解缙等7人组成内阁。京都迁至北京后,内阁设在今故宫午门内东南角办公。凡入内阁者,成为内阁大学士,其官品并不高(正五品)。

内阁之职掌,大致是参与机务,充当顾问,出纳帝命,收阅奏章,起草诏诰谕敕,典藏御笔文书、档案、图书以及一切文书记录整理等。到仁宗以后,内阁之权始扩大,宣宗宣德年间,内阁始增加票拟(即在奏章上写上初步处理意见)和面议大事之权。世宗嘉庆时,阁权进一步扩大,"各部之事,皆听命于阁下"。皇帝之事,"每召内阁造滕密议,人不得与闻"。虽然内阁权力不断扩大,但从其机构性质看,明内阁实为皇帝的机要秘书处。

清代初年,内阁是朝廷惟一的总秘书机构。康熙皇帝时在内宫设立南书房,接管了内阁的部分批签题本、草拟诏旨的职能,内阁和南书房遂并为皇帝秘书机构。乾隆以后,机要事务转由军机处办理,内阁成为仅办理例行事务的无关紧要的秘书机构了。

明代内阁中设有中书科、制敕房、诰敕房等三个具体承办事务的二级机构。清代内阁的内部机构更多,有典籍厅、满本房、汉本房、蒙古房、诰敕房、副本库、批本处等十多个二级机构。

2.六科

明清两代皇帝自任宰相,直接领导六部,为此设立了专门协助皇帝处理六部事务的秘书机构——六科。六科并非六个不同的办事机构,而是于午门外东、西朝房内集中办公,只是具体分管与各部的联系而已。吏、户、礼、兵、刑、工六科各配都给事中、左右给事中各1人,给事中若干员。给事中官位很低(七品官),但他们直接对皇帝负责,六部章奏必经其手。

3.中央政府的文书收发机构——通政司和奏事处

通政使司是明初洪武十年(公元1377年)设立的中央政府"掌受内外章疏敷奏封驳之事"的官署。依明太祖朱元璋意,政犹水也,欲其常通,故以"通政"为名,简称"通政司"。掌出纳帝命、通达下情、关防诸司出入公文、奏报四方臣民建言、申诉冤屈或举告不法等事。其职掌较宽,既是明代中央收发公文的总机构,又兼有其他功能。清沿明制,也设有通政使司,职掌相同。

清代雍正皇帝即位后大兴密奏之风,他于通政司外又设立了一个专门收受密奏的机构——奏事处。此后,通政司主要收受例行公文,而涉及机要的密奏则由奏事处受理。

4.精干高效的秘书机构——清代的军机处

雍正七年(公元1729年),因西北两路用兵而设"军机房",三年后改为"军机处"。初为处理战事的临时军务机构,乾隆时成为常设机关,直至清末。军机处之职掌主要有:起草谕旨、收受奏折、参赞军国机务、参议重要政务、充当皇帝的参谋顾问等。它实际上是皇帝亲信的机要秘书处和参谋部。

军机处无正式衙署,无专职官员,全部工作由军机大臣主持。军机大臣正式称谓是"军机处大臣上行走",其数无定额,任期无限止,最多时有10人左右。

军机处设军机章京办理一切事务,军机章京,俗称"小军机"。初期军机章京无一定额数,由军机大臣在内阁中书等官中选调,最多时为32人,光绪三十二年(公元1906年)确定军机章京额数为20人。

作为皇帝直接控制的机要秘书机构,军机处具有人员精干、办事效率高和高度保密等特点。军机处的这些特点可作为今天设置秘书机构的借鉴。

5. 明代的宦官秘书机构

明朝初期,明太祖鉴于汉唐以来宦官专权之弊,对宦官人数加以限制,并规定宦官"不得干预政事"。但明成祖以后,皇帝大多沉湎享乐,疏于朝政,加上想利用宦官限制内阁的权力,开始在内廷启用宦官掌握机要大权。明中期以后,宦官在组织上逐步形成庞大的机构,有所谓十二监、四司、八局,计二十四衙门之设。其中的司礼监,是皇帝在内廷安插的总掌朝廷核心机务的秘书处。皇帝通过司礼监控制内阁票拟权,并授予司礼监批红权(就是对内阁票拟的谕旨,代皇帝用朱笔予以判定)。"内阁之票拟,不得不决于内监之批红"。司礼监下所设掌印、秉笔、随堂太监权尤重。秉笔太监并兼任东厂(为宦官控制的特务机构)提督之职。

除司礼监外,宦官机构系统中的尚宝监、印授监、文书房、中书房、礼仪房等皆属秘书性质机构。

6. 清代的下层秘书和"书吏之害"

清代内外各官署中负责文书起草、修改、缮写、收发,以及文卷、册籍、账簿保管的文员通称"书吏"。他们有许多名目,依所在行署高低、性质和所处理文书的具体内容,"依役分名",有京内京外之别。京内之吏有三:一曰供事,二曰儒士,三曰经承。京外之吏有四:一曰书史,二曰承差,三曰典吏,四曰攒典。书吏是没有官品的一般职员,却是政府职能的实际执行者,是国家机器整体链条中的重要环节。

清代各级政府机构中的许多官员有的因科举而得官,除了精通八股文,根本不了解民情世故;有的因出身皇亲国戚而得官,他们只知追求享乐,饱食终日,缺乏行政执业能力。各级官僚的昏庸无能,加上清代律令的繁杂,造成了主官对书吏的依赖,处理政务的实权逐渐被从事具体文书工作的书吏所把持,书吏在行政司法事务中把持案卷,作弊枉法,势必降低行政效率,加剧了吏治的腐败,腐蚀了国家机构。这种现象在清代非常普遍,历史上称之为"书吏之害"。雍正皇帝钦批的《州县事宜》(田文镜撰)专门描述了书吏驭官作弊的情况:"(县官)赴任之初,迎接跟随,皆是窥探之计;即任之日,左右前后,无非伺察之人;家人亲友,择官之所亲近者而先致殷勤;举止动静,就官之所好者而巧为迎合。官而爱财,彼则诱以巧取之方,而于中染指;官而任性,彼则激以动怒之语,而自作威福;官而无才,彼则从旁献策,而明操其权柄;官而多疑,彼则因事浸润,而暗用其机谋;官喜偏听,彼则密讦人之阴私,以倾陷其所仇,而快其私忿;官好慈祥,彼则扬言人之冤苦,以周全其所托,而图其重贿;官恶受赃犯法,彼则先以守法奉公取官之信;官喜急公办事,彼则先以小忠小信结官之心;官如强干,彼则依官势以凌人;官如软弱,彼则卖官法以徇己;官如任用家人,彼则贿通家人以为内应;官如听信乡绅,彼则联结乡绅以为外援。"

由于书吏之害的蔓延和泛滥对清代的皇权统治构成了威胁,清廷曾多次试图予以治理,如雍正皇帝曾多次下诏,打击书吏的枉法行为,但因封建政治的腐败,决定了书吏之害产生的原因无法消除,所以没有取得实质性的成果。

7. 清末"责任内阁"的秘书机构

在中国的政治和社会发展史上,发生于1840年的鸦片战争是一个重要的历史分水岭。中国从一个独立的封建国家逐步沦为半殖民地半封建的国家。1895年甲午中日战争后,清政府与日本签订了丧权辱国的"马关条约",激起人民的强烈愤恨。1898年戊戌变法失败,有识之士认识到必须通过革命才能改变中国的命运,以孙中山为首的革命党人酝酿推翻封建帝制的斗争。为了抵制革命,以达到"皇位永固"的企图,清政府在1906年宣布"预备立宪",他们仿照日本中央及地方政府的组织制度,进行了一些改革工作。宣统三年(公元1911年)四月十日,清政府又玩弄"新政"骗局,成立责任内阁(亦称"皇族内阁"),裁撤了原军机处和内阁及其有关机构。所谓"责任内阁",是国家权力的最高行政机关,由总理大臣、协办大臣、国务大臣等十多人组成,它本身不是秘书机构,内阁下则设有承宣厅、制诰局、收文处等秘书机构。责任内阁成立才几个月,这些新设的机构还没来得及运转,辛亥革命爆发,绵延两千多年的封建君主专制制度就垮台了,我国的秘书工作发展史也随之进入了一个新阶段。

七、宦官秘书干政——中国秘书史上特有的现象

从秦始皇的机要秘书赵高,到慈禧太后的宠信秘书李莲英,我国历史上一再出现宦官秘书掌握机要大权而干预国家政治的现象,每次干政的结果都造成了国家政治更为腐败,有时导致政治动乱,成为封建王朝垮台的直接原因。

首开宦官秘书专权恶例的是秦代的赵高。赵高因善于察言观色,投秦王所好,得到秦始皇的重用,被任命为"中车府令兼符玺令"(管理皇帝的车马和印玺的秘书官职),又因通晓法律、擅长书法,常为秦始皇起草诏命,成为秦始皇实际上的机要秘书。秦始皇死的时候,赵高利用掌管皇帝遗诏和印玺的权力,害死太子扶苏,立少子胡亥即帝位,后又谋杀丞相李斯,自任丞相,控制了秦朝廷的大权(详见本章第六节)。

汉代武帝设中书令,多以宦官充任;宣帝时宦官石显为中书令,谋杀朝臣;东汉设置许多宦官秘书,如中常侍、侍中、黄门侍郎等,他们勾结成伙,与外戚势力争夺实权,导致东汉后期多次宫廷内乱。

唐代中期以后,皇帝让宦官担任一些重要秘书职务,如高力士就是唐玄宗的亲信秘书,被授予筛选重要奏章和批答一般奏章的大权;代宗时设内枢密使,用宦官掌管朝廷机要;唐代末年,枢密使专权,引起祸乱。

明代朱元璋曾命令"内宦不得干预政事,预者斩",但明成祖争夺皇位时得到宦官的支持,此后明廷大量任用宦官,内侍机构司礼监演变成皇帝的机要秘书处。明后期宦官成为一股强大的政治势力,司礼监秉笔太监魏忠贤得宠后兼掌特务机构东厂,专断国政,大兴党狱,殊杀忠良,形成了历史上最黑暗的"阉党之乱"。

相比较而言,汉、唐、明诸朝在我国历史上还算政治开明的朝代,却都出现过宦官秘书专权干政现象,可见这一现象在历史上具有普遍性和规律性。这里的原因相当复杂,但皇帝重用宦官秘书的直接原因是宦官贴近皇帝而能体察皇帝心意,从而投其所好,被皇帝视为亲信。同时,皇帝认为宦官失去生育能力,没有子嗣,不会觊觎皇位,因而可以信赖,想通过让宦官掌握机要的方法来削弱宰相等朝官的权力。殊不知,这种身心不健全的人一旦掌权,对权力和财富往往表现出超常态的贪婪,因而宦官秘书干政对国家和社会造成的危害也就更为严重了。

第四节　中国古代的非官方秘书

以上讨论的古代秘书官职的演变,从皇帝的秘书长御史大夫,到类似于今天打字员职务的书佐,都属于国家机构的官方秘书。我国历史上除官方秘书外,还有一些不享受国家俸禄的非官方秘书。由于特殊的历史原因,这些秘书在中国秘书工作发展史上曾经起过相当重要的作用。

一、私人秘书的出现

从传说中的黄帝时代到西周,由于文明发展程度不高,整个社会上能胜任秘书工作的"文化人"数量有限,不具备产生私人秘书的条件。私人秘书的出现是伴随着文化的普及和知识分子人数的增加才出现的。现在从典籍中有据可查的私人秘书最早出现在春秋末年,这就是一些卿大夫自己任免的"家臣"。

据史书记载，春秋末年一些有权势的贵族都聘有数名家臣，其为首者叫"家宰"，下设司徒、司马、工正、马正等。这些职务不都是秘书，但有别于奴仆，其中文化水平高者不仅为主人掌管家政，而且常为主子出谋献策，带有秘书性质。《史记·孔子世家》记载，鲁昭公二十五年（前517年），孔子到齐国后，曾为高昭子家臣。孔子的弟子中也有多人当过季氏家臣。

二、战国时期的养士之风

从春秋中后期到战国时代，因社会变革对智能、知识的需求，士的社会角色由主要为武士转为主要为文士。《韩诗外传》载："君子避三端：避文士之笔端；避武士之锋端；避辩士之舌端。"操笔弄墨的和鼓唇摇舌的都属文士之列，他们中的许多人成为各国国君和高官贵族的顾问、谋士、幕僚，亦即高级秘书。

与此同时，当时上层贵族也盛行"养士"之风。著名的"四公子"即齐国的孟尝君、赵国的平原君、楚国的春申君和魏国的信陵君，以及后来秦国的吕不韦等，都纳士数千，称之"食客"、"门客"或"舍人"。他们流品繁杂，乃至有鸡鸣狗盗、引车卖浆之徒，但仍以有文化的游说之士为主。这些门客的职掌是参议谋划、起草信函、处理日常事务、承担交办事项，实际上属主人的私人秘书，为后世幕僚的祖师。孟尝君门下的冯谖就是当时私人秘书中的佼佼者。吕不韦也曾组织幕客撰成《吕氏春秋》一书，该书兼儒、墨，合名、法，取诸家之所长，被誉为杂家之第一代表作。可见吕氏门下善文者很多，而且学术倾向也互有不同。

私人秘书的出现，表明我国的秘书工作已向社会化发展，使秘书工作服务的对象大为增加。

三、魏晋南北朝时期"霸府"中的幕僚

魏晋南北朝时期，秘书史上出现了一种特殊的现象：一些

私人秘书(幕僚)一夜之间成为国家的高级秘书官。这一时期各个王朝,都是由手握军权的权臣建立的。他们在正式取得皇位前,任用一批人组成一套机构,完全在正规官制之外,自由行使权力,历史上称这些权臣所独自掌握的政权为"霸府"。霸府的中心人物是幕僚和将领。幕僚既是谋士高参,又是办理文书、处理日常事务的人员,相当于霸主的私家秘书。由于这些幕僚在帮助主人夺取帝位的过程中起着很大作用,故而深得主人的宠信。一旦主人即位称帝,霸府就变为王朝,其手下军队就变为国家常备军,幕僚组成的机构也就转变为中央秘书机构,至于幕僚及其首领当然也就相应地转变为国家正式秘书官员和中央秘书首领了。魏晋南北朝时各朝都有这一现象,其创始人就是曹丕。

曹丕废汉建魏称魏文帝,旋即以其府中的幕僚组成新王朝的中央秘书机构,任命长期为他们父子掌机要的秘书刘放为中书监、孙资为中书令。因刘、孙二人资历不相上下,所以除设中书令外,又增设中书监一职,监略高于令,使两人一下由王府的私人秘书成为中央政府的秘书首领。这种现象在魏晋南北朝时期一再重演。到隋朝建立时,随着"霸府"在历史上消失,后代再没有出现过。

四、隋唐以后的科举落榜文士和幕僚

我国自隋代开始,一直实行科举取士制度。科举制度在唐宋时代对封建社会的发展曾经起过积极作用,但即使在那时,也有一些有真才实学的文人不能通过科举考试步入仕途,于是一些文士便通过各种关系到地方官府或节度使幕府中充当幕僚,作为走向仕途的过渡。此种现象在唐代后期尤为盛行,一方面,因为朝廷权臣排斥有才能的文士;另一方面,割据的节度使为壮大自己的力量又广泛搜罗人才,许多文人便充当了他们的私人秘书。如唐代著名学者、政治家韩愈,虽然在礼部主持的考试中了进士,但连续三年未能通过吏部的铨选考试,不能

取得做官的资格，于是只好离开长安，到宣武节度使董晋的麾下当幕僚。以后由董晋荐举，才被授予秘书省校书郎的职务。

明清时，以八股作为科举考试的主要内容，考试过程中的作弊现象又非常普遍，科举考试从内容到形式都表现出极大的保守性和落后性。大批有真才实学的知识分子不能通过科举考试，而一些地方官僚又需要有才能的文人充当助手，于是文人充当幕僚又成风气。其中最有代表性的例子就是著名文学家蒲松龄。蒲松龄（1640～1715），字留仙，山东淄川（今属淄博市）人。蒲松龄童年时跟着父亲读书，由于勤奋和聪慧，19岁初应童子试，以县、府、道三个第一名补博士弟子员，颇受当时主持山东学政的著名诗人施闰章的赏识，赞他"观书如月，运笔成风"，一时文名颇高。但就是这样一个有真才实学的人，自19岁"弁冕童科"之后，竟屡试不第，直到71岁高龄，才援例成为贡生。蒲松龄未能攀缘科举出仕，一生都在农村过着清寒的生活。康熙九年（公元1670年）至十年间，他应做县令的友人孙蕙等邀请，先后到宝应和高邮做了一年多的幕僚，即知县的私人秘书，负责起草呈文、文告等，并陪同孙蕙送往迎来、游历视察、出入官场。他为人正直，富有同情心和正义感，对主官产生一定影响，也为百姓办了一些好事。他任知县幕僚只有一年多时间，起草了70余页公文。《聊斋志异》中有许多揭露官场黑暗的作品，不少素材即来自这一年多的幕僚生涯。

五、清代幕僚的盛行

蒲松龄当幕僚只是一个典型的例子。实际上，清代的总督、巡抚以及省、州、县各级地方官衙中的主官聘用幕僚已成为一种普遍现象，一般官员上任之始就自带幕僚多人，少则三五人，多则十余人。幕僚由主官私人聘请，不属公职人员，国家不支付薪俸，由主官个人付给酬薪。既然如此，这些官员为何要聘请幕僚呢？

据杨剑宇先生分析，幕僚的盛行有以下三方面的原因：

其一，相当一部分主官昏聩无能，难以胜任政务；即使有能力理政的主官也多忙于巴结上司、应酬同僚，陷身于官场的繁文缛节之中，以保持或晋升官职，故无力顾及政务。而官衙中事务日繁，州(府、厅)、县都依照中央设吏、户、兵、礼、工、刑六房办事，且原先的一些秘书人员逐渐转为担任某方面的具体工作，如县衙中的典吏本是掌管文移出纳的，后转为负责稽查狱囚的司法官吏，经历、都事等秘书头目也转为执掌实务的官员。这样，决策的主官和执行的吏员之间，就缺少了一个上通下达的环节，使政府机器运转不灵。于是，只得延揽幕僚来重建这一环节。

其二，清代仍以科举考试取士，由于科举制度日趋腐败，以死板的八股文为标准考选出来的秘书官员，大都缺乏阅历，不谙世事。道光、咸丰以后，科举制度松懈，考场中舞弊现象盛行，录取者素质更加低劣，难以胜任秘书工作。同时，清代法令苛细，稍有违犯，即予申斥、处治，且屡兴文字狱，文书中不慎杂有不当之词，即罹祸殃，故凡上章奏，或行文下属，都必须依据法令，字斟句酌。主官对繁复的法令往往不熟悉。这样，一方面，对秘书人员的业务要求大大提高了；另一方面，从正常途径任用的秘书人员的业务素质却明显降低了。为了弥补这一缺陷，地方官只能聘用熟谙法令、精通文墨、世故干练的幕僚来承担秘书工作。

其三，清代地方官衙与中央部院一样，一度书吏猖獗。自雍正帝大力整顿吏治、打击书吏势力后，任用书吏受到严格限制，对任用的书吏，地方官也多存戒心。所以，另辟蹊径，根据自己的要求，聘请幕僚来代替和约束书吏(以上三点原因引自杨剑宇《中国秘书史》，283～284页)。

除上述三点外，还有一个很重要的原因，那就是官场的腐败。谁都知道，幕僚是不从国家拿俸禄的，一个官员要任用几员幕僚，就要支付相当多的薪酬，这些开支不可能从主官的正常俸禄中支付。清代官员的主要收入不在朝廷俸禄，而在贪污受贿,这几乎是公开的事实,所谓"三年清知府,十万雪花银"就是最形象的描绘。由于主官在任上有大量的职外收入,所以他们从这些贪污受贿银款中拿出一部分来聘请私人秘书,就一点也不感到心疼。这是各级官员乐于聘用多名幕僚的重要的经济方面的原因。

幕僚不属公职人员,他们只对主官负责,而不对国家负责。幕僚对主官没有法定的依附关系,双方合则留,不合则走,人身相对自由。主官聘请幕僚,也就注重他们的才能和与自己的关系。一般来说,幕主对幕僚深信不疑,不但给他们参谋权,在一些事情上还给以一定的决策权。幕主对幕僚往往给以很高的礼遇,以宾客相待,视为师友,故幕僚又有"幕友"、"师爷"、"幕宾"等称呼。幕僚的地位远远高于一般公职秘书官吏。

由于幕僚有较高的待遇,一些科场失意的文人往往乐于充当幕僚。清代许多名人都有当幕僚的经历,如著名学者章学诚、汪辉、冯桂芬,著名政治家林则徐、李鸿章、左宗棠等人,都曾经当过幕僚。

鸦片战争后,随着西学东渐,一批接受了近代科学、文化的知识分子被聘为幕僚,他们以自己的思想观念影响了一批幕主,推动了洋务运动和维新变法的发生。

第五节 中国古代对秘书素质的要求和秘书的培养、选拔

一、中国古代对秘书人员的素质要求

从最早的史官,到清代的幕僚,秘书掌管机要文书,并在许多方面对最高统治者或主官提供辅助性服务,秘书在国家行政机器的运转中起着重要作用,因此,历代对秘书人员的素质都有较高的要求。

1. 古代对秘书政治上的要求

中国古代没有现代意义上的明晰的政治观念,但统治者从本能上了解掌管机要的秘书必须由自己所信任的人员担任。这一标准可以概括为"忠实可靠"四个字。古今中外的所有领导集团或领导人无不将忠实可靠作为对秘书人员最基本的要求,这是一条普遍适用的规律,中国秘书史上许多现象都能用这一规律加以解释。

夏、商、周三代的史官是国王最信任的文化人。战国时期大批的"士"充实到秘书队伍,且打破国界,有到其他诸侯国充当高级秘书的,秦王嬴政一度采纳秦国贵族的建议,下逐客令驱赶别国在秦任职的士人,其直接动机就是认为别国的士人对秦有异心;李斯为此上《谏逐客书》,阐明"物不产于秦而可宝者多,士不产于秦而愿忠者众",使秦王消除了对别国在秦士人政治上的怀疑,收回了逐客令。秦建国后还从法律上规定,凡是犯过罪的人一律不准任用为史,尽管这时史官已经不是主要的秘书官职。

汉代以察举选官,以"孝廉"为最基本的条件,其次才考察才能。《元典章·吏部》规定,选用秘书官员要"首论行止,次取吏能,又次计月日多者为优"。这就是说,首先要考察品德修养,其次是实际能力,最后再参考他任职时间的长短,而不能惟才能是举,更不能搞论资排辈。

2. 古代秘书职业道德的形成

秘书工作内容有其相对的特殊性,因而在道德上对秘书就应该有不同于其他官职或行业的要求。古代秘书多为官方秘书,即使是幕僚这样的非官方秘书,也是为主官的政务活动服务的,主要职掌是起草、管理公务文书。在这方面最基本的职业道德要求就是实事求是。

实事求是作为秘书的职业道德,早在西周时期的史官中就形成了。据《左传·昭公二十九年》记载,春秋时晋太史史墨追述先代官制说:"夫物物有其官,官修其方,朝夕思之。一旦失职,则死及之。"这便是周代史官的真实写照。出于这种使命感、自尊感,当时的史官在记录帝王言行时便自觉形成了自己的操作规则,那就是"秉笔直书"、"君举必书"。这种"秉笔直书"、不溢美、不掩恶的"职业道德",从此便成为我国古代秘书人员的一大优良传统。西周初年的史官史佚和春秋时期晋国的史官董狐就因为恪守这一道德准则而闻名于世(见本章第六节"中国古代著名秘书和当过秘书的名人"。

古代历朝都有记录天子言行和朝廷大事的专职秘书官员,如唐代中书省之起居舍人和门下省之起居郎等,相当于上古之左、右史,这些史官一般都能做到如实记录,形成的"起居注"成为历代编纂前朝史书的原始档案资料。唐文宗太和年间,高层官僚集团骄奢侈靡,文宗为此特地召集几位宰相了解情况,商讨对策,时任起居郎的郑朗在场记录,宰相们的谈话中讲到了许多高官重臣们的丑闻,郑朗都如实予以记录。事后唐文宗担心这些丑闻见于史书,会被后人耻笑,就想查看一下记录,郑朗拒绝了皇帝的要求,他说:"我记录的事情,将来要编入史书,按照制度皇帝是不能调取查看这些记录的。"还有一次,文宗想看起居注,派人到起居舍人魏謩那儿去取,也被魏謩拒绝,他说:"记录皇帝言行是为了监督告诫,陛下有善行,我不会不记,陛下有错忤之事,即使我不记,天下人也会记下。"文宗不甘心,说:"我以前曾经取阅过。"魏謩据理奏对说:"那是因为史官不遵守制度,渎职,这样做是陷陛下于非法,会导致善恶不分,失去记录的真实性,后人会不相信它。"文宗理屈,只得作罢(参见李欣主编《中国秘书发展史》,第186页)。

中国历史上,史官如实记录最高统治者言行的制度,以及史官恪守"君举必书"、"秉笔直书"的职业道德,对国君的言行有一定程度的制约作用。《汉书·艺文志》说:"古之王者,世有史官,君举必书,所以慎言行,昭法式也。"这种实事求是的职业道德值得继承,这种如实记录主要领导人言行的制度也值得借鉴。

当然,古代秘书不限于史官,更不限于记录国君和朝廷的大事,但实事求是作为秘书人员的职业道德,在调查研究、沟通信息、参谋言谏、处理信访等诸项事务中都是必须遵循的道德准则。古代史官"秉笔直书"的优良传统,今天的秘书工作者应该予以继承和发扬光大。

3. 古代对秘书学识才能的要求

秘书是需要较高文化修养的人才能胜任的一项工作。在春秋时期之前,有文化的人数在全部人口中所占比例是极低的,史官总是由全国文化水准最高的人来担任,"史官"就是"大学者"。清代学者章学诚说:"周官三百六十,天下之学备矣。"(《校雠通义》),夏曾佑先生《中国古代史》中说:"周制,学术、艺文、朝章、国故,凡寄于语言文字之物,无不掌之于史。故世人之咨异闻、质疑事者,莫不于史。史之学识,于通国为独高。"

春秋末年到战国时期,由孔子开创的大办私学之风盛行,造就了大批知识分子——士,这些人中的佼佼者一般是有真才实学的,他们凭借自己的才能博得各国当权者的赏识,成为他们的顾问、谋士,也就是以参谋献策为主要职能的高级秘书。这些人补充进秘书队伍,使秘书工作的内容发生了很大变化。

汉代以后,秘书官员一般要经过学校培养训练,或通过严格考试合格后才选用的。如汉代选用秘书人员,不仅强调贤良孝廉的品德条件,而且对秘书人员的文化水平提出了明确要求:"太史试学童,能讽书九千字以上乃得为史。又以六体试之,课最者以为尚书、御史、史书令史。"(《汉书·艺文志》)东汉时,充任尚书台之尚书、侍郎等高级秘书官员,需"取孝廉年未五十先试随奏,选有吏能者为之"(同上)。这说明高级秘书官员必须有较高的文化水准,并要有一定的行政能力(吏能)。

起草公文是秘书的一项重要业务,历代统治者选用秘书时,对秘书人员撰写公文的能力都有较高的要求。东汉末期建安七子之一的陈琳,曾为袁绍记室令史,写过一篇讨伐曹操的著名公文《为袁绍檄豫州》。此文写得辞气凛然,雄风飒爽,极富文采,将曹操骂得狗血喷头,显示出其公文写作的极高水平。曹操打败袁绍后,因爱慕其才,不计前嫌,用为自己的秘书。宋代选拔秘书一度重经义、策论,不注意考核写作能力,录取者常有不熟悉公文拟写者,致使朝廷起草公文缺乏专门人才,为此大臣们上书皇帝:"今进士既纯用经术,如诏诰、章表、赦敕、檄书、露布、戒谕之接,皆朝廷官守日用不可缺者,若悉不习试,何以兼收文学博异之士?"(《续资治通鉴》)宋哲宗采纳此建议,在科举考试中特设博学鸿词科,专门选拔朝廷所需的文字秘书。南宋时,考试的内容应用性更强,规定"以制、诏、书、表、露布、檄、箴、铭、记、赞、颂、序十二件为题"(《续资治通鉴》)。凡报考者,须依这十二种文体各作应用公文两篇,于报名时递交礼部,合格者才准予考试。

二、中国古代秘书人才的培养

中国古代培养秘书人才主要有三种方式:家传和师承、官办学校培养、私学培养。

1. 家传和师承

在春秋之前,家传和师承是培养秘书(史官)的重要方式,这是由史官业务的专业性和史官世袭制度决定的。

1976年在陕西扶风法门寺附近的白家村南,发现一处窖藏西周青铜器,其中最重要的一件为墙盘,铭文在盘的内部,长达284字,分为左右两段,每段9行,共18行。铭文前半部分概括了文、武、康、昭、穆以及当时在位的恭王业绩,后半部分记述了一个名叫墙的史官的家世,其祖先代代子承父业,为商之属国微国的史官,商亡后,"微史刺祖来见武王",武王遂让周公安排他作周代的史官。这一家庭从此就成了西周史官世家,墙就是他的后代。这一重要考古发现证实了当时的史官确实是子承父业、兄终弟及、世代相袭的。史官的子弟除了自幼在贵族学校学习一般的文化知识和射、御等技能外,还跟着父兄学习公文写作和档案保管等等专业知识,以便将来承袭父兄胜任史官职务。

培养史官的另一方式是师承。史官是当时的精英阶层,他们既要博闻广识,亦需学有专精,尤其是在造纸术发明之前,文书主要以甲骨和简牍制成,而制作文书就不仅需要一般的文化知识,还需要制作甲骨、简牍的技术,这就需要经过专门的训练。因此,史官的专业技能除了仰仗"家传"之外,也少不了"师授"之途。例如商代的书契卜官中,就常有师徒相承的情况。陈伟湛在《甲骨文简论》中对此论述道:"师徒相承,故有习刻或仿刻……郭沫若《殷墟粹编序》说:'卜辞契于龟骨,其契之精而字之美,每令吾辈数千载后人神往。文字作风且因人因世而异,大抵武丁之世,字多雄浑,帝乙之世,文咸秀丽,细者于方寸之片,刻文数十,壮者其一字之大,径可运寸……凡此均非精于其技者绝不能为。技欲其精,则练之须熟,今世用墨犹然,何况用刀骨邪也?'习刻的甲骨以干支表为常见。大概因为干支字在当时算是最常用的字,犹后世之天地玄黄、赵钱孙李之类。郭氏提到过的《粹》1468是突出之一例。这片是牛胛骨的一部分,正反两面均刻甲子至癸酉十个干支,正面五行,反面两行,刻之又刻。正面第四行精细整齐,刀法纯熟,当是老师之示范之作;其余各行均歪歪斜斜,异常拙劣,显然是徒弟学刻者所为。其中第三行,是完全仿照老师的范本而刻的,相对也刻得好些。习刻各行中也有个别字刻得相当精美,与范本差不多,这大概是先生在旁捉刀为之者。细察此片,当日师生相对教学书契之状亦可想见。同书1465、1466、1467、1469、1473等片也都是习刻的干支表;1491片左侧五字也是习刻。其他各书如《甲编》、《乙编》、《前编》、《后编》、《佚》等也收有不少习刻的甲骨。"

家传和师承是手工作坊式的培养方式,在文化发展到一定阶段后,它就不能满足社会对秘书人才的需要了。在我国,从春秋末年开始,家传和师承就不再是培养秘书的主要方式,但史官(战国以后的史官主要职责是保管官方档案)家传世袭的情况仍然存在,如汉代著名史官司马迁、班固,都是史官世家出身。

2.官办学校培养

古代培养秘书的主要方式为官办学校培养。根据史料记载,我国自商代开始就有官办贵族学校,西周的太史寮既是国家总秘书机构,也是全国的最高学府。西周贵族学校主要课程为"六艺":礼(礼仪制度)、乐(音乐舞蹈)、射(射箭)、御(驾车)、书(文字读写)、数(算术)。显然这些课程不是专门为培养秘书官员而开设的,而是对贵族子弟的普遍教育。但太史寮又是全国最高学府这一事实本身就可以说明,当时最有知识的人就是史官,世袭的史官也要在贵族学校接受普及教育,提高文化水准,然后再跟其父兄或师傅学习专业技能。奴隶制度下的官办贵族学校在西周末期就走向衰落,到春秋末年孔子等人大办私学时,官办贵族学校基本上就不存在了。

封建社会的官学制度是在汉朝正式形成的,以汉武帝创办太学为标志。太学和以后出现的国子监,是中国封建朝廷直接举办和管辖的国家最高学府,是封建王朝培养人才的主要场所。汉武帝元朔五年(前124年),设五经博士,弟子员50人,"兴太学","以养天下之士"。东汉太学发展较快,规模较大。顺帝时,"乃更修黉宇,凡所造构二百四十房,千八百五十室"。质帝时,"游学增盛,至三万余生"。魏晋南北朝时,政局纷乱,太学时兴时废。西晋武帝咸宁四年(公元278年),针对晋初太学生"既多猥杂",为了"殊其士庶,异其贵贱",故于太学之外另设国子学。北齐改为国子寺,隋炀帝始改为国子监。及至唐初,太学规模完备,盛极一时。唐太宗贞观六年(公元632年),"尽召天下惇师老德以为学官","广学舍千二百区,三学益生员","鼓箧踵堂者凡八千余人"。唐、宋两代太学与国子学并存。元、明、清时期则不设太学,只设国子学或国子监。

除中央最高学府太学和国子监外,封建国家还形成了从中央到地方的官办学校系统。汉武帝在开办太学的同时,还下令全国各郡和王国仿照太学,招收乡村秀民和郡县官员子弟入学,学成后授官。到汉平帝时,更明确规定郡设学(国学)、县设校、乡设庠、聚(村)设序。这样从中央到地方形成了一个学校系统,为国家培养了许多人才。这一制度为以后历朝所沿袭。

中国的封建官办学校不重视自然科学知识的教育,以儒家经典作为主要教材,其培养目标就是封建国家的管理人才。所谓"学而优则仕",是中国封建教育培养目标的最好概括。虽然封建官学体系不是专门培养秘书人才的,但秘书官职不仅人数在封建官僚体系中占有相当大的比例,而且各级各类机构和官府的主官在入仕之初大都当过秘书,例如宋代大文学家苏轼、苏辙二人同科进士,就分别被派往福昌县(今河南伊阳)、渑池县(今河南渑池)县任主簿,以后才迁任别的官职。因此可以说,除战国时期和清代后期外,封建官学教育是培养秘书人才的主要途径。

3. 私学培养

中国古代私学产生于春秋后期,而以孔子私学规模最大,影响最深。当时社会、政治、经济、文化各方面都起着剧烈的变化,礼崩乐坏,西周国家教育制度不能维持下去,由"学在官府"变为"学在四夷"。由于各诸侯国和贵族私门需要知识分子为他们服务,于是出现了"士"阶层,各诸侯国和卿大夫私门都争相养士,士的培养也就成为迫切的要求。私学就是在这种条件下应运而生的。

到了战国时期(公元前475～前221年),"邦无定交,士无定主",养士之风有加无已,私学更加盛行。据孟子说,当时杨朱、墨翟之言满天下,可见他们的徒众是很多的。据《韩非子·外储说左上》说,赵襄子在一天之内举了两个中牟的贤士为"中大夫",因此中牟有一半人把田宅卖了去学习文学,打算做官。

秦始皇崇尚法家学说,片面地强调刑法,而不重视教育,只是以法为教,以吏为师,严禁私学。这是秦朝迅速灭亡的重要原因之一。

汉武帝"罢黜百家,独尊儒术",他创办太学,但并没有禁止私学。私学在汉代日益发展,到东汉末年达到了压倒官学的地位。汉代是经学的极盛时代,学习经学是做官的必要条件,所以太学生也可以向校外著名经学专家学习。

两晋私学也颇发达,名儒聚徒讲学,生徒常有几百甚至几千人。南朝的官学时兴时废,教育多赖私学维持。整个北朝为了促进汉化,官学比较发达,北魏还曾一度禁止私学,但总体上看私学还是比较盛行,如徐遵明讲学二十余年,前后学生多至万人,刘献之、张吾贵、李铉等皆为当时名师大儒,也都聚徒讲学。

隋唐官学极盛,私学亦发达。隋朝王通是个大儒家,王门弟子遍及全国,唐代的卿相多出其门下。经学大家孔颖达在未做官以前也以教书为业。尹知章在国子学当博士,每日回家还收私徒讲授。韩愈、柳宗元等均收过许多学生,培养了一大批名士。唐代私学与官学互为补充,培养了大批人才,其中许多人成为封建国家的官员。

五代时期官学不发达,私学转趋兴盛,并出现了聚徒讲学的书院。书院在宋代达到鼎盛,最著名的有白鹿洞、石鼓、应天府、岳麓四大书院,并一度超过了州县官学。元代尚武,控制书院的活动。明代多次毁废书院,这是因为书院议论政治,讲学自由,如明代后期的东林书院就是一部分反对宦官魏忠贤把持朝政的知识分子发表"清议"的基地。书院是古代的私立大学,以培养学术人才为主,在培养秘书人才和其他官员方面不起主要作用。

到了清代,由于各级官员聘用幕僚成风,对幕僚的需求量越来越大,加上幕僚待遇好,于是在清代中期以后,就出现了另一类职业学校性质的私学——专门培养幕僚的"幕馆"。幕馆招收士人,教他们如何揣摩社会风气,介绍官场的应酬规矩,传授处理文书案牍和官衙日常事务的技能。这种秘书职业学校在浙江绍兴最为盛行。由于清代后期官衙的主要秘书业务由幕僚掌管,所以幕馆实际上成为当时培养秘书人才的主要场所。

从我国私学的发展过程看,私学教育在培养秘书人才方面起过重要作用。在春秋末年和战国时期,以及清代后期,私学教育两度成为培养秘书人才的主要途径;在封建社会的其他时期,私学是官办学校教育的必要补充。

三、中国古代的秘书选拔制度

1. 夏、商和西周的世卿世禄制

奴隶制国家官吏的选举制度的主要特点是"亲亲"。奴隶主贵族选取其亲属,按照血缘关系的亲疏远近,分封高下不同的官职。执政大臣如卿、大夫,都由贵族家族分封并世代传承,国君不得随意任免。历史上称这种用亲人出任官职并且代代世袭的选官制度为"世卿世禄"制。中央政府的史官是上卿,其爵位和官职都是世袭的。至于低级秘书职务,当时已经有了"选贤"的做法,《周礼·地官·乡大夫》记载:"三年则大比,考其德行道艺"而"兴贤者能者"。这就是指在下层社会平民中选拔贤者能者,选中后补充到下层官职中去。

2. 春秋战国的选贤任能制

春秋战国时期,封建地主阶级作为一种新兴的政治力量登上历史舞台。他们在政治上致力于改革旧的奴隶制的选举方式,以"任人唯贤,因功受禄"的选举制度取代原来陈旧的世卿世禄制,希望通过"选贤任能"的新制度,不拘一格选拔人才,壮大自己的力量。一些开明的诸侯国国君,往往能够大胆地起用地位低下而又才能出众的人。例如,齐桓公重用他的政治仇敌管仲为相而称霸中原,秦穆公把当过陪嫁奴隶的百里奚用为大夫而使秦国强大起来。战国时期的"养士"也是一种选拔人才的形式。当时国君、宰相、公子常常招集一批有学问、有才能的人,供养在身边,以便随时从中选出适当的人才,委任官职。许多有才能的士人成为国君或贵族的参谋顾问(高级秘书)。

3. 汉代的察举征辟制

察举(又叫"荐举")是汉代选官的主要形式。察举一般先由皇帝决定察举的范围和名目,然后由公卿、列侯、州郡等长官,在各自辖区内经过考察向朝廷推荐所需人才。被荐举的人须先试用一年,如果能够胜任职守,则可转为正式官员。若不能胜任,就要被撤换,而且还要连累荐举他的人。察举的对象主要是官府的属吏和地方学校的学生。汉武帝时,比较普遍地采用策问的方式考察被荐举者的才干学识。首先由皇帝提出一些关于如何治理国家的重大问题,称为"策问";然后把这些问题按难易程度分为甲、乙等科,密封起来;最后让被荐举的人任意抽取问题回答,叫做"射策",朝廷根据他们回答的成绩分派官职。

征辟是朝廷和高级官员选拔任用属吏的一种制度。在汉代,由皇帝直接聘请人来做官称为"征",由官府聘请人来任职叫"辟"。被皇帝征召到朝廷来任官的,多是一些德高望重、学识渊博、名闻遐迩的人。例如,夏侯胜以善说礼服被征为博士(汉初的博士是皇帝的参谋)、疏广因精通《春秋》被征为博士。被征召的人,有时可授予很高的官职。杰出的科学家张衡,由于精通天文、历算,善为机械巧作,东汉安帝先征召他任郎中,后迁为太史令。两汉时期官府的掾史等低级秘书职务,可由长官自由聘请。无论是中央还是地方官府,长官自己聘人到官署内做僚属、任职办事的做法,都叫"辟"或"辟除"。东汉末年的曹操颇有远见卓识,他代表以中小地主为主的庶族利益,实行开明政治,在选拔人才问题上,大胆提拔出身低贱的士人,提出"惟才是举,以备录用"的方针。

4. 魏晋南北朝九品中正制下的秘书选拔制度

曹丕继为魏王,采纳吏部尚书陈群的建议,建立九品官人法。这种选官方法是在每州置大中正,每郡置小中正,以各州郡在朝廷任职的达官充任,负责察访本地区的士人,按门第、声望分别评定为上上、上中、上下、中上、中中、中下、下上、下中、下下九等,叫做"九品",然后按品级推荐他们做官,这种选拔官员的制度就叫"九品中正制"。九品中正制初行时,尚能贯彻曹操"惟才是举"的原则,评定人物主要看才能,在当时起了较好的作用。晋朝以后,豪门世族操纵了"中正"的大权,评定人物逐渐以门第为主要依据,使九品中正制成为巩固门阀特权的工具,出现了"上品无寒门,下品无世族"、"世胄蹑高位,英俊沉下僚"的现象。出身豪门世族的充任高官,但一般没有真才实学,或不屑于从事具体事务,而秘书职务一般不是高官,又需要有真才实学和实际能力,所以在"九品中正制"下,秘书职务的选拔仍以招纳为主,如王羲之、王献之父子为东晋朝廷招聘,任昉先后为宋、齐、梁三朝礼聘,担任朝廷秘书要职。一般官府中的秘书职务,更是由主官招聘任用的。

5.隋唐以后的科举取士制度

科举制度是指官府通过定期举行的科目考试,根据成绩的优劣来选取人才、分别任官的一种制度。它和以前的选举制度最根本的区别,在于普通的读书人有了参加官府考试,从而被录取做官的机会。这就使封建王朝能在更大的范围内选拔官吏。

一般认为,我国科举制度的正式产生,以隋炀帝创设进士科为标志。《旧唐书·杨绾传》记载:"近炀帝始置进士科,当时犹试策而已。"隋朝的科举取士制度还只是一个雏形。经过一段时间的发展,科举作为一种比较完备的选官制度,才在唐朝最终确立下来,并一直沿用到清朝末年。

科举取士制度在唐宋时期对封建社会的发展起过积极作用,这主要表现在选拔官吏时比较彻底地否定了门第出身,为下层知识分子开辟了一条入仕的道路。当时,许多寒士通过科举进入各级官府。唐、宋两代有不少著名的历史人物,原来都出身于下层社会,他们正是通过科举步入仕途的,如范仲淹、欧阳修、王安石、陆游、文天祥等;唐朝著名诗人中除李白、杜甫外,其他如陈子昂、王维、白居易、刘禹锡、李贺、杜牧、李商隐等,都是进士出身。

科举取士制度在后期形成了专考几部儒家经典的陈腐风

气,注重八股文章的形式主义,完全窒息了应试者的创造性,从内容到形式都表现出极大的保守性和落后性。明清时的科举取士制度演变成了"八股取士"制度,只能引导读书人成为一位追求功名的迂腐的书呆子,已经失去了量才取士的真谛,成为公正合理的选官途中的绊脚石。

科举取士制度不是专门选拔秘书官职的,但通过科举入仕者大多从秘书职务开始步入官场,例如前面提到的苏轼、苏辙,考中进士后就立即被派往外地担任主簿。因此,可以说科举制度是隋唐以后选拔秘书官员的主要形式。科举取士到明清以后难以选拔出有真才实学的秘书人才,这是清代官员热衷于聘用幕僚的重要原因。

第六节 中国古代著名秘书和当过秘书的名人

一、中国古代著名秘书介绍

在研究中国古代秘书工作发展史时,不能不涉及到古代的著名秘书。"著名秘书"是一个外延很含糊的概念,究竟哪些人算是著名秘书?是不是所有当过秘书的名人都可以算是古代著名秘书?例如,有些秘书史读本将战国时期著名爱国诗人屈原也列在古代"著名秘书"之内,屈原虽然曾任楚国的"左徒",但其一生的主要成就却与"左徒"这一秘书官职没有直接联系,也就是说,他之所以著名不是因为他在秘书工作中的成就或影响。同理,将蒲松龄等列入古代著名秘书的范围,也不是很恰当的(参见本书引言)。

我们认为,"古代著名秘书"应该是指那些因当秘书而出名的人,其一生的主要成就与秘书官职应该有直接联系。按照这个标准,我们选择了14名古代秘书加以介绍,这些人或者以秘书事业为主要生涯,或者因对秘书工作作出了特别贡献而闻名于世,或者是历史上某类秘书人员的代表人物。

1. 史佚

西周初年史官。"佚"一作"逸",又被称为"作册逸"、"尹佚",可知他担任过"作册"(即内史)之职;"尹"为部门首领,西周初年有"内史尹"、"作册尹"之职,可见他曾升任"内史尹"。史佚历事文王、武王、成王,与周公、太公、召公并称"四圣"。《逸周书》上说他曾代天子册告皇天后土,《大戴礼记》上说他"博闻强记",善于对答,曾担任过"承"之职,常侍立于天子身后,接受咨询,提示遗忘之事。其《史佚之志》一书在春秋时,常被人引为经典。尤可称道的是,史佚在任期间,忠于职守,君言必录,君举必书,一丝不苟。成王早年与幼弟叔虞在王宫院内戏耍时,随手拾起一片树叶作为玉珪,赐予幼弟,说:"我以此册封你为侯。"史佚遂将这一言行记录在册,事后又督促成王封赐叔虞。成王不把此事放在心上,感到很惊诧,连忙解释说:"我是和小弟弟闹着玩哩,哪里是真要封侯!"史佚正色劝谏道:"天子无戏言,言则史书之。"成王没有办法,只好降旨封叔虞于唐地。自此以后,"君言必录,君举必书"就成为史官重要的职业道德准则。史佚则因此扬名于史册。

2. 史籀

周宣王时太史,善书法,师法仓颉古书,损益而成"大篆",也称"史书",著有《大篆》十五篇,世称"籀书"。张怀瓘《书断》称:"大篆者,史籀所作也,始变古文,或同或异,谓之为篆;篆者,传也,施之无穷也。"据说他曾与其他史官一起教贵族子弟学写"籀书",还编了一本蒙童识字课本,后人称之为《史籀篇》。《汉书·艺文志》著录《史籀》15篇,本注:"周宣王太史,作大篆十五篇,建武时亡六篇矣。"魏晋以下此书全失。段玉裁推测"其书必四言成文,教学童诵之,《仓颉》、《爰历》、《博学》实仿其体"。近代学者王国维作《史籀篇疏证》,把《说文》所采籀文辑出加以解释,他说史籀非人名,《史籀篇》是"春秋战国之间秦人作之以教学童"。他的话仅是一种推测,没有提出任何证据。

现代文字史家多认为周宣王太史籀作大篆15篇之说不宜轻易否定。上古史官是全社会最有学问的人,他们对古代文化作出了巨大的贡献。史籀在我国文字的发展和普及方面所做的贡献是其中一个典型例子。

3. 董狐

春秋时期晋国的史官,是周人辛有的后裔,世袭晋国太史之职。董狐以秉笔直书而彪炳史册,被孔子誉为"古之良史"。南宋民族英雄文天祥在《正气歌》里也曾热情歌颂过"在齐太史简,在晋董狐笔"。

据《史记》记载:公元前620年,晋灵公当了国君以后,骄奢淫逸,实行残暴的统治。当时执掌晋国大权的赵盾,曾竭力劝告灵公改恶从善。灵公不仅不听,反而对赵盾怀恨在心,先后两次谋杀他。赵盾被迫逃走,但还没有走出晋国边界时,赵盾的叔伯兄弟、晋国的将军赵穿趁灵公在桃园寻欢作乐时,突然下手把灵公杀死了,然后迎接赵盾回朝,复了相位。为此,晋国的史官董狐就在史简上写了"赵盾弑其君",并公布于朝廷。赵盾争辩说:"杀死灵公的是赵穿,我没有罪。"董狐对答:"你身为相国,出逃没有离境,回来也不讨伐杀君作乱的凶手,有罪的不是你又是谁呢?"问得赵盾无话可说。

用现在的眼光看,董狐把赵穿杀死灵公写成赵盾杀的,未免不符合实际。但是,董狐作为晋国的史官,要维护忠君的正统思想和道德标准,并根据赵盾逃走不出境和复职后不惩办弑君的"凶手",断定赵盾在"弑君"一事上有责任,还是有一定道理的。它的具体做法不一定值得效法,但这种立档不怕杀头的精神则是值得借鉴的。

4. 左丘明

春秋末期鲁国的太史,著名的史学家。一说复姓左丘,名明;一说单姓左,名丘明,双目失明。相传他为了给孔子的《春秋》作注而写了《左传》。该书逐年记载了自鲁隐公元年(前722年)至鲁哀公二十七年(前468年)的历史,是一部内容详尽、文字生动的完整的编年体史书。又传《国语》亦为左氏所作,该书记载了西周末年至春秋时期周王室及鲁、齐、晋、郑、楚、吴、越诸国君臣的言论,是古代史官"记言"体的典型著作。这两本书在中国史学史上占有重要地位。它们和孔子编修的《春秋》,都是利用史官掌管的档案文献编成的,在我国历史上开创了利用档案资料编写史书的优良传统。

5. 冯谖

一作冯骧,战国时齐国的游士。因家贫无以自存,就投入齐国孟尝君的门下为食客。《战国策·齐策》详细记载了"冯谖客孟尝君"的事:冯谖替孟尝君到封邑薛(今山东滕县南)收债息,因当时自然灾害,百姓多有无法还债付息者,冯谖就假托孟尝君的名义,把不能还债付息的人的债券统统烧掉,然后回来复命说"我为您买回了义"。孟尝君不悦,怪他没办好事。不久,孟尝君因权势太重、名声震主而被齐王免职,离开都城回薛,百姓闻讯,扶老携幼,远至百里外相迎,孟尝君这才明白冯谖焚毁债券是为自己赢得了民心。后来,冯谖又游说秦王和齐王,使孟尝君得以复职。冯谖为主子出谋划策、收买民心,是孟尝君的高参,可以称得上是战国时期由"士"充任的私人秘书中的佼佼者。正如《战国策》所说:"孟尝君为相数十年,无纤介之祸者,冯谖之计也。"

6. 赵高(? ~前207)

秦代宦官、权臣,是我国历史上著名的宦官秘书。赵高原为赵国宗族远支,因其父获罪,其母在秦国服刑,兄弟数人皆生隐宫。赵高为内宫厮役,因精明强干,被秦王政提拔为中车府令。他私事公子胡亥,教以法律。后因犯罪,秦王命蒙毅审理,被蒙毅依法判以死罪。秦王惜其才干,下令赦免,并恢复原来官爵。后以中车府令兼行符玺事,因通晓法律,擅长书法,常为秦始皇起草诏命,成为秦始皇实际上的机要秘书。始皇三十七年(前210),赵高和胡亥随从秦始皇出游会稽,还至平原津,始皇病危,乃为玺书赐长子扶苏,命其将兵权交给蒙恬,返咸阳主持丧葬。赵高得幸于胡亥,又考虑到蒙氏兄弟掌权对自己不利,遂与秦二世胡亥、李斯合谋,秘不发丧,诈受始皇遗诏,立胡亥为太子,又更伪造遗书赐扶苏和蒙恬死。胡亥还至咸阳,立为二世皇帝,赵高任郎中令,常居宫中参与决策。他指使胡亥更改法律,诛戮宗室、大臣,蒙恬、蒙毅兄弟等秦始皇所亲近的大臣和诸公子、公主皆被处死,后又借机诬丞相李斯以谋反罪,将李斯处死。赵高为了巩固权位,故意在秦二世面前指鹿为马,凡是不随声附和的大臣,就捏造罪名加以迫害。秦二世三年八月,刘邦攻下武关后,赵高恐诛罚及身,乘二世在望夷宫斋戒之机,诈诏发兵围宫,逼令二世自杀。赵高企图篡位自立,但因左右百官不从,只好立二世兄子子婴为秦王。九月,赵高被子婴用计杀于斋宫。

赵高所作所为首开宦官秘书专权的恶例,这一现象在以后许多朝代一再重演,这在秘书史上是值得人们深思的。

7. 黄香(56～106)

字文强,江夏安陆(今湖北安陆)人,东汉以德才兼备而闻名于世的秘书。黄香家贫,少年失母,因孝顺父亲而为乡人称道。《后汉书·文苑列传》说他自幼刻苦自学,年十二时就"博学经典,究精道术,能文章"。太守刘护闻而召之,甚为爱敬,向朝廷举荐,初除郎中(尚书台一般秘书职务),"京师号曰:'天下无双,江夏黄童'"。元和元年(公元84年),"肃宗招香诣东观(皇家档案馆、图书馆),读所未尝见书",学问愈进,后升任尚书郎,"召诣安福殿言政事……数陈得失,赏赞增加"。永元四年(公元94年)迁为尚书令,成为朝廷秘书首领,掌管机要,很为皇帝器重,直到晚年。史书记载,黄香在尚书台任职时,"尝独止宿台上,昼夜不离省闼","抵勤物务,忧公如家",是一个才能和敬业精神均可称道的德才兼备的秘书官。

8. 陈琳(？～217)

字孔璋,广陵射阳(今江苏淮安县东南)人,汉魏间著名秘书。汉灵帝末年,任大将军何进主簿。何进为诛宦官而召四方边将入京城洛阳,陈琳曾谏阻,但何进不纳,终于事败被杀。陈琳避难至冀州,成为袁绍的幕僚。袁绍让他掌管机要,军中往来重要文书,多出自陈琳之手,其中最著名的是《为袁绍檄豫州》一文,文中历数曹操的罪状,诋斥及其父祖,辞气凛然,雄风飒爽,极富煽动力。建安五年(公元200年),曹操在官渡大败袁绍,陈琳为曹军俘获。曹操问陈琳:"昔为本初移书,但可罪状孤而已,恶恶止其身,何乃上及父祖邪?"陈琳谢罪说:"矢在弦上,不可不发。"曹操爱其才而不咎既往,任命他为司空军师祭酒,使与阮瑀同管记室(文书部门)。后又徙为丞相府门下督。

陈琳一生主要经历是当秘书,其散文成就主要在公文写作,除《为袁绍檄豫州》文外,尚有《为曹洪与世子书》等名篇。他的散文风格比较雄放,文气贯注,笔力强劲,所以曹丕有"孔璋章表殊健"(《又与吴质书》)的评论。陈琳诗赋也很有成就,是当时著名文学家,为"建安七子"之一。陈琳著作,据《隋书·经籍志》载原有集十卷,已佚。明代张溥辑有《陈记室集》。

9. 任昉(460~508)

字彦升,祖籍乐安博昌(今山东寿光),南朝著名秘书。16岁时被南朝宋丹阳尹刘秉辟为主簿,后被举荐到京,为太常博士。南齐时,官至中书侍郎、司徒右长史。永元三年(公元501年),萧衍进军建康,任昉为记室。次年,萧衍代齐建梁,禅让文告都出自任昉手笔。入梁,先后任黄门侍郎、吏部郎、御史中丞、秘书监等职。

任昉博学能文,他读书广博,自己藏书万余卷,为当时著名的藏书家。他文思敏捷,尤其擅长公文写作,起草文书,不加点窜,当时有"沈(约)诗任(昉)笔"之称。今存其文多为代笔拟作的骈体应用文告之类,有文采而见渊博。任昉对"沈诗任笔"的说法,"甚以为病"。晚年转好著诗,意欲胜过沈约。但是用典过多,属辞滞涩,当时有"才尽之谈"(《南史·任昉传》)。"沈诗任笔"之说,颇能说明南北朝时期公文写作已成为一种专门技能的秘书工作史实。任昉晚年欲与沈约一比高下而终被人诟病,也说明人各有专长,不必推崇文学创作而轻视公文写作。

10. 李德林(531～590)

字公辅,博陵安平(今河北安平)人,北朝隋代年间著名秘书。据《隋书·李德林传》:李德林"从幼聪敏,年数岁,诵左思《蜀都赋》,十余日便度……年十五,诵五经及古今文集,日数千言。""德林少孤,未有字,魏收谓之曰:'识度天才,必至公辅,吾辄以此字卿。'从官以后,即典机密,性重慎……"。李德林于北齐天统年间(565～569)任中书侍郎,北齐亡,入北周任内史上士,受宣帝之命制定诏敕格式。宣帝死后,他协助杨坚建立隋朝,被任命为内史令(隋代避文帝之父杨忠的名讳,将中书省改称内史省,内史令即中书令)。

李德林与任昉一样,是历史上少有的在三个王朝当过重要秘书的人,对其"三朝不倒"的行为,后人颇有讥议,但以现代观点看,隋朝取代北周并进而灭陈统一中国,是一种历史的进步,李德林的行为符合历史潮流,不必多加诟病。李德林对秘书工作的贡献是值得一书的。《隋书》的编纂者评价道:"德林幼有操尚,学富才优……羽檄交驰,丝纶间发,文诰之美,时无与二。君臣体合,自致青云,不患莫己知,岂徒言也!"

11. 魏徵(580～643)

字玄成,钜鹿下曲阳(今河北晋县西)人,后居相州内黄(今河南内黄西)。著名政治家,贞观时名相,曾长期担任秘书职务。隋末农民起义爆发时,武阳郡丞元宝藏举兵响应瓦岗军李密,以魏徵典书檄,魏徵代宝藏作启谢李密,为李密所重,召为文学参军,掌书记。武德元年(公元618年)瓦岗军败后,魏徵随李密投奔李渊,成为唐臣,李渊署魏徵为秘书丞。武德二年十月,魏徵在黎阳被窦建德所俘,署为夏政权的中书舍人。四年,窦建德、王世充相继为唐朝所灭,魏徵遂复归长安,任太子洗马,曾劝太子李建成及早除掉李世民。"玄武门之变"后秦王李世民即位,是为唐太宗。太宗素重魏徵之才能,遂化敌为我,引为太子东宫主簿,拜谏议大夫。以后相继任给事中、尚书右丞、秘书监等,封郑国公。晚年曾为太子太师。

唐太宗以虚怀纳谏著称于世,而魏徵是最著名的谏臣,以敢谏善谏著称。他素有胆智,敢于犯颜直谏,面折廷诤,前后所奏二百余事,其中大部分保留在《魏郑公谏录》和《贞观政要》两书中。贞观十一年(公元637年)所上的《论时政疏》、《谏太宗十思疏》,是他一生奏疏中最为重要者。魏徵所谏都是为了唐朝的长治久安,使太宗少犯很多错误,对"贞观之治"的出现起了不小的作用。

贞观十七年,魏徵卒。太宗十分惋惜地对朝臣说:"以铜为镜,可以正衣冠;以古为镜,可以知兴替;以人为镜,可以明得失。朕常保此三镜,以防己过,今魏徵殂逝,遂亡一镜矣。"太宗还亲自为魏徵撰成碑文,亲书刻石。

魏徵还是一位学问家,唐贞观中修梁、陈、北齐、北周和隋五代史,魏徵总领其事,其中《隋书》由他主要负责,并亲自撰写序论。

12. 陆贽(753～805)

字敬舆,苏州嘉兴(今浙江嘉兴)人。大历五年(公元770年)17岁时登进士第。授郑县尉,因故罢归。后因公文写作能力出类拔萃,被任命为渭南县主簿。唐德宗即位后,被召为翰林学士,建中四年(公元783年),朱泚发动长安兵变,陆贽随德宗出奔奉天(今陕西乾县),当时形势紧张,朝廷事务繁忙,有时日下数十诏令,皆由陆贽起草。德宗返回长安后,即授官中书舍人,后又迁中书侍郎。

陆贽是著名的公文写作大家,他既为皇帝起草过重要的诏敕,也以臣子的身份写过不少奏议。他所写的诏书、奏议,语言流畅,富有气势,并善于将诚挚的感情同精当的议论融合在一起,因而具有感人的力量,他为德宗起草的《奉天改元大赦制》,情词恳切,深自痛责,据与其同时代的权德舆说,"行在诏书始下,虽武人悍卒,无不挥涕激发"(《翰苑集序》)。他写的奏议《均节赋税恤百姓六条》、《论裴延龄奸蠹书》,都是数千字以至近万字的政论文,分析朝政时事,剖析是非得失,情理结合,往往能切中时弊。陆贽可以称得上历史上起草公文最多的秘书官,有《陆宣公奏议》(一名《翰苑集》)二十二卷传世。

13. 胡安国(1074~1138)

字康侯,建宁崇安(今福建省武夷山市)人。北宋绍圣年间(1094~1098)进士,先后任太学博士、门下省给事中、中书省中书舍人兼侍讲、宝文阁直学士。一生主要任秘书性质的官职,北宋京城汴梁被金攻破后,徽宗、钦宗二帝被掳往北方,宋朝臣民蒙受巨大的民族耻辱。宋高宗于建康(今南京)另建南宋政权,后定都临安(今杭州)。高宗重用主降派,不思复国雪耻,胡安国连上《时政论》二十一篇,劝高宗励精图治,恢复大宋,不被高宗采纳。绍兴二年(公元1132年),高宗欲重用投降派朱胜非为都督,胡安国闻讯后愤然进奏,斥责朱胜非为罪人,并揭露他至今仍与汉奸张邦昌和金国有秘密来往的事实,决不能重用。高宗虽然采纳了他的建议,没有授予朱胜非以兵权,却让朱胜非任侍讲学士,与胡安国同事,胡继续上书反对,未被采纳,胡安国遂愤然辞官而去。

宋代尤其是南宋时期民族矛盾尖锐,许多秘书官员利用自己接近最高统治者的有利条件,或面谏,或上书,或拒绝起草有辱国格的文书,试图阻止朝廷的投降路线,说服皇帝抗敌复国,表现了知识分子的民族气节。胡安国就是这些秘书中的一个代表。

胡安国还是一个著名学问家,长于春秋学,撰有《春秋传》三十卷。

14. 张廷玉(1672~1755)

字衡臣,号研斋,安徽桐城人。康熙三十九年(公元1700年)进士。康熙时历官内阁学士、吏部侍郎。雍正时曾任礼部尚书,入直南书房,任《圣祖实录》副总裁,纂修缮写实录及起居注,又任《明史》总裁。张廷玉办事精明练达,缜密周详,文思敏捷,才干出众,故为雍正所倚重,让他参与议决军国大事,起草重要公文。雍正七年(公元1729年),因西北用兵,特设军机处(初称"军机房"),其编制和办事办文程序,多为张廷玉手定。军机处办事以精干高效著称,后来成为皇帝的机要秘书处。乾隆初年一度任总理大臣辅政,三年后罢总理大臣之职,仍以大学士掌朝廷机要。

张廷玉为清代公文写作大家,其文字简要明快,要言不烦。军机处初立时,一天能写出几十道谕旨,为雍正帝所欣赏,特升他为尚书,后又升至保和殿大学士,加太保。前后居官五十年,为清代公文写作之最。其奏疏选入《皇清奏议》之中的,主要有《敬陈填刑二事疏》、《请格外赈恤灾黎疏》、《三老五更议》、《议乘时平粜以济兵民疏》等篇。

二、历史上当过秘书的名人

秘书工作是一项需要较高文化素养的人才能胜任的工作,上古时代文化人数量有限,史官就是全社会最有学问的人。随着文化的发展,知识分子人数增加,涌现了许多大思想家、大文学家、大学问家、大政治家,这些人在成名之前或成名之后,大多数或长或短地担任过秘书官职,因此,在"历史上当过秘书的名人"的标题下可以列出一份很长的名单。考虑到介绍这些人的目的是为了让今人更好地对古代秘书工作发展的规律有所了解,而不是仅仅告诉他们某些人当过秘书的历史事实,因此本书对"历史上当过秘书的名人"也有一个大致的界定:第一,他们必须当过真正的秘书,而不是仅仅挂过虚衔,例如孔子曾经短期当过齐国高昭子家臣,而家臣中只有一部分人的工作带有秘书性质,因此很难说孔子当过秘书;再如李白曾一度被唐玄宗召选为翰林学士,但那只是个虚衔,实际上李白没有为皇帝起草过一份文件;第二,他们的主要成就不是在秘书工作上(否则就应该算是古代著名秘书),但与秘书工作或多或少有一定的关系,或因某一方面的名气而被用为秘书,或因当秘书而对其成名有间接的影响。根据这个界定,我们选择了10位名人加以介绍。

1. 老子

春秋末期的思想家,道家学派的创始人。《史记·老子韩非列传》说:"老子者,楚国苦县人(今安徽涡阳)厉乡曲仁里人,姓李氏,名耳,字聃。周守藏室之史也。"守藏室即周天子的档案馆,可见老子是负责保管王室档案的史官。由于他能看到古代丰富的文献,所以成为了一个非常有学问的人,相传孔子曾经专程到洛阳去向老子问礼。后来老子见周室衰微,就离开周朝,归隐躬耕,开办私学,创立道家学说,相传《道德经》(即《老子》)一书即为老子所著。《老子》的思想倾向基本上是消极的、软弱的,不得意的知识分子、失势的权贵往往从中寻求精神寄托。但《老子》对后世影响深远,以它为主,形成了中国历史上和儒家并立的道家学派。

2. 屈原(约公元前339～约前278)

战国时期的楚国著名爱国诗人、政治家,"楚辞"的创立者和代表作者,曾被推举为世界文化名人而受到广泛纪念。

《史记·屈原列传》说屈原名平,字原。屈原是战国时期楚国重要政治家,他的一生在激烈复杂的政治斗争中度过。《屈原列传》说屈原曾为楚怀王左徒,相当于楚国的秘书长。据现有史料可以考证的战国时期担任过楚左徒的人,仅屈原与春申君二人。屈原在政治上的活动主要有:内政方面辅佐怀王,议论国事及应对宾客,起草宪令及变法;外交方面参加合纵派与秦斗争,两度出使于齐。屈原辅佐楚怀王,正在七雄激烈争斗之时。屈原起初很受怀王信任重用,怀王让他"造为宪令",即主持国家政令的起草、宣布等事项。"宪令"涉及推行变法之事,因政权主要掌握在贵族重臣手中,他们为了保持个人禄位而反对变法。当时楚国朝廷中佞臣充斥,与屈原同列的有上官大夫,他心怀嫉妒,与屈原争宠,屈原起草宪令未定,上官大夫欲夺其稿,屈原不予,他就向怀王进谗言,说:"王使屈平为令,众莫不知。每一令出,平伐其功,曰以为非我莫能为也。"怀王庸懦昏聩，不加辨明，就怒疏屈原。屈原和旧贵族集团的斗争，还表现在对外政策上。屈原坚决主张联齐抗秦的策略，这是对楚国有利的正确策略，怀王曾采纳他的主张，并派他出使齐国。屈原被疏远后，秦国派张仪出使楚国，以土地诱惑楚怀王。目光短浅的怀王就改变了对外政策，采取绝齐亲秦方针，结果使楚国在政治上、外交上吃了大亏，怀王后来又受骗到秦国，被扣留，最后客死于秦。怀王长子顷襄王继位，听信谗言，把屈原流放到江南沅、湘一带大概有九年之久。最后，屈原得知楚国都城郢都为秦所破，深感自己的政治理想无法实现，又无力挽救楚国的灭亡，遂自沉于汨罗江中，以明其忠贞爱国之怀。

屈原的作品流传下来的有《离骚》1篇，《天问》1篇，《九歌》11篇，《九章》9篇，《远游》、《卜居》、《渔父》各1篇，共25篇，均为诗歌作品，他为楚国起草的文书则不传。他的诗歌作品从内容到形式都有巨大的创造性，对我国文学的发展产生过巨大影响。屈原的伟大作品和伟大人格永垂史册。

3. 李斯（？～公元前208）

秦代大臣。战国末年楚国上蔡（今河南上蔡西）人。早年为郡小吏，曾从荀子学"帝王之术"，学业成就后入秦，求为丞相吕不韦门客，后被任为郎。他劝说秦王政（即秦始皇）灭诸侯，成帝业，一统天下，被任为长史。秦王采纳他的计谋，遣谋士持金玉游说诸侯，离间六国君臣。秦王十年（前237），下令驱逐六国客，李斯时为客卿也在被逐之列，他在所上《谏逐客书》中指出，秦自缪公、孝公、惠王、昭王以来所以能国富民强，蚕食诸侯，皆因客卿之助，如"逐客以资敌国，损民以益雠"，"求国无危，不可得也"，应该"地无四方，民无异国"。结果，秦王取消了逐客令，李斯官复原职，后升为廷尉。秦始皇统一六国后，李斯与丞相王绾、御史大夫冯劫等人共同议定了皇帝名号，以及有关的礼仪制度。他反对王绾提出的请立诸子为王的建议，坚持以郡县制取代分封制，得到秦始皇的赞同。此外，他还参与制定了法律，统一车轨、文字和度量衡制度。始皇三十四年（前

213),齐人淳于越又提出分封子弟功臣为支辅的建议,时任丞相的李斯驳斥了这种意见。李斯认为,私学盛行,对法令制度"入则心非,出则巷议",应该加以禁止,否则会影响皇帝的威望。他建议焚毁民间收藏的《诗》《书》、百家语,得到秦始皇的许可。三年后,秦始皇病死,李斯参与赵高、胡亥的阴谋,赐始皇长子扶苏死,拥立胡亥为太子,继位为二世皇帝。此后,赵高为了独揽大权,诬陷李斯与其儿子同陈胜、吴广暗通,意图谋反,二世命赵高审理。在赵高的刑讯逼供下,李斯被迫认罪,二世二年七月,具五刑,腰斩于咸阳市,并夷三族。

4.王羲之(303~361,一作307~365,一作321~379)

东晋著名书法家。字逸少,琅琊临沂(今属山东省)人,后移居会稽山阴(今浙江省绍兴市)。始任秘书郎,继为长史、宁远将军、江州刺史,并曾为右军将军、会稽内史,因此后人称他为"王右军"。王羲之在会稽期间,地方上遭到饥荒,他开仓赈济贫民;朝廷对百姓赋役繁重,他上书抗争。永和十一年(公元355年),称病辞去会稽郡的职务。王羲之一生性好山水与交友,会稽许多名士如孙绰、李充、许询、支遁都与他有同好。永和九年三月三日,他和孙统等41人,宴集山阴兰亭,写下了著名的《兰亭序》。王羲之辞官后,更放情于山水之间,弋钓娱乐。他性情天然任率,传说他爱鹅并以书法换鹅,见人家案几滑净,便拿起笔来随意书写,还为老妪书扇,这种性情和爱好对他的书法有一定的影响。

相传王羲之7岁学书,12岁读前人的书法论著。少时曾学卫铄,自以为学得不差。后渡江北游名山,见到李斯、曹喜、锺繇、梁鹄等著名书法家的书迹,又在洛阳看到蔡邕书写的石经及张昶《华岳碑》,开始意识到自己不及。于是遍学众碑,从此书艺大进。王羲之所处的时代,楷书逐渐成熟,草书得到发展。他在此基础上,又博采众长,一变汉、魏以来质朴淳厚的书风,而创造了妍美流便的新风格,把草书推向全新的境界。他的行草书最能表现雄逸流动的艺术美。《晋书》说他的书法为古今之冠,论者称其笔势,以为飘若浮云,矫若惊龙。王羲之由于在书法上的成就和贡献,被后世誉为"书圣"。

5. 骆宾王(约626～684后)

唐代诗人,婺州义乌(今属浙江)人。骆宾王和王勃、杨炯、卢照邻齐名,号称"初唐四杰"。他7岁能诗,有"神童"之称。高宗永徽(650～655)年间,为道王李元庆府属。后入蜀,为姚州道大总管李义军幕僚,平定蛮族叛乱,文檄多出其手。仪凤三年(公元678年),由长安主簿入朝为侍御史,因事被诬下狱。次年,遇赦得释。光宅元年(公元684年),武则天废中宗李显为庐陵王,积极准备改唐为周。这年九月,徐敬业据扬州起兵反对武则天,骆宾王参加了这一军事行动,被任为艺文令,掌管文书机要,著名的《讨武曌檄》(一名《代李敬业传檄天下文》)就是这时写的。据《新唐书》本传说,武则天读了他写的《讨武曌檄》深为其才华所折服,感叹曰:"宰相因何失如此之人!"十一月,徐敬业兵败,骆宾王下落不明。武则天慕其才,曾多方寻找,然未果。

在诗歌创作上,骆宾王擅长七言歌行,长篇歌行《帝京篇》在当时就已被称为绝唱,《畴昔篇》、《艳情代郭氏赠卢照邻》、《代女道士王灵妃赠道士李荣》等也都具有时代意义。五律也有不少佳作。如《在狱咏蝉》,托物寄兴,感慨深微,是脍炙人口的名篇。其公文代表作《讨武曌檄》因极富文采,后世流传极广,被公认为古代散文中的名篇佳作。

6. 皮日休(约838～约883)

唐代文学家,字袭美,一字逸少,襄阳(今属湖北)人。出身于贫苦家庭,早年即有志功名,懿宗咸通八年(公元867年)登进士第。曾任苏州刺史从事、太常博士等职。僖宗乾符五年(公元878年),黄巢起义军下江浙,皮日休为黄巢所得,黄巢入长安称帝,建立大齐政权,皮日休任翰林学士。皮日休为黄巢起草了许多重要文书,是农民军和大齐政权的重要秘书官。他的死,说法不一,或说他因故为黄巢所杀,或说黄巢兵败后为唐王朝所杀,或说流寓宿州以终。

现存皮日休诗文,都作于他参加黄巢起义军以前。他对当时封建统治下的黑暗政治,早就有所不满。他认为:"古之置吏也,将以逐盗;今之置吏也,将以为盗。"又说:"古之官人也,以天下为己累,故己忧之;今之官人也,以己为天下累,故人忧之。"(《鹿门隐书》)所以他肯定人民可以反抗暴君,国君如"有不为尧舜之行者,则民扼其吭,捽其首,辱而逐之,折而族之,不为甚矣"(《原谤》)。并指出孟子并不否定商汤、周武王推翻当代暴君,"古之士以汤、武为逆取者,其不读《孟子》乎?"(《请孟子为学科书》)从这些言论看,皮日休参加黄巢农民军有一定的必然性。

皮日休在诗文两方面都有较高的成就。著有《皮子文薮》十卷。《全唐文》收皮日休文四卷,其中有散文七篇,为《文薮》所未收。《全唐诗》收皮日休诗共九卷三百余首,后八卷诗均为《文薮》所未收。

7. 欧阳修(1007～1072)

宋代著名政治家、文学家、史学家,字永叔,号醉翁、六一居士,吉州庐陵(今江西吉安)人。欧阳修是天圣八年(公元1030年)进士,一生做过许多官,其中包括知制诰翰林学士等高级秘书职务。欧阳修为人正直公道,与奸佞势不两立,在政治上主张改革,早年曾因支持范仲淹等人的改革而遭到保守派的嫉恨。范仲淹被贬,他上书为之辩护,亦被贬为夷陵(今湖北宜昌)县令。

欧阳修一生写过许多有名的奏疏,如《论京西贼事札子》、《论军中选将札子》、《论按察官吏札子》、《条列文武官材能札子》、《论狄青疏》等,其文风平易自然,流畅宛转,而又极富逻辑论证力量。

欧阳修在文学上的成就很高,是北宋新古文运动的领袖,为"唐宋八大家"之一,诗词也有许多名作传世,在中国文学史上占有重要地位。他大力倡导诗文革新运动,改革了唐末到宋初的形式主义文风和诗风,取得了显著成绩。由于他在政治上的地位和散文创作上的巨大成就,使他在宋代的地位有似于唐代的韩愈,"天下翕然师尊之"(苏轼《居士集叙》)。

欧阳修在史学上的主要成就是独撰了《新五代史》,又与宋祁合修《新唐书》。

8. 苏轼(1037～1101)

宋代著名政治家、文学家、书画家,字子瞻,号东坡居士,眉山(今四川乐山)人。苏轼出身于寒门地主家庭,幼年承受家教,既长,"学通经史,属文日数千言"(《东坡先生墓志》)。嘉祐二年(公元1057年)与其弟苏辙同科进士,苏轼被派往福昌县(今河南伊阳)任主簿。因才能出众,不久即调升凤翔府(今陕西凤翔)签判,后又调京任大理寺评事等职。这期间苏轼针对财乏、兵弱、官冗等政治弊端,写了大量策论,要求改革。但因他的改革思想与王安石的变法主张有许多不同,便连续上书反对变法。由于意见未被采纳,请求外调,先后被派往杭州、密州、徐州、湖州等地任地方官。王安石罢相后,苏轼又被诬以诗文诽谤朝廷而被捕入狱,经过几个月的折磨,苏轼侥幸被释,谪贬黄州,后又改贬汝州。哲宗即位后起用司马光执政,苏轼被调回京都任中书舍人、翰林学士、知制诰等高级秘书官职。后因与司马光意见不合而出知杭州、颍州、扬州、定州、英州(今广东英德)、惠州、儋州(今海南儋县)等地。

苏轼一生遭受很大的政治磨难,仕途曲折,历尽沉浮。然而这正好有利于他加深阅历,扩大视野,使他在文学上获得很大的成功。苏轼是北宋成就最高的文学家,有多方面的创作才能,在诗、词、散文等方面取得了第一流的成就。今存诗两千七百多首,词三百四十多首,散文方面的题材和体裁都极为广泛,成就很高,为"唐宋八大家"之一。

苏轼在一生政事活动中,写过不少经世治国的公文,如《上神宗皇帝书》、《论河北京东盗贼状》、《乞免五谷力胜税钱札子》、《奏浙西灾伤第一状》、《乞减价粜常平米赈济状》等。苏轼写作的公文和他的文学散文一样,气势纵横,雄辩滔滔,行文流畅。

苏轼的书法、绘画造诣也很高。他的书法同蔡襄、黄庭坚、米芾并称"宋四家"。苏轼论画卓有所见,主张"神似",提出"诗中有画"、"画中有诗",在画史上很有影响。他善画竹石,今存有《古木怪石图》等画作。

9. 苏辙(1039~1112)

宋代著名文学家,字子由,眉山(今四川乐山)人,为苏轼之弟。仁宗嘉祐二年(公元1057年)与苏轼一起中进士,苏辙被派往渑池县任主簿,一生中先后任过齐州(今山东济南)掌书记、门下省起居郎、中书省中书舍人、翰林学士知制诰等秘书官职,也担任过其他官职,政治上几起几落。

苏辙与其父苏洵、兄苏轼合称"三苏",均为北宋散文家,同列"唐宋八大家"之内。他擅长政论和史论,在政论中纵谈天下大事,如《新论》(上)说:"当今天下之事,治而不至于安,乱而不至于危,纪纲粗立而不举,无急变而有缓病。"分析当时政局,颇能一针见血。《上皇帝书》说"今世之患,莫急于无财",亦切中肯綮。史论同父兄一样,针对时弊,古为今用,《六国论》、《三国论》是其史论名篇。在文学成就上,苏辙不如其兄苏轼,但苏辙担任秘书职务时间比苏轼长得多。

10. 龚自珍(1792~1841)

近代思想家、文学家,字尔玉,浙江仁和(今杭州)人。出身于世代官宦学者家庭。龚自珍20岁以前,在家学习经学、文学。段玉裁说他"所业诗文甚夥,间有治经史之作,风发云逝,有不可一世之概。尤喜为长短句","造意造言,几如韩李之于文章"。认为"自珍以弱冠能之,则其才之绝异,与其性情之沈逸,居可知矣"(《怀人馆词序》)。然而这样一个才华横溢的人直到26岁应浙江乡试始中举,次年应会试又落选。嘉庆二十五年(公元1820年)开始入仕,为内阁中书舍人(明清内阁中的中书舍人为缮写正本、誊抄副本的低级秘书职务)。

嘉庆二十四年会试落选后,他又参加五次会试。道光九年(公元1829年),第六次会试,始中进士,时年38岁。在此期间,他仍为内阁中书。道光十五年后(公元1835年),又任了几个很卑微的官职。道光十九年(公元1839年)48岁,他辞官南归,两年后暴卒于丹阳云阳书院,时为鸦片战争第二年(公元1841年)。

龚自珍从青年时起,就深刻地意识到封建国家的严重危机,具有一种特殊的敏感性。梁启超说:"举国方沉酣太平,而彼(指龚自珍、魏源)辈若不胜其忧危,恒相与指天画地,规天下大计。"(《清代学术概论》)他对时代的危机,不止是敏锐地感觉它,而且也积极地建议挽救它;他对现实政治社会问题也提出了积极的建议,写《西域置行省议》和《东南罢番舶议》,主张抵抗外国资本主义侵略和巩固西北边疆。道光九年(公元1829年)十二月,他写了《上大学士书》,建议改革内阁制度。道光十二年(公元1832年)夏,又有手陈"当今急务八条",其中之一就是"汰冗滥"。道光十八年(公元1838年),林则徐奉命到广东海口查禁鸦片,他作了《送钦差大臣侯官林公序》,向林则徐主张严禁鸦片,坚决抵抗英国侵略者;主张和外国进行有益的通商,严格禁止奢侈品的输入;并驳斥了各式投降派的有害论调。

龚自珍这样一个既有文学才华,又有政治见解且极富爱国热情的人才,在清代后期的科举考试中,居然屡次落选,最后中了进士后,又不被重用,这很能说明清代科举制度的腐朽和政治制度的黑暗。

复习思考题

1. 关于中国秘书工作的起源有哪两种观点?其依据是什么?
2. 秘书工作产生的条件是什么?为什么说国家的形成和文字的出现不是秘书工作产生的必要条件?
3. 从理论上推断,中国秘书工作大约起源于何时?
4. 为何说史官是中国历史上最早的秘书官职?
5. 商代史官可以分为哪几类?他们的社会地位如何?
6. 西周史官的社会地位有何变化?原因何在?
7. 除史官外上古时代还有哪些秘书性质的官职?

8. 太史寮是一个什么机构？其内部有哪些不同级别的史官？

9. 春秋战国时期史官的地位有何变化？原因何在？

10. 历代中央政府主要的秘书机构和秘书官职有哪些？

11. 历史上以"秘书"冠名的官职和机构有哪些？这些官职和机构的性质如何？

12. 中央政府机构的"三省制"出现于何时？消亡于何时？三省之间的工作关系如何？

13. 清代"书吏之害"是怎么回事？从中能得到什么样的历史教训？

14. 我国历史上为何会一再重现宦官专权干政现象？

15. 我国历史上有哪些社会角色属于非官方秘书？

16. 魏晋南北朝时期的幕僚为何会成为国家正式秘书？

17. 清代幕僚盛行的原因是什么？幕僚的地位如何？

18. 秘书实事求是的职业道德形成于何时？"君举必书"的做法有何积极意义？

19. 古代培养秘书的主要方式有哪些？

20. 历代选拔秘书等国家官吏的主要做法有哪些？

21. 如何理解"古代著名秘书"的含义？

22. 列举古代著名秘书的代表人物及其主要特点。

23. 什么样的历史人物可以说是"当过秘书的名人"？

第二章 中国古代的文书档案工作

第一节 公务文书和文书档案工作的出现

一、文书的前身——结绳和刻契

文书档案工作是所有秘书工作中一项最主要的工作,它以公务文书为对象,包括公务文书的写作、处理和保管利用等内容。我国是世界最古老的文明发源地之一,具有巨大文化含量的文书档案工作产生得很早。

文书就是用文字记录下来的材料,文书工作的产生是以文字的出现为前提的。但在文字产生之前,我们的祖先已经有了类似于文书的记事方法——结绳和刻契。

结绳,就是在绳子上打上大大小小、各式各样的结,以表示不同的意思。《周易·系辞》说:"上古结绳而治。"郑玄注:"结绳为约,事大,大结其绳,事小,小结其绳。""治"者,管理也。"结绳而治"就是用结绳的方法来进行管理,这说明"结绳"乃是一种管理方法。

刻契,就是在木板、竹片、骨片或其他材料上刻些缺口或其他记号,用来记录某种事实或作为有关各方的一种信约,其目的在于"刻其数"以备忘。《旧唐书》在记述东谢蛮时说:"俗无文字,刻木为契。"(197卷)《释名》也说:"契刻也,刻识其数也。"这表明刻契也是文字产生以前的一种记事符号。"契"字的构形本身也能说明它具有"契约"的含义,"契"是一个复合结构,由三部分组成:"丰"就像刻出齿的木板形;加上"刀"旁,表示用刀来契刻;再加个"大"字,则表明是大的(重要的)契约。由此可知,"契"作为动词,表示契刻,这是从制作手段上说的;而"契"作名词之用,则是指契约,这又是从功能作用而言的。"契"的异体写作"栔",从"木"旁,正表明刻木为契,以为凭据。根据古代的传说,伏羲氏曾教民众以两片木板相并合,在上面刻上几道痕,记住数目,然后各持一片,作为凭据。这就是传说中最早的"契"。

结绳和刻契是人类在发展过程中普遍使用过的记事表意方法,现代的一些民俗调查表明,我国一些少数民族,如云南的傈僳族和哈尼族、台湾的高山族等,一直到几十年前,还在使用结绳或刻契的方法来表意记事。有一个很典型的例子:新中国成立初期,云南省福贡县人民政府收到贡山送来的一件木刻(见下图):

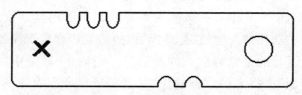

木刻的一端刻有"×"形符号,表示相会,另一端刻有一个圆圈,代表一个凳子,木刻的一边刻有三个缺口,代表三个人,另一边有两个缺口,代表两件东西。这件木刻的全部意思是:你们派来的人和我们已经相会,带来的两件东西也已经收到,现派我的两个弟弟和一个随从去你处,并送你一张凳子。以上这些意思一般人很难理解,但是在特定的环境下,尤其是经有关当事人(如携带该木刻的人)的解释,这件木刻是可以作为一件信函来看待的(本例取自邹家炜编著《中国档案事业简史》,第2页)。

从结绳、刻契的管理功能和信约功能看,可以说它们是文书的前身。

二、汉字的发明和公务文书的出现

随着文明的发展,我们的祖先在原来记事的图画符号的基础上创造了文字。文字的出现是人类社会由野蛮时代过渡到文明时代的标志。文字与结绳、刻契等符号标记不仅有数量上的差别,而且有本质上的不同,因为它能将复杂思想、事件以及其他语言信息记载下来,使之远距离传递和长时间保留。因此,文字是积累经验、扩大智慧、推动人类进步的重要工具之一。

关于汉字的起源,自古以来就众说纷纭,其中影响最大、流布最广的当数"仓颉造字"说(参见本书第一章第二节)。

"仓颉"是否确有其人呢?这本身就值得我们去探秘。这是因为,远古人并不像后代文明社会的人一样,都具有明确的私名。传说中的上古人物的名称,大多是后人依据某一特征而另起的名字。其中有一条非常重要的起名原则就是依照发明创造的丰功伟绩。比如"有巢氏"指的是发明建造房屋的祖先、"燧人氏"指的是钻燧取火的发明者、"庖牺氏"则是由"养牺牲以供庖厨"而得名的、"神农氏"又是指最早开创农业的神——人格化的代表。由这一原则加以类推,"仓颉"也很可能是具有同样性质的名称。从古代的读音上说,"契"与"颉"音相近,那么,"仓颉"也可能就是"创契"(亦即"创造文字")的意思。当然,这只是一种推断,但现代学界公认汉字不可能是由某一个人创造发明的,而是在长期的历史发展中逐渐成型的。

从现在的考古发现看,仰韶文化遗址出土陶器上的一些刻画符号,被许多文字学家视为中国文字的源头,这些陶器距今已有六千多年的历史。而仓颉据传说是黄帝的史官,距今大约为四千四百年左右。这就是说,在仓颉之前,文字至少已经有了一千五百年以上的发展演变过程。仓颉作为黄帝的史官,可能第一次对人们在生产、生活实践中创造出来的文字进行收集、整理、统一并普及推广使用,在汉字的演变过程中起过十分重要的作用,因而后人认为他是汉字的发明人。

　　文字的出现是公务文书形成的必要条件,但公务文书的出现要晚于文字的出现,因为公务文书出现之前文字可以刻画在石块、陶器之类的器物上,也可能用于私人文书。那么,作为文书工作对象的公务文书最早出现于何时呢?

　　根据古代传说,黄帝以前的氏族首领,如前面提到有巢氏、燧人氏、伏羲氏(庖牺氏)、神农氏,大多以口头语言来发布指令,因此那时产生文书的可能性不大。所谓"神农无制令而民从"(《淮南子·氾论》),指的就是这种情况。《后汉书·祭祀志》上说:"自五帝始有书契。""五帝"的组成有多种说法,比较通行的,指黄帝、颛顼、帝喾、唐尧、虞舜。既然"五帝"之首是黄帝,由此推断,我国最早的公务文书当出现于黄帝时期。

　　关于黄帝时期出现公务文书,还有一些典籍可以佐证。如《左传·昭公十二年》载,楚灵王说他的"左史"倚相是一位"良史",能读懂《三坟》、《五典》、《八索》、《九丘》,历来学者都认为这几部书是我国最古的书,其中《五典》为五帝所作,这表明可能到春秋时还有黄帝时期的文书传世。此外,《史记·五帝本纪》说黄帝曾命大挠作甲子以记时日,命容成制历法以定农时,又让隶首作算数,这些传说也能说明黄帝时期出现了公务文书。

　　随着公务文书在社会管理活动中的出现,也就产生了管理它们的工作人员——史官,传说中黄帝就有多位分工明确的史官(仓颉仅仅是其中的一位)。

　　以上材料说明,文书工作的主体(史官)和客体(公务文书)都产生于传说中的黄帝时期(距今约4400年),因此可以说我国文书工作的历史是从黄帝时代开始的。而在文书工作产生之前,已经有了为部落联盟领导集团提供辅助管理综合服务的其他秘书工作,因此,不能把文书工作的开端认定为古代秘书工作的开端。但文书工作一旦出现,就成为秘书工作中最主要的一项内容了。

三、夏代的公务文书和文书档案工作

"帝舜荐禹于天,为嗣。十七年而帝舜崩……禹于是遂即天子位,南面朝天下,国号曰夏后,姓姒氏。"(《史记·夏本纪》)

夏民族、夏朝代、夏文化,是我们中华的立国基点。不认识或不承认这一点,都是违背历史事实的。在本节中,我们拟对这一朝代的文书档案工作进行一些初步的探讨,由于至今考古发掘中没有发现夏代文书档案的原件,有关夏代的文书档案工作的情况只能通过一些典籍作间接的大致推断。

1. 公务文书成为国家管理的工具

恩格斯在《家庭、国家和私有制的起源》中曾精辟地指出国家形成有这样两个标志:其一,按地区划分国民;其二,公共权力的设立。从这两方面来看,夏代确是我国历史上第一个国家政权。

先说第一个标志。夏禹时代,炎黄、东夷、苗蛮等部族之间的交往已相当频繁,以地缘为基础的华夏民族共同体已初步形成,"茫茫禹迹,划为九州,经启九道"(《左传·襄公四年》),原始的"九州"地域观念已经形成。虽然其时血缘亲族因素在共同体内依然顽强存在,但已不再是划分人群的首要依据了。《庄子·天下篇》说禹"置万国",《左传》、《国语》上说禹会诸侯于会稽或涂山,均可证明夏禹时代确实已经试图剪断血缘纽带而代之以地缘联系了。

再看第二个标志。夏禹时代公共权力也已设立,其物化形式表现在建立了军队、制定了刑法(《左传·昭公六年》记"夏有乱族而作禹刑")、修造了监狱(《今本竹书纪年》称"夏台"、"圜土"),"这些东西都是以前的氏族社会所没有的"(恩格斯《家庭、国家和私有制的起源》,第114页)。此外,从古籍记载来看,夏王是最高统治者,他的下面设有六卿分管各方面事务,称"六事之人",还有牧正、庖正、车正(即管理畜牧、膳食、车旅的官职)等一系列职官,并设立了贡赋制。

以上材料说明,夏朝已经建立了国家机构。随着国家机器的出现,一切公共事务的管理也就成为国家行为,从黄帝时代就已经出现的公务文书,也就成了国家管理的重要工具。

2.关于夏代的官方文书和文书档案工作的推断

国家管理带有强制性,比原始社会的公共事务管理要严格得多,因而也就需要比较有条理的文书。尽管迄今为止尚未发现夏代公务文书的实物材料,但揆诸史籍至少有这样几则可靠的证据说明夏代有了比较成熟的公务文书:

(1)《国语·晋语》载:晋文公时,阳人犹"有夏商之嗣典……樊仲之官守焉"。《国语》是信史,这则记载可作为夏朝已有文献记录的旁证材料。

(2)《论语·八佾》载:"夏礼吾能言之,杞(夏的附属小国)不足征也……文献不足故也,足则吾能言之矣。"这就是说,"文献"并非没有,只是"不足"而已。孔子的这一慨叹反倒告诉我们,他或多或少是接触过夏朝的文书档案的。

(3)细察《史记》诸本纪,可以看出,其《五帝本纪》所述的远古帝王世系不仅不能连贯,而且矛盾不少,这说明五帝谱系的来源不是历史文献,而是神话传说材料。然而,《夏本纪》和《殷本纪》所述的帝王世系却相当完整,井然不乱。过去虽有人对夏、殷本纪所记的历史表示怀疑,但自王国维以来历史学家对甲骨文的研究,已证明《殷本纪》与甲骨文反映的世系几乎是完全吻合的,由此可以相信《夏本纪》系谱的可靠性。我们很难设想,假使没有比较原始的夏王朝的档案,仅凭口耳相传的材料,能编制出如此明确清晰的夏朝帝王世系。这就表明,夏之先人也一定是有册有典的。如果我们把《夏本纪》和《竹书纪年》中夏代帝王世系表相比照,二者几乎没有出入,这也正好说明二者当是以同一份原始的文献记录作为依据,那就是夏代传下来的夏王朝档案。

(4)《吕氏春秋·先识》等书记载,夏朝末年,夏桀(第十七个王)荒淫残暴,行将灭亡之际,掌管文书档案的"太史令终古"

取出宫藏的"图法"(《太平御览》引作"图书",亦即国家的典志、档案)展示给夏桀看,对桀哭谏。然而夏桀仍执迷不悟,终古只得携"图法"投归了商汤。这一则记载很重要,它至少告诉我们这样三点讯息:其一,夏代不仅有典有册,而且有了像"终古"这样的秘书官员;其二,这些秘书官员已开始把文书档案工作视为自己的重要业务,同时他们还负有劝谏君王的职责;其三,"终古"劝谏无效,遂携"图法"出奔之举,说明当时人们已经认识到秘书人员、秘书工作的重要作用,认识到文书档案对国家存亡兴衰确实所系极重。

(5)在我国最早的公务文书汇编《尚书》中,收录有夏代的公文一篇,即《甘誓》。这篇公文全文88字,记载的是夏代开国帝王启在讨伐有扈氏时对将士发布的战前动员令。尽管对《尚书》所收公文是不是"上古帝王之书"的原文有不同看法,但这篇"誓"文也绝非空穴来风,纯属杜撰,至少它是依据一定的历史文献由后人补记的。

从以上材料看,夏代应该已经有了比较发达而正规的文书档案工作。但这些公务文书是如何形成的,记载于何种载体,如何保管下来的,目前尚无法作出具体推断。

第二节 中国古代公文种类和名称的演变

一、对古代公文、公文种类、公文名称的界定

在探讨古代公文种类和名称的历史演变之前,有必要对"古代公文"、"公文种类"、"公文名称"等概念作一个大致的界定。

1.关于古代公文的范围

按照现代秘书学观点,公文是指国家机关和其他社会组织在履行法定职责、处理公务事宜时所使用的具有特定效力和规范格式的文书。"公文"概念的外延要小于"公务文书",因为

"公务文书"是公务活动中形成的文字材料的统称，公文属于公务文书，而公务文书并不都是公文。现代公文有一个明显的外部标志，就是要加盖公章，是对上、对下、对外、对内发出的正式文件，而公务文书则包括诸如会议记录、内部交流材料以及个人向组织提交的申请、建议等等。

我们不能用现代公文的严格定义来理解古代公文，因为古代社会组织没有现代这样严密，公务活动的程序也没有现代这样规范。如果按照这一定义，则连大臣向皇帝递交的奏疏也不算公文，这就使得古代公文的范围很窄。我们认为，古代公文可以定义为"公务往来中使用的有规范名称和格式的文书"。根据这一界定，则主要起记录作用的大多数甲骨卜辞、钟鼎铭文以及历代由皇帝近身秘书记录皇帝言行的"起居注"等，都不能算是公文；但春秋末期郑国子产铸于铁鼎上的"刑书"，是向民众发布法律的文书，应该属于公文。大臣就国家事务向最高统治者的奏疏等，则是古代公文中的重要组成部分。

2. 古代公文种类和公文名称

所谓"公文种类"，是指根据行文关系对公文进行划分得到的大的类别。现代文书学将公文分为下行文、上行文、平行文三类，这一分类方法继承了古代对公文的分类法，它符合文书工作的一般规律。按照行文关系对公文进行分类，最早可以追寻到西周时代，《周礼·春官》就将公文分为"王命"、"外令"、"四方之事书"等几类。"王命"即以周王的名义发布的命令性公文，由内史负责起草；"外令"即以中央政府名义发布的文书，由外史负责起草，这两种文书都是下行文书。"四方之事书"则是四方诸侯有事向周王报告的公文，属于上行文书，由"内史读之"，即由内史先看再向周王汇报。东汉末年，蔡邕在他的《独断》里总结秦汉两代公文，更明确地将公文分为下行文（包括策、制、诏、戒）和上行文（包括章、奏、表、议等）两大类，这里的行文关系已经非常清楚。

所谓"公文名称"，是根据功用的差别对公文进行划分得到的小的类别。现代公文中的"指示"、"通告"、"请示"之类就是公文的名称,公文名称是公文标题的构成要件,这一做法也是自古而然,例如《入关告谕》、《论贵粟疏》、《出师表》中的"谕"、"疏"、"表"等就是公文的名称。每一种公文名称在格式上都有相对固定的要求。

二、我国最早的公文名称——誓

"公文"一词最早出现于汉荀悦《汉纪·武帝纪一》:"苞苴盈于门庭,聘问交于道路,书记繁于公文,私务重于官事。"作为公务往来的正式文书的公文,则比"公文"一词的出现要早得多。

公务文书是公务活动中所产生的文字材料。它的产生与社会管理公务活动的出现和文字的出现是直接相关的。从理论上说,有了这两个条件,公务文书的出现就是必然的。原始社会末期,文字出现不久,就产生了公务文书,但正如前文所说,公务文书不等于公文,有的秘书史读本说《尚书》中收录的五帝时期的文献《尧典》、《皋陶谟》是我国最早的公文,此说值得商榷。《尧典》是尧、舜有关"帝位"禅让的言行记录;《皋陶谟》是皋陶和禹在舜帝前对答的记录,主要内容是皋陶陈述他的施政计谋。从功用上看,它们也不具有"公务往来"的属性,而且据考证其为春秋战国时期的文化人根据历史传说所作,"典"、"谟"不能算是古代最早公文的名称。

我国最早的有据可查的公文名称是"誓"。《尚书》中以"誓"为名的共有五篇:《甘誓》、《汤誓》、《牧誓》、《费誓》、《秦誓》。其中《甘誓》是夏开国帝王启讨伐有扈时发布的军事动员令,《汤誓》是商汤讨伐夏桀前发布的军事动员令,《牧誓》是武王讨伐商纣至商都城牧野郊外时发布的军事动员令。这些"誓"具有相同的名称、相同的功用、相同的格式,已经具备了公文的主要特征,是一种比较规范的公文。从写法上看,这些"誓"大多中心突出,要言不烦,富于气势和鼓动力。兹以《甘

誓》为例:

尚书·甘誓(全文)

　　大战于甘,乃召六卿。

　　王曰:"嗟!六事之人,予誓告汝:有扈氏威侮五行,怠弃三正,天用剿绝其命。今予惟恭行天之罚。左不攻于左,汝不恭命。右不攻于右,汝不恭命。御非其马之正,汝不恭命。用命,赏于祖,弗用命,戮于社,予则孥戮汝。"

[参考译文]

　　将要在甘进行一场大战,夏启便召集了六军的将领。

　　启王说:"唉!各位将领和士兵,我向你们发布以下的命令:有扈氏轻蔑地对待自然规律,怠慢甚至放弃正朔大典,上帝因此要废弃他的大命。现在我奉行上帝的意志去惩罚他们。兵车左边的兵士,如果不善于用箭射杀敌人,便是不具备完成命令的本领;兵车右边的兵士,如果不善于用矛刺杀敌人,便是不具备完成命令的本领;驾驶战车的士兵,不懂得驾驭战马的技术,便是不具备完成命令的本领。努力完成命令的,便在先祖的神位面前给予奖赏;不努力完成命令的,便在社神面前给予惩罚。我要把你们这些不努力完成任务的人变作奴隶,以示惩罚。"

　　对这篇檄文,许同莘《公牍学史》中有一段精当的点评:"首二句史臣记事。'威侮五行'二句,申有扈之罪。'恭行天罚'句,申明出师之意。以下则皆申军纪以誓众。文止数十言,而包举无遗,古书简要如是。"

　　誓虽然是出现最早的公文名称,但到秦汉以后就不再用了。军事动员令后来一般用"檄"。现代汉语的"誓师"、"誓词"等词语,盖源于此。

三、古代主要公文名称的使用情况

　　夏、商、周三代,历史绵延虽逾千年,但上古社会发展相对缓慢,且典籍留存较少,目前所知的当时国家行政活动中使用的公文名称数量不多。根据《尚书》和其他典籍,当时使用的公文名称主要有誓、诰、命、策、典、盟等不上十种。秦汉以后,随着大一统的国家政治制度的成熟,逐步形成了与封建国家管理制度相适应的体系比较完备的公文种类和名称。据统计,自夏代到清代的四千多年里,我国历代使用过的公文名称多达数百种,其中有的名称为许多朝代通用,也有的名称只是某一个朝代甚至只在某一特定时期、特殊场合专用。下面我们择其要者对古代公文名称的历史发展作一些考查。

1. 古代主要下行文种类

(1)诰:历史上出现最早、使用时间最长的公文名称之一。诰即"告晓"之意,是君王诰于万邦臣僚之言。《尚书》中有《大诰》、《汤诰》、《召诰》、《酒诰》、《康诰》、《洛诰》等数篇,可见夏、商、周三代诰是国王对下发布命令使用的常用公文。秦时废,汉代后又复用,以下历代,诰仅限于皇帝授官或封赠某种称号的命令。明清时规定授予五品以上高官用"诰命",授六品以下小官用"敕命(令)"。辛亥革命后废除。

(2)制:又名"制书"、"制诰",是君主颁布重大政治制度时使用的文告。蔡邕《独断》说:"制书,帝者制度之命也。"制始于秦,汉称"制诏",唐宋后称"制书",一直沿用到清代。辛亥革命后废除。

(3)诏:又名"诏书"。诏即"昭告"之意。起于商代,为商王告勉臣子或诸侯的文告。周代偶用于大臣向国王敬言。秦代开始,成为皇帝的专用文书。诏书是皇帝就具体事项对臣下的训示或对臣子的上奏的答复。皇帝手书的诏文又称"手诏",《三国演义》第二十回有汉献帝手写血字密诏,交董承除掉曹操的情节。从规格上看,诏书要低于发布重大制度的制书。到明清时,出现了新的公文"谕"、"旨",诏书就多用于宣布重大政务(但仍然有别于颁布制度的"制书"),而皇帝就一般性事务的发布指示多用"谕"或"旨"(见下文)。辛亥革命后废除。

(4)敕书和戒书:"敕"始见于《尚书·皋陶谟》:"敕天之命。""敕"与"戒"同义,皆为"告诫"之意,故又名"戒敕"。在汉代,"戒"是皇帝对臣僚训示时用的专用文名,而一般上级官员向下级官员行文则用"敕书"。南北朝以后,敕成为君主专用的下行文,而臣下不能用,"戒书"一名遂废除。宋代皇帝诫励百官、晓谕军民的公文名称叫"敕牓"。元以后,"敕"的用处有所改变,授六品以下低级官职也用"敕命(令)"。辛亥革命时废除。

(5)策(册)书:《说文》:"策者,符命也。"古代"策"与"册"通,因书写在竹简上而得名,故隋唐后又称"册书"、"册命"、"册文"。策(册)书作为公文名始于汉代,是皇帝用于册封或罢免诸侯王、公卿、大夫的专用公文。策(册)书一直沿用到清末,辛亥革命后废止。

(6)命、令:据刘勰《文心雕龙》,"命"乃"古者王言,若轩辕唐虞,同称为命"。《尚书》中有《顾命》、《冏命》、《文侯之命》等篇。夏、商、周三代时,命是君主发布的封爵、授官的号令,与诰、誓同为当时常用的公文名称。《尚书》中没有以"令"为篇名的,但文字中有"发号施令"的说法,是一种与命相当的文种。《字书》说"大曰命,小曰令,上出是命,下出是令"。看来令不限于国君的下行文,但"小者令"的说法未必准确,战国时秦有商鞅起草的《变法令》,所涉之事并非具体实务。秦代以后以制、诏代替了命、令的功能,此后命基本废止,而令在两汉魏晋南北朝时仍然广泛使用,如汉高祖有《五年大赦天下令》,曹操有《置屯田令》、《举贤勿拘品行令》等,皆为著名公文。隋唐以后,令不复用。辛亥革命后,命令(令)又成为常用下行公文的名称。

(7)谕、旨:谕者,告晓也。秦汉之际就有汉高祖刘邦《入关告谕》,但其后数代无有用谕作公文名称者。到明清时期,谕又成为皇帝常用的诏令文书,如明代皇帝对官员训示或委任的文书用"敕谕";清代谕除皇帝使用外,上级官员对下行文也可用谕,如"谕帖"、"堂谕"等,为示区别,凡皇帝晓谕京城或地方官员的下行文称"上谕"(上即皇上)或"圣谕"。

旨即"旨意"的意思,唐代即有称为"敕旨"的公文,是皇帝批准臣下施行政务的公文,但使用不多。元、明、清三代,皇帝发布的公文统称"圣旨",皇后颁发的文书称为"懿旨",太子及诸王下发的文书称"令旨"。

明、清两代,皇帝的指示有时统称"谕旨",如清代皇帝处理例行政务发出的指示叫"明发谕旨",一般由内阁根据皇帝旨意撰拟并负责发出;而处理重大机密事务时发出的指示,叫"寄信谕旨",一般由军机处起草、抄写并密封后,下发到受文官员,要求他们亲手拆封。但谕、旨单用时还是有差别的,"有所特降者曰谕,因请而降者曰旨",也就是说,谕一般是皇帝主动发出的命令或指示,而旨则多为皇帝对官员的请示性文书的批答。因此,谕一般要抄写多份,发给各有关衙署或官员,而旨一般只发给奏请的官员本人。

旨在辛亥革命后被废止,而谕则在国民党政府时仍然使用,如蒋介石发出的一些密令称"委员长手谕"或"总统手谕"。

(8)檄:始于春秋战国时期,是周天子或诸侯用来声讨敌方、号召军士的文书,与此前的"誓"功用相当。《说文》:檄"以木简为书,长尺二寸,用以号召"。檄实际上就是讨伐令或军事动员令,后来也在讨伐政敌时用。有人认为檄文可对下用,也可以用于对上和对平级,实际上,檄文虽然多列数讨伐对象的"罪恶",但它主要不是写给讨伐对象看的,而是给本方军士或吏民看的,所以从行文关系上看应属下行文体。"檄"作为公文名称一直沿用到清代,辛亥革命后不用,但"檄文"一词却仍是现代汉语的常用词。

刘勰《文心雕龙》论檄文之特点说:"植义□辞,务在刚健。或述此体明,或叙彼苛虐……插羽以示迅,不可使辞缓,露板以宣众,不可使义隐。""事昭而理辩,气盛而辞断"。古代著名的檄文有东汉末年陈琳的《为袁绍檄豫州》、唐代骆宾王的《讨武曌檄》。

(9)典:典为"法"的意思,是帝王颁布的法律、法令的统称。《尚书》即有《尧典》,但只是有关尧、舜禅让的记录,不算公文。

《周礼·天官》说大宰一官的职责是"掌建邦之六典",六典包括政典、治典、刑典、教典、礼典、事典,此时之"典"既包括法律文件,也包括一般制度性文件。后世的"典"是专门的法律文件的名称,如唐代有"唐六典"等。

(10)帖:帖为小柬,现代仍有"帖子"、"请帖"等语词。作为公文名称,始于南北朝,是当时官府征调兵役、徭役发给吏民的一种文告。如《木兰诗》中有"昨夜见军帖,可汗大点兵"。唐代政事堂宰相指挥政事的公文叫"堂帖"。明代知府、知州下行公文也叫"帖"。

(11)批答:批答是君主对臣下的章疏做出回答的公文,如仅表示准否,就叫做"批";如要作具体回复,则称作"答",相当于今天答复下级机关的公文"批复"。官府对所属官员或百姓的陈情的答复,也称"批"。公文中有"批"字,始于唐代,以下历代皆沿用。

2. 古代主要上行公文名称

(1)奏:臣子向君主进言上书的统称。刘勰《文心雕龙》卷五:"陈政事、献典仪、上急变、劾愆谬,总谓之奏。"意思是说,对国家政务或重大典章礼仪提出建议,或紧急情况,或检举揭发过错,均用奏报告皇帝。"奏"与"章"、"表"的用途没有明显区别,汉代不用"奏",而用"上疏"。汉代以后,"奏"通常与"议"、"章"、"疏"、"折"等连用作为公文名,称"奏议"、"奏书"、"奏章"、"奏疏"、"奏折"等。

(2)章:大臣受皇帝封赠后,表示谢恩的上奏文书,始于汉代。东汉时这种章体又用于对皇帝的庆贺和谏议。章文程式开头称"稽首上书谢恩陈事",文内对皇帝多为歌功颂德之词,以后各代习惯把章跟奏、表、疏等连在一起,称"章奏"(或"奏章")、"章表"、"章疏"等。

(3)表:大臣向皇帝陈述事情的上行公文。始用于汉初,魏晋南北朝时表文盛行,唐宋以下亦多用此名。表的用处非常广泛,举凡论谏、劝请、陈乞、进献、推荐、庆贺、慰安、辞解、陈谢、讼理、弹劾等,均可用表。诸葛亮的前后《出师表》、李密《陈情表》为表体文中的代表作。

(4)议:臣下就重大国事向君主论说事理、表述意见的文书。周时遇有国家大事,周王就召集群臣在王室议论,《周礼·秋官》:"一曰议亲之辟,二曰议故之辟,三曰议贤之辟,四曰议能之辟,五曰议功之辟,六曰议贵之辟,七曰议勤之辟,八曰议宾之辟。"秦时李斯有《上秦皇罢封建议》。汉代将议称为"驳议",唐代又改称"议",宋代以后,"议"名虽存,但已不属公文专称了。

(5)上书:"上书"一词始于战国,是臣民向君主陈述主张、见解的公文名称。战国时君臣同"书",秦初改"书"为"奏",汉时又复用"上书";其后各代上书与奏文并用,"上书"又称"上言"或"上辞"。近代,民间仍有人称人民来信为"上书"。

(6)疏(上疏):疏者,通也。疏本是一种向皇帝疏通意见、表示看法或有所匡谏的上奏文体,自秦至清,一直沿用,汉、唐、宋、清使用尤多。对所议事项分条陈述,是疏的一个明显特点。历史上留下许多以"疏"为名的公文名篇,如汉晁错《论贵粟疏》、唐代魏徵《谏太宗十思疏》、南宋宗泽《乞毋割地与金人疏》等等。

(7)状:汉代末期出现的下级向上级陈述事由的文体之一。本来用于大臣为皇帝察举官吏,列其才能或罪状,或调查某事列其好坏,有点类似于今天的考察报告;唐宋后扩大使用范围,通用于吏民百姓向官署或下级官署向上司报告使用,如唐有"牒状"、宋有"奏状"、元有"申状"、明有"呈状"、清有"诉状"等等,宋代苏轼的《乞不给散青苗钱斛状》为古代公文之佳作。明清以后,状多用于法律部门和信访部门,现代汉语中"告状"一词,即起源于此。

(8)露布和封事:臣民上书君主的公文名称,所言之事不涉机密、不缄封者谓之"露布",事涉机密、为防有泄而用封缄者谓之"封事"。这两种上行文名称自汉代到明代都有应用,但露布在汉以后仅用于军事获胜奏捷文书,类似于今天所说的"捷报"。

(9)题本、奏本、奏折(奏摺):是明清两朝大臣向皇帝进奏的几种主要公文。明代对题本、奏本使用的界限有明确规定:"凡内外各衙门,一应公事用题本……军民人等陈情、建言、申诉等事,俱用奏本。"并同时对题本、奏本的程式作了明确的规定(《明会典》)。清代沿用明制,题本、奏本并用,并统称为"本章",规定言公事需用印者称"题本"(由通政司送内阁的称"通本",送朝廷部院的称"部本");言私事如乞恩认罪不需用印者,称为"奏本"。可见凡处理例行公事用"题本",涉及具体事务用"奏本"。清康熙时,出现了一种专门奏议军国大事的机密上行公文"奏折"。乾隆时,为免"奏本"与"奏折"相混,简化上奏文种类,规定"向用奏本处概用题本"。题本和奏折的分工明确:处理国家日常例行公务用题本,由内阁受理;处理军国机要大政用奏折,由军机处(皇帝的亲信机要秘书处)受理。

(10)揭帖:明清两代内阁直达皇帝的一种机密文书。明代内阁中有密奏及奉谕对答者,都称为"揭帖",直送皇帝的正本叫"御览揭帖"。清代,揭帖又用来指称题本的副本,题本送皇帝,而揭帖(即副本)则一式三份,分别送给各有关司、部、科供参考。

(11)呈和详:呈是下级官员和吏民向上级陈述事由的公文,呈文类似现代的"报告",始用于宋代,明清两代使用比较多。明代以后"呈文"仅限用于向内阁或六部送交,不送达皇帝。清初规定:官府向上用"呈文",吏民报官用"呈词"。详是下级官员和吏民向上级陈述事由并请上级批答的公文,类似于今天的"请示",始于明代,盛行于清代。清代"呈"和"详"两种公文明确分工,是文书工作的一大进步(详又是司法机关的专用公文,反映办案情况,类似现在的办案报告。)。

3.古代主要平行公文名称

(1)移(移书):是古代广泛使用的一种平行文书名称,始用于春秋时期,初作"遗书",战国时改称"移书",为各诸侯国之间或各国内官署之间的往来公文;汉魏以后,官署或官员之间往来文书统称"移"或"移书"、"移文"。

(2)关(关文):朝廷各部之间互相质询的来往公文,始用于晋代,沿用至清代。清代使用范围扩大到地方组织之间往来行文。关文又用于向国外派遣官员时的身份证明,相当于今天的"护照",《西游记》第四十五回:"恐言语差错,不肯倒换关文。"可见在明代"关文"即已有此用法。

(3)咨:咨者询也,征求意见的意思。宋代开始为翰林学士院中使用,元明清时地位较高级别相等的官署,公事往来也用咨文。辛亥革命后,南京临时政府规定"同级公署职员互相行用曰'咨'",是对古代"咨"文的沿用。

(4)载书(盟书):春秋战国时诸侯王集会所订立的共同遵守事项,称为"盟誓",写成文书叫做"载书"。《春秋左传·襄公十一年》:"秋七月,同盟于亳……乃盟,载书曰:凡我同盟,毋蕴年,毋壅利,毋保奸,毋留慝,救灾患,恤祸乱,同好恶,奖王室。"载书除留原本外,还必须抄录副本数份给各参盟国保存,如同现代国与国之间订立的"条约"、"公报"。

(5)国书:春秋战国时邻国互派使节、沟通情报的公文。国书代表国家意见,其写作水平关系到国家形象,故其文词要"务协典礼,从容委屈,高卑适宜,乃为尽善"(《文心雕龙》)。国书被后世沿用,如唐代向国外派遣使臣,宋与辽、金之间的往来均用"国书"。现代外交活动中用的"国书",则是国家元首派遣或召回大使时向对方发出的正式文书。

(6)照会:始用于宋,原是一种类似于今天"通报"的下行文。明代中期始用作不相隶属的文武官府之间行文使用的文种,官阶相同者用"黑笔照会";官阶不同者用"朱笔照会",类似现代公文中的"函"。其后,官府对于地方绅士,或对于外国公使、领事办理交涉事项时,统用黑笔照会文书。清末"照会"成为我国正式外交公文名称,沿用至今。

4. 古代多用公文名称

历史上公文名称大多只用于一个行文方向，如照会虽有下行文和平行文两种用法，但同一时间内它只有一个用法。但也有少数公文名称，在同一时期可用作不同行文方向的公文，其中使用较多的有以下三种：

(1)牒：牒，旁从木片，与"牍"、"简"等皆为古代文书的统称，如魏晋时风行的记录家世、族谱的私人档案叫做"谱牒"。牒作为公文名，可能起自魏晋，但有据可考的最早的牒文是在唐代，白居易《杜陵叟》诗中有"昨日里胥方到门，手持尺牒榜乡村"之句，可见牒在当时可用于官府向老百姓发布的下行公文。牒在宋、元、明三朝沿用，并规定了固定的格式，称为"故牒"。晚清由于外交活动需要，出现"通牒"一名，有"普通通牒"（即照会）、"最后通牒"两种，是国与国之间往来平行文书名称。

(2)札(剳)子：札，旁从木，牒旁从木片，其意互通，古时札、牒同物而异名。札子是宋代盛行的一种多用公文名称，既是下行文，也是上行文。宋代皇帝颁布重大军政命令时多用"御札"一名；中书省、尚书省或各地方主官，向所属发布命令文告，均用札子；臣僚向皇帝或上司进言议事，也用札子。宋代有许多以"札子"为名的公文名篇，如欧阳修的《论按察官吏札子》、曾巩的《议经费札子》、王安石的《本朝百年无事札子》等等。宋以后，元、明、清三朝也有用"剳"、"札付"等为文名的，但数量明显减少。

(3)榜(牓)：用于下行文为张贴或悬挂以公布示众的公文。唐、宋两代节度使将皇帝下达之"敕书"的内容公告吏民告示叫"布政牓"。《水浒传》二十三回写武松上景阳冈前酒家告诉他："冈子路口都有榜文，可教往来客人结伙成队。"此处"榜文"即布告；榜后来多用于发布科举考试的结果，"榜上有名"成语即源于此。榜也有用于上行文者，类似于宋代的"札子"，如欧阳修有《归田录》，书中大多为榜文。元代以后，榜不再用于上行文。

第三节 中国古代的文书工作制度

一、有关公文拟制的重要制度

1. 文书正副本制度

重要公文须建立副本,这一制度自西周时代即已形成。据《周礼·春官·内史》、《周礼·秋官·司寇》、《礼记·内则》等文献记载,西周时期从周王的王命文书到地方官府的重要文书大多有副本多份,分存各处。所谓"太史、内史、司会及六官皆受其贰而藏之",这里的"贰"就是抄录的文书副本。王命文书颁发之后,正本交受命者,副本交由内史保存。中央各官署的文件,一份在原官署存档,一份上纳王室"天府"文件库保存。地方官署的重要文书也是一式两份,一份自行保存,另一份送交所属诸州史收存。"宰告闾史。闾史书为二,其一藏诸闾府,其一献诸州史,州史献诸州伯,州伯命藏诸州府"(《礼记·内则第十二》)。

文书正副本制度,既是文书工作的重要制度,也是档案工作的一项重要制度。它为现行公文的执行和历史文件的保存提供了保证。有人认为副本收藏制度建立于清代,起因于雍正七年吏部文件库失火所有档案被毁,这就把文书副本制度的历史一下子推后了三千年之久。

2. 公文主官签发制度(判署签押制度)

公文须由主官签名或画押后才能生效,现代文书学称之为"签发",古代称为"判署签押"。这一制度是由文书制作者(史官)签名逐步发展而形成的。

在殷墟甲骨文中,有许多记事卜辞的开端部分刻有"卜人"的名字,这个"卜人"就是前来向巫史询问某件事情凶与吉的人,多为国王,而代卜人向神灵问卜的巫史也要在记事文字之末,刻上自己的名字,以示负责。这是文书签名的发端。

战国时期齐国国相田婴首先在契券文书上签名,称为"押券",各官署仿行之,在官文书(限于缣帛书写的公文,简牍文书则多用封泥)上押署。经过秦汉的发展,到三国时逐渐兴盛起来,《三国志·魏·少帝齐王纪》注引《魏氏春秋》:"此秋……中领军许元与左右小臣谋,因文王辞,杀之……已书诏于前。文王入,帝方食栗,优人云午等喝曰:'青头鸡,青头鸡。'青头鸡者,鸭(谐音'押')也。帝惧不敢发。"这里说的是一些臣僚谋划除掉司马师起草了诏书,并督促少帝曹芳画押签字,但少帝畏惧未敢签发这篇诏书。可见,公文签押制度在三国时即已正式实行。东晋以后正式以纸书写公文,在纸上便于押署,公文押署制度即被朝廷定制下来。

判署、签押有一定的区别。判署,又称"判签",就是主官审查文稿后写上最后意见,如同意发则书"可"、"闻"、"依"、"行"、"从"等字,或书写简短判语。签押,又称"画押"、"押尾",就是主官经判署后签上自己的姓名,签名以后公文才能生效。

古代有的朝代还以法律形式规定,公文判署签名不得由他人代行,如《唐律》规定:"诸公文有本案事直而代官司署者,杖八十,代判者,徒一年。"

3.文书行文避讳制度

避讳就是避免说出君主或尊者的名字,而改用其他字。避讳之俗大约开始于西周。《礼记·曲礼》说:"入境而问禁,入国而问俗,入门而问讳。"

文书行文避讳制度,则始于秦始皇。他规定所有的书面文字或口头语言中,均不得写出或说出他的名字。秦始皇名为政,古代"政"通"正",他称帝以后,便规定任何场合不准用"正"字,凡需要表达"正"的意义时,一律用"端"字代替,如"正月"要改为"端月"。

这种文书行文避讳制度为我国封建社会历代袭用,到了唐朝以后还以法律的形式加以明确规定。《唐律疏义·职制》第115条规定:"诸上书若奏事,误犯家庙讳者,杖八十;口误及余文书误犯者,笞五十。"唐太宗名叫李世民,文书中就要讳"民"字,而"民"是一个常用字,凡行文要用"民"字者一律用"人"字代之,否则就要治罪。宋代规定需避讳的字竟达 50 字之多,如为了避宋太祖赵匡胤名字之讳,将"匡"字改成正、辅、规、纠、光、康、王等字,全国吏民如有姓匡者,一律改姓为"王",把匡城县改为鹤丘县;将"胤"字改成"裔"字,把胤山县改为平蜀县。

文书行文避讳制度是一种极其丑陋的制度,其目的是为了维护、显示帝王至高无上的特权地位,它给秘书工作者以及全国官民造成了许多麻烦。更加严重的是,历代有无数的秘书人员和其他官员因不小心违背了避讳的规定而受到惩罚。例如,清康熙二年(公元 1663 年),庄廷鑨等人编修《明书》,因在史稿中直称清太祖努尔哈赤名字,结果被告发,已离世的庄廷鑨被"戮尸",受牵连的人被杀七十多人,家属被流放到边境,沦为奴隶。清代大兴文字狱,因文书行文犯讳而铸成的文字狱大案就有几十起,许多无辜者蒙遭严刑乃至残杀。由此可见文书避讳制度之危害。

4. 公文签发前的执论制度

这是唐太宗制定的一项非常重要的制度。所谓"执论",就是决策要经过充分论证。贞观元年(公元 627 年),唐太宗对门下侍郎王珪说:"中书所出诏敕,颇有意见不同,或兼错失而相正以否。元置中书、门下,本拟相仿过误。人之意见,每或不同,有所是非,本为公事。或有护己之短,忌闻其实,有是有非,衔以为怨。或有苟避私隙,相惜颜面,知非政事,遂即施行。难违一官之小情,顿为万人之大弊。此实亡国之政。"这是要求门下省对中书省起草的公文,要认真进行审议,不要碍于情面而通过那些有过误的文件。

贞观三年(公元 629 年),唐太宗又对中书、门下两省的官员说:"中书、门下,机要之司。擢才而居,委任实重。诏敕如有不稳便,皆须执论。近来惟觉阿旨顺情,唯唯苟过,遂无一言谏诤者,岂是道理? 若惟署诏敕、行文书而已,人谁不勘,何须简择,以相委付?自今诏敕疑有不稳便,必须执言,无得妄有畏惧,知而寝默。"宰相房玄龄依照唐太宗旨意对文书签发前的"执论"问题作了具体规定:中书舍人在拟制有关军国大政的公文时,必须充分表示自己的意见,并且签上自己的名字,以示负责,然后送中书侍郎和中书令加以审示。形成初稿后转送门下省,由门下省给事中和门下侍郎审查、论证,提出修改意见或反驳意见后封还中书省,由中书省修改或重写。

文书执论制度使中央政令在下发前经过充分的论证,避免了中央决策失误,"由是鲜有败事"(《资治通鉴》)。它对"贞观之治"的出现起了重要作用。遗憾的是,在唐太宗以后,这一重要制度没有继续执行。但这一制度的合理性对于我们今天起草重要文件、出台重要政策或形成重要决定,仍然有很高的借鉴价值。

5. 请示类公文一文一事制度

一文一事,即一件公文只陈述一件事,不同的事由不得混杂在一件公文中。这种做法大约始于魏晋南北朝,通用于唐代,而见诸典籍记载的成文制度则是在宋代。

考秦汉上行公文,往往一文数事。曹操的公文多为一文一事,内容专一,篇制简短。东晋桓温下令公文用纸制作后,此做法逐渐盛行起来,在唐代的请示类上行公文中已经基本上没有一文数事的现象,这说明此时一文一事已经自然形成制度。南宋《庆元条法事类·卷十六·文书门》规定:"谏奏公事,皆直述事状,若名件不同,应分送所属,而非一宗事者,不得同为一状。"这是目前所能见到的关于一文一事制度的最早记录。

请示类上行公文实行一文一事制度,符合文书工作的发展规律,因为它能突出公文内容主旨,加快行文速度,提高公文处理的效率,也便于文稿的管理、查询和文书档案的保管。它作为文书制作的重要原则之一,一直沿用至今。

6. 公文用纸制度

从东晋末年起,纸张成为日常公文的惟一载体。为了体现公文的特殊性和权威性,历代对公文用纸的颜色、尺寸等也有一些相关规定,并成为一种制度。

南北朝时公文用纸分黄、白两种,较为重要的公文用黄纸,一般公文用白纸。黄纸是用黄檗汁浸染过的,这种方法称为"入潢"。经过"入潢"的纸可以长年防蛀,所以重要公文用它来书写。

唐代造纸业很发达,纸张的品种和产量大增,国家对公文用纸做了更为详细而明确的规定:黄纸是皇家的专用纸,称为"黄敕",官府往来文书和臣民上书只能用白纸;一些用途特殊的文书要用特别制造的纸,如征讨性的命令用白藤纸,皇帝颁发给臣僚和内外命妇的"告身文书"(即"委任状",宋以后称"诰命文书")用"五色绫纸",给吐蕃、回纥等少数民族属国国王颁发的文书用"金花五色绫纸"等等。唐代对文书用纸的尺寸也作了规定:皇帝的诏敕文书规定高一尺三寸,长三尺;一般臣僚的文书尺寸,必须小于这个标准。

唐以后各代,对公文用纸都有相应的规定。

7. 引黄、贴黄制度

"贴黄"一词,源于唐代。唐代的敕书是用黄纸写的,如有需要做局部改动,就用黄纸贴上改写,称为"贴黄",此种做法尚不能称为制度。到了宋代,"贴黄"的概念有所变化:凡上行文书写完后如有重要补充说明,可另外写于黄纸(已非皇家专用)上贴于正文后,称为"贴黄"。

宋代还规定,凡送呈朝廷的章奏文书,须将内容要点、呈递日月写于黄纸上,贴于封皮或文首,称为"引黄"。引黄是公文摘由的开始,它能使受理公文者一目了然地看到公文的主要内容,提高了公文处理的效率。

明、清两代,"贴黄"一词的意义又有变化。崇祯即位之初,批阅章奏时深感文字之冗繁,便命内阁制作贴黄式样,令进本官员自己将疏奏用百字左右进行摘要,贴附于文尾,以便皇帝阅览。此种"贴黄",实际上是宋代"引黄"制的发展。

清代初年,对章奏的字数和贴黄制度作了严格的规定。顺治二年(公元1645年),规定:"凡内外官员题奏本章,不得过三百字,虽刑名钱谷等本,难拘字数,亦不许重复冗长。仍将本中大意,撮为贴黄,以便阅览,其贴黄不许过一百字。如有字数溢额,及多开条款,或贴黄与原本参差异同者,该衙门(指通政使司)不得封进,仍以违式纠参。"(日知录)康熙年间又对贴黄的格式作了更具体的规定。

明末和清代统治者严格规定"贴黄"制度,是对公文冗繁之弊的一种治标不治本的对付办法,但是用现代文书学的观点看,宋代的引黄和明清的贴黄,实际上就是公文摘由制度。现代制作篇幅较长的公文也要附内容摘要(或摘由),就是对古代文书贴黄、引黄制度的继承和发展。

8.公文用印制度(见第三章第六节)。

二、有关公文办理的重要制度

1.收文、发文登记制度

收到公文或发出公文要进行详细登记,这一制度在秦代之前就已经初见端倪。在《秦律十八种·行书律》中有如下规定:"行传书、爰书,必书其起及到日月夙暮,以辄相报也。书有亡者,亟告官。隶臣妾老弱及不可诚仁者勿令。书廷辟有曰报,宜到不来者,追之。"这说明传送或收到文书,必须登记发文或收文的月日朝夕,以便及时回复。这是现存最早的关于公文登记制度的确切史料。

到了宋代,公文登记制度有了进一步发展:公文收发不仅要登记,而且重要的涉及机密的公文还要装入封皮折角密封,并逐一编号。编号的目的是为了更严格地登记,有利于加强责任心,并便于根据登记来承办和催办。

元代对公文处理的程序是:收到文件后先登记,注明日期,然后发放给有关部门办理,承办人员要签字接案;处理完毕后归档。元代还建立了朱销文簿,即将应办之公文逐一登记,办完结案后再依次勾销,并简要注明办理情况。

清代衙署对公文已经实行分类登记,根据公文的发文衙署和公文性质,实行分簿登记。这是文书工作走向成熟的一个标志。

总之,我国古代文书收发登记制度是比较健全的。

2. 办文时限制度和催办制度

所谓"办文时限制度",就是要求在规定时间内将公文事由办理完毕。这是提高公文处理效率的一种手段。明文规定的办文时限制度最早是在唐代。《唐律疏议·名例》规定:"小事五日程,中事十日程,大事二十日程。"《唐义疏议·职制》规定:"勾经三人以下者,给一日程,经四人以上,给二日程;大事各加一日程……稽程者,一日笞十,三日加一等,罪止杖八十。"以上仅仅是一般公文的办理时限。对皇帝制敕诏令和军国重事的公文,则要求随到随办,一旦成案,"即日行下","当日并了",不得延误。如有稽缓者,"一日笞五十,十日徒一年"。

宋代规定:对收文办理,应"当日受,次日付";对发文办理"小事限五日,中事给十日,大事二十日",稽迟者罚之(《庆元条法事类》)。北宋大理寺决定的案牍,大事限25日,中事20日,小事10日。审刑院详复,大事15日,中事10日,小事5日。

元代规定紧急公文必须随到随办,不得稽迟;对于一般公文办文时限规定为:大事30日,中事15日,小事7日。元代还形成了公文定期催办制度,在京都各衙署,10日催,5日再催;对外地官府,500里内,15日催,10日再催;500里外,30日催,20日再催;1000里外,50日催,40日再催;3000里外,70日催,60日再催。三催不报,以罪论之。

值得指出的是,古代的公文办理时限制度是以法规的形式规定的,因而具有严肃性和强制性,这种制度如果严格执行,对提高办文速度和质量是有积极意义的。

3. 元代的"照刷、磨勘"制度

元王朝为了加强统治,实行了一种名曰"照刷、磨勘"的文书处理监督制度。"明察曰照,寻究曰刷,复核曰磨,检点曰勘"。也就是说,照刷、磨勘是检查官府公文处理过程中有无稽迟、错漏等现象发生,从而揭发和纠正政务活动中各种弊端的一种手段。照刷工作是由王朝各级监察机关负责,定期施行,最初为每季一次,之后改为半年一次,即所谓"上(下)半年通行照刷"。为了严格贯彻执行,元王朝还对照刷的内容、方法以及处罚等项做出了详细具体的规定。照刷之后,根据文卷的情况分别标明"稽迟"、"违错"或"已绝"、"未绝"等字样,并署名盖印,以示负责。当时规定,只有处理完毕并经过照刷而没有差错的文卷(称"已绝经刷文卷")方可进入档案库。不难看出,各级监察机关对官府文卷的照刷和磨勘,乃是元王朝督察政务、考核官吏借以加强统治的一种措施,不完全是文书档案工作制度,但这反过来也正说明了公文在行政管理中的重要作用。

4. 公文票拟(拟办)制度

票拟,即由秘书部门首先对题奏文书进行阅读,并在一张专用纸签上拟出初步处理意见,然后再转呈皇帝定夺,这种做法类似于今天由办公室主任在公文处理单上写上"拟办意见"。此制形成于明代宣德年间,当时"阁职渐崇","凡中外奏章,许用小票墨书,贴各疏而以进,谓之条旨。中易红书批出,上或亲书,或否"(《翰林记》卷二《传旨条旨》)。"凡章奏,禁中称文书,必发阁臣票拟。阁票用本纸、小贴、墨字。内照票批,或皇上御笔,或宦官代书,具即在文书上面用朱字。阁票有未合上意,上加笔削或发下改票"(《内阁小识》)。票拟本来只是自然形成的题奏处理程序,明英宗登基时,因为只有9岁而由太后执政,太后怕担擅权之名,就命令内阁对所有题奏本章先提出初步意见,再连同原来的题奏送太后定夺。从此票拟就成为一项公文处理的制度。票拟制有利于发挥秘书部门的参谋作用,是秘书工作的一大进步。这一制度后被清代承袭,是现代公文"拟办"程序的发端。

5. 公文传递制度(见第三章第二节)。

6. 公文保密制度(见第三章第六节)。

第四节 中国古代的公文文风和公文写作理论

一、古代公文文风的演变

1. 金文文书的写作特点

现存最早的公务文书甲骨文书,除了记事简单外,尚无"文风"可言。金文文书中已经有了近500字的长文,也就有了文风特点。刘勰在《文心雕龙·铭箴》中概括金文的文风特点是:"其取事也必核以辨,其摛文也必简而深。"也就是说,金文文书具有内容上的纪实性、庄重性和文字上的简约性等特点。从现存金文文书材料看,刘勰的评价是准确的。

2. 《尚书》中公文的写作特点

《尚书》为我国最早的公文汇编。汉人传说先秦时《书》有100篇,但近代学者多以为《尚书》编定于战国时期。自汉以来,《尚书》一直被视为中国封建社会的政治哲学经典,是帝王和贵族子弟及士大夫必修的功课。因此,对后世公文写作有很大的影响。

现存《尚书》共收古代公文28篇,其中商代及以前的公文8篇。从内容上看,商以前的公文突出"神权",商以后的公文则突出"德政"。这是西周统治者"敬德保民"思想在公文中的反映。

《尚书》中的文章,篇章结构由松散逐步趋向完整严谨,有一定的层次,已注意在命意谋篇上用工夫。《无逸》《酒诰》、《秦誓》等篇章尤其堪称典范,条理分明,首尾呼应,结构非常严谨。

《尚书》中公文的语言特点,刘勰说是:"文如诡,而寻理即畅。"(《文心雕龙·宗经》)意思是文字似乎深奥，但寻找它的用意，还是易于明白的。《尚书》中部分篇章具有一定的文采，带有某些情态。如《盘庚》3篇，是盘庚动员臣民迁殷的训词，语气坚定、果断，显示了盘庚的目光远大。其中用"若火之燎于原，不可向迩"比喻煽动群众的"浮言"，用"若乘舟，汝弗济，臭厥载"比喻群臣坐观国家的衰败，都比较形象。《无逸》篇中周公劝告成王："呜乎！君子所其无逸，先知稼穑之艰难乃逸，则知小人之依。"《秦誓》篇写秦穆公打了败仗后，检讨自己没有接受蹇叔的意见时说："古人有言曰：'民讫自若是多盘，责人斯无难，惟受责俾如流，是惟艰哉！'我心之忧，日月逾迈，若弗云来！"话语中流露出诚恳真切的态度。

3. 春秋到西汉的公文写作概况

春秋战国时期，外交活动频繁，变法革新运动兴起，文化教育事业繁荣，公文的体裁和文风出现了多样化的倾向。当时的外交文书、法令文书以及士大夫向君主陈述政见的"上书"，散见于《左传》、《国语》、《战国策》以及后来的《史记》中，出现了李斯这样的公文写作大家。这一时期公文写作有说理透辟、文辞流畅而口语化的特点。

秦代国祚短暂，二世而亡，在为数很少的公文中，大多具有"尚质而不文"的特点。即注重公文的内容而不讲究文采，秦始皇的《除谥法制》颇能说明秦代公文的这一特点：

> 朕闻太古有号毋谥，中古有号，死而以行为谥。
> 如此，则子议父，臣谥君也，甚无谓，朕弗取焉。自今已来，除谥法。
> 朕为始皇帝，后世以数计，二世三世至于万世，传之无穷。

该文在语言上是富于典范意义的，它明白朴实，简洁明了，没有华丽的辞藻和无谓的修饰。公文是一种应用文体，"尚质而不文"是符合公文的写作要求的。

西汉初期，出现了一批公文写作大家和一些堪称典范的公文名作。如贾谊的《陈政事疏》、《论积贮疏》,晁错的《论贵粟疏》,司马相如的《上疏谏猎》等。这些公文的主要特点是政论性强,写作者关心国家和社会的发展,面对现实,分析形势,针砭时弊,总结秦王朝短期覆亡的原因,借古喻今,都写得深切晓明,有很强的说服力和感染力。鲁迅在《汉文学史纲要》中指出:贾、晁的疏论"皆为西汉鸿文,沾溉后人,其泽甚远"。

4. 赋文、骈文对公文文风的影响

从西汉后期开始,公文文风受赋和骈文的影响,出现忽视内容、过分追求形式的不良倾向。

赋是起源于先秦而盛行于汉代的一种文学体裁,其特点是以铺叙描写为主,讲究文采,句语整炼,半散半韵,似诗而实文。赋作为文学体裁在文学史上有一定地位,但它的行文特点极其不适于文书写作。自西汉中期开始,有人却用它来撰写章、疏之类公文,致使部分公文丽词满篇而内容不实。如东方朔上书一篇文辞竟达十万字,而汉武帝大加赞美,这势必助长公文写作过分注重文采而又崇尚繁冗的不良之风。

东汉末年和魏晋时期产生了骈文,文学史上又称"骈体文"或"骈俪文"。"骈文"本义即对偶文的意思,是从中国古代文章中的一种修辞手法演变来的。骈文的主要特点是要求通篇文章句法结构相互对称,词语对偶;在声韵上,骈文讲究运用平仄,音律和谐;修辞上注重藻饰和用典。一般说来,骈文多注重形式技巧,往往束缚内容,但运用得当,也能增强文章的艺术性。很明显,骈文比赋文更加不适合于公文写作。

骈文对公文写作的影响有一个发展过程。三国时一些著名政治家比较务实,因而公文写作也以散文为主,这一时期出现一些公文佳作,如曹操的《举贤勿拘品行令》、诸葛亮的《出师表》、陈琳的《为袁绍檄豫州》等。西晋时,骈文渐成气候,与散文分离,但两晋公文仍是以散文为主;南北朝时,骈文达到鼎盛时期,尤其是南朝,多数朝廷的公务文书,几乎全是用骈体撰写。

南朝开始出现文、笔之分。按刘勰观点:"无韵者笔也,有韵者文也。"(《文心雕龙·总述》)未确。有人又称"文"为文学作品,"笔"为应用文,此说似更恰当。当时有所谓"沈(约)诗任(昉)笔"之称。任昉以"笔"闻名,而考其作品多为代笔拟作的骈体应用文告,属于"有韵者"。文、笔之分说明公文写作已经成为一种专门技能。

受赋体和骈体文的影响,从西汉中期到南北朝,虽然三国时期有公文佳作面世,但公文文风总的发展趋势是日益追求辞藻的华美、形式的奇巧,而忽视公文的内容。这种文风显然不符合公文务实的要求,是文书工作发展史上的一股逆流。

5.隋唐时期的公文文风改革和唐宋公文文风

隋代初年,几乎完全继承了梁、陈讲求文词华美而忽视内容的形式主义文风,这种文风不仅影响了行政效率,而且影响了整个社会风气。一些有识之士看出了形式主义文风的流弊,提出了改革文风的建议。首发倡议者是大臣李谔,他于开皇三年(公元583年)呈《上高帝革文华书》,历陈浮华文风之害,请求朝廷"屏出轻浮,遏止华伪"(《隋书·李谔传》)。隋文帝杨坚采纳了李谔的建议,于次年"普诏天下,公私文翰,并宜实录",违者治罪。同年九月,泗州刺史司马幼因所上表章过于华艳而真被朝廷治罪,自此拉开了隋唐文风改革的序幕。隋代皇帝带头改革文风,魏徵《隋书·文学传序》说:高祖"发号施令,咸去浮华";炀帝"暨乎即位,一变其风",其所作公文"并存雅体,归于典制","故当时缀文之士,遂得依而取正焉"。

但延续几百年的浮华文风不是短期内就能扫除干净的。唐立国之初,高祖李渊就于武德元年(公元618年)发布了改革文风的《诫表疏不实诏》,严厉批评了"表疏因循,尚多虚诞。申请盗贼,不肯直陈","乱语细书,动盈数纸,非直乖于体用,固亦失于事情"的现象。

初唐时期,唐太宗李世民和魏徵、陈子昂等都发表过改革文风的言论,魏徵、陈子昂还在写作实践上作出表率,写出了许多朴实直言、不加雕饰的公文,对文风改革产生了很大影响。《新唐书·陈子昂传》说:"唐兴,文章承徐庾余风,天下祖尚,子昂始变雅正。"

唐代中期,骈体文又有所抬头,中唐时期韩愈、柳宗元发起"古文运动",把文风改革推向了高潮。经过有唐一代几辈人的努力,使唐代的公文文风总体上呈现出词强理直、质朴务实的文风。

唐代的文风改革一直延续到宋代,欧阳修、苏轼、王安石等人不仅从理论上倡导文风改革,而且写作了大量文风朴实而又长于说理的公文。宋代公文不仅数量多,而且质量高,是我国公文写作的繁荣期。

6. 元代白话体公文的出现

元代统治者重武轻文,且机要多由蒙古、色目族官吏掌管,其公文写作往往不重章法用语,缺乏规范,因此元代缺少精彩典范的公文篇章。由于俚语俗话纳入公文,形成了"白话体"公文,对传统的以文言为主要表达形式的公文书面语是一次冲击,使得元代公文在语言上呈现出通俗明白的风格。从书面文言向通俗白话的转变,在公文语言上无疑是一大进步。

7. 明代的文牍主义和屡禁繁文措施

公文是一种应用性文体,行文宜朴实简明,而封建社会最后两个朝代,却是文牍主义盛行,长而空的公文比比皆是。其中最值得人们思考玩味的,莫过于明代屡次严禁繁文而终无收效。

明代初年,朱元璋亲自处理朝廷政务,对官吏起草的公文动辄数千言上万言非常反感。洪武二年(公元1369年),他对翰林侍读学士詹同说:"古人为文章,或以明道德,或以通当世之务,如典谟之言,皆明白易知,无深怪险僻之语。至如诸葛孔明《出师表》,亦何尝雕刻为文?而诚意溢出,至今使人诵之,自然忠义感激。近世文士,不究道德之本,不达当世之务,立辞虽艰深而意实浅近,即使过于相如、扬雄,何裨实用?自今翰林为文,但取通道理明世务者,无事浮藻。"

洪武六年,朱元璋对内阁中书省臣僚说:"唐虞三代,典谟训诰之词,质实不华,诚可为千万世法。汉、魏之间,犹为近古,晋、宋以降,文体日衰,骈丽绮靡,而古法荡然矣。唐、宋之时,名儒辈出,虽欲变之,而卒未能尽变。近代制诏表章之类,仍蹈旧习,朕尝厌其雕琢,殊异古体,且使事实为浮文所蔽。其自今凡诰谕臣下之词,务从简古,以革弊习。尔中书宜播告中外臣民,凡表笺奏疏,毋用四六对偶,悉从典雅。"

洪武九年,刑部主事茹太素上奏一篇政事建言,竟达 17000 字。朱元璋让中书郎中王敏念给他听,念到 6370 字时,还不知讲些什么,朱元璋大怒,命人将茹太素打了 100 大板;次日又命王敏接着念,念到 16500 字以后,才讲到要谈的 5 件事,可见,后 500 字足可说明问题,而前边 16500 字,多属浮文。朱元璋颇为感叹地说:"朕所以求言者,欲其切于事情,而有益于天下国家,彼浮词者,徒乱听耳。"于是朱元璋命令中书省定立了建言格式:"颁示中外,使言者陈得失,无繁文。"

洪武十五年十月,刑部尚书开济上奏说,内外诸司议刑奏札,动辄千万言,泛滥无纪。朱元璋当即下令:"虚词失实,浮文乱真,朕甚厌之。自今以繁文出入人罪者,罪之。"后来真有工部尚书薛祥以"繁文"治罪而被杖死。

朱元璋的这些严厉措施,当时对于克服繁文之弊确实起过不小的作用,但由于朝政日趋衰败,至嘉靖年间,繁文之弊又有所抬头。都察院左都御史胡世宁上书:"乞申敕内外诸司,凡事当奏题者,务照弘治以前旧规,删去繁文。"嘉靖皇帝接受了胡世宁的意见,遂"令诸司章奏,不许繁词,第宜明白,开陈要旨,庶易省阅。"

隆庆年间,大学士张居正又上言论述繁文虚言的生成、流弊以及禁绝之法,请求皇上"扫无用之虚词,求躬行之实效","内外诸司,凡有章奏,务在直陈其事,意尽而止……存恭肃之作,且还简实之风"。隆庆皇帝接受了这一建议,遂下令:"近来章奏,信多繁词,且语涉肆慢,甚非人臣奏对之体。所司通行严禁,违者部院及科臣劾治之。"

明代对繁文一禁再禁,但其弊始终未能禁止,到明末崇祯时,不得不想出"贴黄"的办法来提高公文处理效率。文风是政治风气和社会风气的反映,文牍主义与政治腐败相伴而生,封建社会后期政治日趋腐败的现实,决定了少数有作为帝王或大臣的努力是无法改变文书工作的这种趋势的。

二、中国古代的公文写作理论

1. 先秦诸子关于公文写作的言论

关于公文写作理论的探讨,最早可以追溯到孔子。

孔子关于"文质"关系的言论对后世公文写作影响很大。他说:"质胜文则野,文胜质则史。文质彬彬,然后君子。"(《论语·雍也》)对孔子这段话有不同理解,据范文澜先生的解释,这是对《尚书》中两类不同文章风格的概括,"文"指富于文采,"质"指内容质朴,"史"则指流于虚浮,因为经过史官的文字加工。这几句话意思为:质朴多于文采,就显得粗野;文采多于质朴,就未免虚浮;文采和质朴相协调,才称得上是君子之作。由于《尚书》本来就是古代公文,这段话就是孔子对公文的语言形式和思想内容关系的论述。

另有人认为,孔子的"质"和"文"的本义是指人的品德和文化修养讲的,但可以引申到文章的内容与形式方面来。他要求"文质彬彬",也就是启示文章内容与形式应该统一。后世多用质、文来指代文章的内在内容和外在形式,如"尚质不尚文"、"秦世不文"等等。

墨子是接近社会下层的思想家,他主张"节用",反对一切雕饰、文采。他说:"衣必常暖,然后求丽","先质而后文,此圣人之务"(《墨子·佚文》)。墨子本人是逻辑学家,重视言论的论证性,他说:"夫辩者,将以明是非之分,审治乱之纪,明同异之处,察名实之理……论求群言之比,以名举实,以辞抒意,以说(推理论证)出。"(《墨子·小取》)墨子的这些言论可以作为公文写作的参考。

荀子对文章内容和形式的关系也有比较精辟的论述。他批评"墨子蔽于用而不知文"、"惠子蔽于辞而不知实"(《荀子·解蔽》)。他认为:"乱世之征……其文章匿而彩。"就是说,文章内容空虚隐蔽而又过分华丽,是"乱世"的一种外在特征。

2. 魏晋南北朝公文理论的繁荣

魏晋南北朝的公文文风日下,而公文写作理论却处于最繁荣的时期。这一时期先后出现了曹丕、陆机、葛洪、李充、钟荣、刘勰、颜之推等文学理论家,他们的文论著述中包含了许多公文写作的理论。其中最早研究公文文体的是曹丕,其代表作是《典论·论文》;而对公文研究贡献最大的则是刘勰,其代表作是《文心雕龙》。

曹丕的《典论·论文》将文章分为四大类,并指出它们在写作上的要求。他说:"夫文本同而末异,盖奏议宜雅,书论宜理,铭诔尚实,诗赋欲丽。"也就是说,奏议要求语言规范,书论要求说理充分,铭诔要求内容实在,诗赋讲究文采华丽。他划分的四大类文章中,奏议是公文,书论和铭诔也属应用性质的文体,只有诗赋是纯文学,因此,有人仅仅把《典论·论文》当作文学理论著作是不确的。曹丕还指出:"此四科不同,故能之者偏也,惟通才能备其体。"这是说四类文章各有特点,一般人只擅长其中的一到两种,只有少数"通才"才会写各种文章。《典论·论文》还充分评价了文章的社会功用:"盖文章,经国之大业,不朽之盛事。"这里所说的"文章",指的是前面列举的四类文章,其中多数是公文或应用文体。

刘勰的《文心雕龙》可以说是古代公文理论的集大成者。他在《文心雕龙·章表》中重复了曹丕关于公文社会功能的观点:"章表奏议,经国之机枢。"他还用了大量篇幅,系统地论述了自上古以来的各种不同体裁的公文,并且依照其性质,对公文进行了分类归纳,即:诏策、檄移、章表、奏启、议对、书记等六科。对这六科文章分别给以定义,而且溯源其历史,探讨其写作特点与风格。此外,对各种文体的主要代表作家与作品,也作了精辟的阐述。如论及诏策的文风色彩时,他说:"故授官选贤,则义炳重离之辉;优文封策,则气含风雨之润;敕戒恒诰,则笔吐星汉之华;治戎燮伐,则声有洊雷之威;眚灾肆赦,则文有春露之润;明罚敕法,则辞有秋霜之烈。"(《文心雕龙·诏策》)其意是说:凡授官选贤的诏令,要灿如日月,饱含正气;封王晋侯的诏令,要含有风雨滋润的用意;敕戒百官的常诰,要有笔吐银河的光辉;发布用兵打仗的诏令,要有雷霆万钧的声势;发布赦免重刑犯人的诏令,要如春风雨露般的润泽;发布惩罚或整肃法纪的诏令,则要像秋霜一样的凛烈。又如,对于"檄移"这种讨伐令性质的公文,他提出的要求是:"植义□辞,务在刚健……事昭而理辨,气盛而辞断。"(《文心雕龙·檄移》)

3. 韩愈的公文写作理论

在唐代公文文风改革中,陈子昂、韩愈、柳宗元、元稹、白居易等也提出了一些公文写作理论,其中韩愈的理论具有代表性。

韩愈提出"文以载道"的主张。他认为,道是目的和内容,文是手段和形式;主张用道来充实文的内容,文道合一,以道为主。他提出学习先秦两汉古文的主张,学古的用意是要在继承传统的基础上创新。他坚持"惟古于词必己出"(《南阳樊绍述墓志铭》)、"惟陈言之务去"(《答李翊书》)的写作原则,要求从字句到文章要全面革新,骈文中的浮词丽语是陈言,古老的经典之言是陈言,因袭、模拟也是陈言,而新鲜的语言必须是有自己特色的。

韩愈不仅从理论上倡导务实的公文文风,而且用自己公文写作的实践对骈俪文体发起进攻,他的《论佛骨表》完全以散体表述,全篇明白如话,堪称古代公文写作的典范。

第五节　中国古代公文的载体、制作工具和书写字体的演变

一、公文载体的演变

1. 甲骨文书（从商代到西周）

到目前为止，考古发掘中发现的我国最早的文书原件是殷商时代的甲骨文书。

"甲骨"是龟甲和兽骨的合称。龟在古人的心目中是神灵之物；兽骨主要是牛的肩胛骨，而牛在古代也是行太牢礼的祭祀品，是供神来享用的，因此龟甲和牛骨就被用来当作占卜的工具。甲骨文即是刻写在甲骨和兽骨上，用来记录占卜和祭祀等活动的文字，它又称"卜文"、"贞卜文"、"卜辞"等。由于甲骨文最早发现于殷商的废墟（今河南安阳小屯村），所以又称"殷文"、"殷墟文字"、"殷墟书契"。

商代统治者最讲迷信，凡事都要占卜。其方法是：占卜之前，先将龟腹甲或牛胛骨的背面钻出圆洞和橄榄核形槽穴（均不穿透），占卜时用炭条在甲骨洞槽边上灼灸，甲骨一受热，就会在正面出现各种不同形状的裂纹。这种裂纹，古人称之为"卜兆"，而且认为上帝的意旨就从这些卜兆中委婉地传达出来。所以贞卜史官就根据这种卜兆裂纹的粗细、长短、曲直、横斜、隐显等，来判定事之吉凶。然后将占卜时间、事由、占卜的结果以及事后应验情况，都刻在卜兆的旁边。因甲骨面积有限，刻写的文辞也有限，故大多为十几字、几十字，最多也仅有九十多个字。今人将其单个字体称为"贞卜文字"，成句的则称作"卜辞"。

完整的卜辞，基本上都是这样一种格式：最前面刻有占卜日期和卜官的名字，称为"前辞"；接着刻需要向神请求的问题，称为"命辞"（也叫"贞辞"）；观察卜兆后所断定的吉凶，称为"占

辞"（也叫"果辞"）；所卜事项的实际结果则记在"占辞"之后，称为"验辞"。

从内容上说，甲骨文又有卜辞和非卜辞两大类。其中作为占卜记录的卜辞占了绝大多数，但也有少数非卜辞的记事文辞。这些记事文辞或为干支表、世系祀谱，或记龟甲的入贡、收藏情况，或言殷王的重要活动以及其他事件，也大多和占卜活动有关。郭沫若主编的《甲骨文合集》将其内容分为二十二类，即奴隶和平民；奴隶主贵族；官吏；军队、刑罚、监狱；战争；方域；贡纳；农业；渔猎；畜牧；手工业；商业；交通；天文；历法；建筑；疾病；生育；鬼神崇拜；祭祀；吉凶梦幻；卜法；文字；其他。可见甲骨文辞所涵括的社会内容是相当广泛的。正由于此，现代一些史学家才依凭这些真实可贵的材料，去揭示殷商历史的各个侧面，又进而揭明了殷商社会的本质特征和基本内涵。

总之，甲骨卜辞作为一种应用性文字，不仅在形式上有一定的格套，在内容上也是以商王活动为其中心的，并出现了类似于请示、报告的上行文，已初步具备了文书的基本要素。故此我们才认定它是一种文书，并称之为"甲骨文书"。

由于甲骨质地坚硬，不易腐朽，考古发掘中发现得较多，而到目前为止，尚没有发现殷商时代其他载体的文书，因此有人认为甲骨是殷商时代文书的主要载体。

甲骨文书在西周时期数量锐减，目前考古发掘中仅发现有西周初年的为数有限的甲骨文书，其中最有代表性的要数"周原甲骨"。1977年在陕西省岐山县凤雏村一座西周建筑遗址的窖穴内出土龟腹甲13600余片、牛肩胛骨300余片，内有289片龟腹甲刻有文字。每片字数多寡不等，少的1字，多的30字。1979年，在邻近的扶风县齐家村也发现和采集到22片甲骨，内有6片刻有文字。岐山南麓的岐山县与扶风县一带古称"周原"，是周人灭商前的都城遗址。此地出土刻辞龟甲与《诗·大雅·文王之什·緜》"周原膴膴，堇荼如饴；爰始爰谋，爰契我龟"所记相合，故称"周原甲骨"。《周礼》中有大卜、卜师、龟人、占人等职,这些甲骨刻辞无疑是其执事时记事文书的孑遗。周原甲骨刻辞记述了周人有关祭祀、战事、与邻国交往等重要国事。年代包括文王、武王、成王、康王、昭王、穆王时期。内容有占卜、记事、卦象三方面。

西周刻字甲骨在陕西长安张家坡(3片、共30字)、北京昌平白浮(4片、13字)、山西洪赵坊堆村(1片、8字)均有发现。这些刻辞为研究周初历史提供了宝贵的史料。

目前尚未发现有西周中期以后的甲骨文书,可以说到西周中期甲骨文书已经被淘汰。甲骨文书被淘汰的原因有二:一是甲骨坚硬难以制作,因此人们便用容易制作的简牍文书取而代之;二是周人"事鬼神而远之",占卜活动在社会生活中的影响有限,主要与占卜活动有关的甲骨文书也就不被人们重视了。

2. 金文文书(从商代到战国)

在我国历史上,青铜器从商周一直沿用到西汉,大约有一千五六百年的历史。青铜是铜和锡的合金,其主要成分是铜,因为加进了一定比例的锡,浇铸出来呈青灰色,故称"青铜"。用青铜铸造的器具,则为青铜器。而铸刻于青铜器上的文字,就称作"铜器铭文",简称"金文"。

古人之所以要在青铜器上"做文章"(诸如纪功烈、昭明德、记誓约、铸刑典),是因为青铜器乃王权的象征、等级的标志,同时能永久保存,传于后世。《左传·襄公十九年》载臧武仲对季孙说:"且夫大伐小,取其所得以作彝器,铭其功烈,以示子孙。"又《左传·昭公十五年》注:"彝,常也,谓可常宝之器。"昭示子孙,以垂久远,以此来维护王权和家族的显赫地位。这种青铜器上的铭文具有文书的性质,所以称之为"金文文书"。

从金文文书的发展来看,商代前期铭文鲜见,后期才开始出现少部分有字铭器,但多为一字或二三个字,内容不外乎族名、作器者名、受祭者名。这种铭文主要起表示所有者的标识作用,亦即《礼记·祭统》中所说的"铭者,自名",故被称作"自名体"。到了商代末期,渐渐有了少量十几字以至四十几个字的铭文,这些铭文在说明作器的原因时略带点记事性,已初步具备了时间、地点、人物、事件等记事要素,所以又被称之为"记事体"。总之,商代的青铜器主要为了使用,"自名体"的金文尚不具有文书的性质,"记事体"金文则可以算是简单的文书,但数量不多。

到了西周,随着宗法礼制的日益强化,礼制的物化形式——青铜彝器也臻于鼎盛,从而促进了铭文"如火烈烈"(《诗·商颂》)的蓬勃发展。其时,铭文明显加长,百字左右的比比皆是,甚至出现了近五百字的长铭。这些铭文的内容十分广泛,主要包括祭祀典礼、颂扬先祖、征伐纪功、赏赐册命、训诰臣下、刑典契约等等,涉及到政治、军事、经济、外交、法律、文化各个方面。由于这些铭文均出自当时人之手,具有明显的书史性质,所以郭沫若在《周代彝铭进化观》中称它们为"《周书》之逸篇"。郭沫若进而指出,西周铭文有一"喧宾夺主"现象,即是说当时彝器制造的目的,主要不是为了使用,而是为了勒铭记事。这一"宾"一"主"的转变,遂使记事体在铭文中占据了绝对的优势地位,而商时曾居统治地位的自名体此时已属强弩之末。因为注重记事,铭文字数增多,篇幅加长,结构更趋于完整,语言表达也趋于多样化。

值得注意的是,西周记事体铭文有关册命的部分,在穆王之后逐渐形成了一定的格式,至厉王时甚至达到程式化的地步。统观《两周金文辞大系》所收恭、懿至厉、宣时期的四十多篇册命铭文,其结构宛出一辙,表述层次不外是:时、地、受命者、作册尹、册命(命官、赏赐、勉励)辞、祝辞等。可知此类铭文已相当规范,故此,有的学者把它称作"册命体"。

总之,西周的金文文书从内容上说,具有涉及面广、含"金"量高、可信度强的特点;从形式上说,则有文辞茂美、记事详细、结构完整诸特征。金文文书是西周盛行的一种文书形式,青铜器在西周也便成为一种重要的文书载体。

春秋战国时期,由于礼崩乐坏,所以礼器减少,日用器多。

加之此时竹帛已普遍使用,文字应用日繁,琢于盘盂终不及书于竹帛方便,所以青铜铭文急剧减少。而在为数不多的金文文书中有一件值得一提,那就是1977年出土于河北省平山中山王墓中的"中山王鼎"(现存河北省文物研究所)。此鼎为铜身铁足,造型独特,通高51.5厘米,腹径65.8厘米,刻铭文469字,其内容主要是赞颂司马赒率师伐燕而建立的功勋,并谴责燕王哙让王位于燕相子之,因为"臣主易位,逆天违人,故身死国亡"。原有文献只记载当时齐国乘机入侵,攻破燕都,今据此鼎铭文,中山国的相邦司马赒也率师参加了这次伐燕,并夺地数百里、城数十座。齐伐燕事发生在周慎靓王五年(公元前316),鼎的铸造时间当在此后不久。由于关于中山国的历史,原有文献所载仅是片言只语,此鼎铭文为研究战国时期中山国的历史提供了重要资料,因而具有极高的文物价值。

有的秘书史读本将春秋末年郑国子产所铸"刑鼎"也作为重要的青铜铭文加以介绍,误也。子产所铸"刑鼎"乃是铁鼎,虽然与青铜器同属金属载体,但毕竟不能将它归入青铜铭文。

秦汉以后青铜器都是实用品或工艺品,不再作为文书的载体。

3.简牍文书(从商代到晋代)

我国南方盛产竹木,北方在古代木材也较多,因此竹和木很早就成了公文书写的载体。所谓"简牍文书"就是指刻写在竹简或木片上的文书。其中刻写在竹片上的称"竹简",也称"简策"、"简册"、"汗简"等;而刻写在木片上的则称"木牍"、"版牍"。人们常称信函为"尺牍",又称文稿为"文牍",就导源于此。

简牍文书主要用于记事,内容包括帝王、官员的命令、文告、书信、簿册、典籍等等。刘向《别录》称:"新竹有汁,善朽蠹。凡作简者,皆于火上炙干之……以火炙简,令汗,去其青,易书复不蠹,谓之杀青,亦曰汗简。"可知竹简的制作过程是:先选取新竹,截削成片,使之光滑,然后用小火炙烤,去其水分(汗),称

"杀青",以防蛀防朽,继而就可用刀或笔在上刻写(写错了用刀子刮去,称"削"),最后用麻线或皮绳将多片简系成册。如文书不止一册,则将数册再编连在一起,称"编"(即篇)。《史记·孔子世家》载:"孔子晚而喜《易》,读《易》,韦编三绝。"这是说孔子读《易》十分勤奋,致使编连竹简的皮绳多次断绝。

在造纸术发明之前,简牍是古代公文的主要载体。

商代简牍文书迄今为止尚无实物出土,但根据以下理由,完全可以推断商代已经有了简牍文书。

首先,甲骨文、古金文中已经出现了"册"、"典"二字,《尚书·多士》载:"惟尔知,惟殷先人,有册有典,殷革夏命。""册"字像将若干条竹(木)简用细绳编缀成一页书之状;而"典"字则像置册于几上,或作两手捧册之形。显然,这"册"、"典"二字的构象不可能是凭空产生的,应当是也只能是现实生活中有册有典("册"中之重要者)的具象化的反映。

其次,在流传至今的商书中,第一篇是《汤誓》,它虽然并非作于伐桀之时,可能是后人的追述或者是后世重编,但所记汤伐桀的史实却极为清楚,伐桀的理由也列举得至为充分,不可能是一无所本的凭空捏造。除了《汤誓》外,《书序》谓还有《夏社》、《疑至》、《臣扈》、《典宝》、《仲虺之诰》、《汤诰》、《明居》等篇,它们也都与伐桀有关。这些篇章或存或佚,虽不能坐实何篇为商初所作,但也难以否认其中必有商初的文献,《尚书·多士》所说的"有册有典,殷革夏命",指的就是这些后世亡佚的篇章。又《墨子·贵义》说"昔者周公旦朝读《书》百篇",周公是西周的开国功臣,他读的《书》当然是前代的典籍。另外,《史记·殷本纪》记载的殷契以下诸王世系脉络十分清晰,据王国维《殷卜辞中所见先公先王考》、《续考》考证,这一世系基本符合史实。由此也可推知,司马迁一定是利用了商时史官留下的册典作为原始依据的。

由上述几点来推断,商朝肯定已有了简牍文书。可能是由于竹木难以永久保存,加之当时防腐技术欠发达,简牍"在地下埋藏了三千多年,恐怕不可能再见了"(郭沫若:《奴隶制时代》,第173页)。

简牍文书在西周得到更广泛的使用,这是有许多确切的史料可以证明的。《礼记·中庸》载:"文武之政,布在方策。"就是说周文王、周武王的政令,都书写在竹木上。书王命于简牍,我们可由下例证明之。《诗经·小雅·出车》曰:"昔我往矣,黍稷方华。今我来思,雨雪载途。王事多难,不遑启居。岂不怀归,畏此简书。"此诗是周宣王时的作品,这一章叙写了一个远征者归途中的心理状态。因"王事多难",他不得不随师远征;虽切盼早日还乡,却又"畏"此"简书"。因为"简书"书有出征时王的敕命。半途而归,岂非违命?故曰"畏"。这一"简书"显非泛指,只能是特指"此"(这一)载有王命的书,因书于竹简,才称之为"简书"。将王命书于简牍,不仅有"畏此简书"这一铁证,还有许多铭文可作"铜证"。如颂鼎上即云:"颂拜稽首,受命册,佩以出。"由此我们可以推知,《尚书》中的《酒诰》、《召诰》、《牧誓》、《顾命》等文书,当是周天子发布的简牍文书。至于一般日常往来的文书,当然也都是书写在竹木之上,而不会是铸在笨重的青铜器上。

春秋使用竹简更为普遍,除典籍(如《诗》、《书》、《礼》、《易》)和文学著作外,当时史官记史,用的也是竹简。《左传·襄公二十五年》记齐崔杼杀庄公后齐太史被杀之事曰:"辛巳,公与大夫及莒子盟。太史书曰'崔杼弑其君'。崔子杀之。其弟嗣书而死者二人,其弟又书,乃舍之。南史氏闻太史尽死,执简以往,闻既书矣,乃还。"这是说太史兄弟三人为了尊重事实而被杀,为南史氏所闻,执简而往,决心拼着一死,必须把崔杼杀君逆行书之于简册,以昭告世人和后世。春秋时,还以竹简书刑法,史称"竹刑"。《左传·定公九年》载:"郑驷歂杀邓析而用其竹刑。"杜预注云:"邓析,郑大夫,欲改郑所铸旧刑,不受君命而私造刑法,书之于竹简,故云竹刑。"

战国时期、秦代、汉代的简牍文书,自古代到当代都有大量实物出土。当代考古发掘中出土的著名简牍文书有:1978年在湖北随县出土的"曾侯乙墓战国竹简"215片;1975年于湖北省云梦睡虎地秦墓中发现的"云梦秦简"1100多片;1984年发掘于湖北江陵的"张家山汉简"1600多片,等等。

简牍文书直到东晋才被纸质文书取代。

4. 缣帛文书(从春秋到晋代)

春秋战国时期,随着纺织业的发展,人们开始用缣帛亦即丝、棉织品制作文书,这就是缣帛文书。通常认为缣为丝织品,帛为棉织品,实际上,"缣帛"是纺织品的统称。《墨子》中屡屡提到"书于竹帛",《韩非子·安危》亦云"先王寄理于竹帛",帛即缣帛。墨子、韩非子诸人之所以竹帛并提,一则他们所见先世古籍是书于竹帛之上的,再则竹帛在当时也确乎广泛用为书写材料,所以才概而言之。近世出土的帛书,最早为战国时期的楚帛书。

缣帛本来没有一定规格,后来出现专门制造的用于书写材料的缣帛,在白丝帛上面,按一定间距织成条红格,类似后来的有格信笺形状。张枅《字诂》说:"古之素帛,依书长短,随事裁绢,枚数重沓,谓之幡纸。"一篇文章书毕,将素绢裁断卷成一束,称一"卷"。"卷"与简牍中的"册"、"篇"含义一样,也是计算文书数量的单位。

缣帛用为书写材料,不仅轻软平整,易于书写,而且裁取随意,卷折甚便,不论运转、携带,抑或展阅、收藏,都远比笨重的简牍优越得多。尤其是绘制版图文书,更是简牍无法比拟的。因此,缣帛文书的出现,是文书工作中的一大进步。然而,缣帛制作工艺复杂,价值又过于昂贵,所以只能在有限范围和制作特殊文书时使用。如《战国策·燕策》所记"荆轲刺秦王"的故事"图穷而匕首见"的情节中的"地图",就是绘制在细帛上的。

根据古籍记载,缣帛文书在秦皇宫中已被经常使用,皇上的诏令一般都以缣帛来书写,以显示其地位之尊贵。

两汉的缣帛文书较之于秦朝运用得更为普遍,已被广泛应用于日常公文。据王国维、罗振玉《流沙坠简·简牍遗文》考释:"按汉时书记大抵用木,所谓尺牍皆是也。惟《汉书·高帝纪》'书帛射城上',《苏武传》'天子射上林中,得雁,足有系帛书'。古诗:'呼儿烹鲤鱼,中有尺素书。'则简牍之外亦兼用帛作书。"1973年12月在湖南长沙马王堆3号西汉墓出土了一批秦末至汉初书写在缣帛上的文献。帛书用整幅或半幅的缣帛书写,存放在3号墓东边厢一个长方形的漆匣内,其中,有的帛书卷在一块宽约2~3厘米的木片上,出土时折叠的边缘已经断裂,帛片互相粘连在一起,破损十分严重。经过修复及考订,判明共有帛书约29件,约12万字。这说明在汉代贵族中使用缣帛制作文书已经很平常。

三国两晋时,以"幡纸"书写公文仍颇为普遍。自春秋到两晋,缣帛文书延用了约800年时间。

5.石刻文书(从春秋到秦代)

春秋战国时期,出现了一种镌刻在石头上的文书——石刻文书。《墨子》一书曾多次提到:古者圣王"书于竹帛,镂于金石"。墨子是战国初年人,说明最迟在春秋末年就出现了石刻文书。春秋战国时,最有名的石刻文书是唐代在今陕西凤翔县境内发现的,至今仍保存在故宫博物院内的"石鼓文"。石鼓又称"石碣",共有十石,每石高约三尺三寸,直径一尺多,上狭下大,顶圆底平,其形如鼓,故名"石鼓",每个鼓四面环刻四言诗一首,字体为篆书。据唐兰先生考证,石鼓为战国之物,其内容主要是歌颂田原之美和田猎之盛,借以"光宗耀祖,垂裕后昆",具有明显的书史性质,故被誉为先秦史诗。

由于石刻记事原材料丰富,刻石工序简单,又兼有金文文书难以被破坏、搬移,能够永久保存的优点,所以石刻文书出现后,就逐渐取代了青铜铭文。

石刻文书在秦代颇为盛行。秦皇二十六年(公元221年)统一天下,二十八年,率大臣东巡,以宣扬他的威德。到峄山、泰山、琅邪,都刻石以歌颂自己的功业。二十九年,又东巡,在之罘山又刻石。三十二年,东巡至碣石,也立石颂德。三十六年,南巡至会稽,亦有石刻。十年之间,四次巡游,刻石六处。其五篇文辞,载于《史记》,惟峄山刻石文《史记》失录。这些石刻文书,有的宣扬皇帝的功绩,有的公布皇帝的诏令、宣达王朝的政策,有的是整肃民风、宣扬封建道德,具有很强的书史性。我国古代刻石记事的新途径,正是从秦代开始流行的。

值得一提的是,这些刻石,约后于石鼓文百年左右,从尚存的《泰山刻石》等实物的形制来看,由馒头形的石鼓,发展为方形石柱式刻石,是一大进步。因为工艺上已从圆柱形的基本平面走入方正形的基本平面,给书写提供了有利的条件。后此的版块形汉碑,则是在方柱形的基础上的发展,直到现代的碑石,仍沿袭着版块形的制作。

石刻虽然在秦代风行,但毕竟不能作为日常文书使用,所以不可能成为文书的主要物质形式。但后世大凡需要昭示后人的纪念性文字,往往以碑刻记之,这种文书形式为后世留下了大量宝贵的史料。因此,我们说秦代大量使用石刻文书,是我国文化史上的一大创造。

6. 铁质文书

大约在三千四百年之前的殷商时期,我们的祖先就发现了天然铁(陨石铁)并加以利用。春秋时期发明了冶铁技术,铁器约在战国时期广泛用于农业生产。

由于铁器比青铜器坚硬,不易镌刻,且铁器易生锈腐蚀,故铁质文书在历史上始终未成气候。值得一书的是春秋末年郑国所铸的"铁鼎刑书"和汉代的"丹书铁券"。

据《左传·昭公六年》:"子产铸刑书于鼎。"子产是郑国的执政,代表新兴地主阶级利益,他在改革田制、赋税的基础上,为了适应新的封建制和整顿城乡秩序的需要,主持制定了一套刑法。为了让广大平民知道国家法律的内容,限制旧贵族的特权,子产于鲁昭公六年(前536年)命人将刑书铸之于鼎,公之于众,从而开创了公开以法治国的先河。据张国华先生考证,子产所铸"刑鼎"为铁鼎而非青铜鼎,所以此刑鼎实为我国最早的铁质文书。

铁质文书见于史书记载的还有汉代出现的"丹书铁券"。丹书铁券是古代帝王赐给功臣世代保持优厚待遇及免于刑事处罚特权的证书。券用铁制成,用朱砂书写或刻字后嵌以黄金。《汉书·高帝纪》:"与功臣剖符作誓,丹书铁契,金匮石室,藏之宗庙。"《后汉书·祭尊传》:"丹书铁券,传之无穷。"这种特殊的文书为后代所沿用。《水浒传》第九回说柴进:"太祖武德皇帝敕赐与他'誓书铁券'在家,无人敢欺负他。"这里的"誓书铁券"即"丹书铁券"。

7. 纸质文书(东汉以后)

由于简牍笨重,缣帛又过于贵重,人们希望有一种制作简单、书写方便的新的书写材料。西汉时,人们从缣帛受到启发,发现了一种新的书写材料,那就是赫蹄,亦即丝棉纸。据载,汉成帝时,赵飞燕被封为皇后,她的妹妹也很受成帝宠幸。汉成帝的一个女官曹伟能生了个男孩,赵飞燕的妹妹就派人送去一个小匣子,里面装着毒药和"赫蹄书",强迫曹伟能服毒自杀。这是赫蹄用于书写的力证。正史还记载,汉光武帝即位后,改组掌管奏章文书的尚书台,令右丞掌管尚书台印绶以及纸、笔和墨。汉章帝建初元年(公元 76 年),贾逵应朝廷召请为二十位学生讲学,授予每位学生一部抄在简和纸上的经书。另据考古发掘,在西安市东郊的灞桥、陕西扶风,以及甘肃居延肩水金关西汉烽塞遗址,都发现过西汉时期的麻纸。同时,在内蒙古额济纳河旁也出土了东汉初期的纸张,上面还残留有文字。这说明早在西汉和东汉初期,已发明了造纸术,只是未被普遍使用而已。公元 105 年,宦官蔡伦改进造纸术,用树皮、麻头、破布、旧鱼网等价格低廉的材料作为原料,制成了植物纤维纸。由于大大降低了成本,且原料丰富,纸张遂被广泛使用,开始逐步取代简牍和缣帛。

三国时,纸与简帛并用,高级的文典还是用帛作为材料,稍次一等的才用纸,公文往来则沿用简牍。但到了晋朝,由于造纸技术的进一步发展和大量质优、价廉的纸张用于书写,在官府文书方面,纸由与简帛并行而逐渐独行天下。东晋末年,桓温称帝后随即下令停止用简牍书写公文,而代之以黄纸。从此以后,纸张就成为我国朝廷和各级官府公文的正式书写材料,简牍则完成了它的历史使命。这一变化,极大地方便了文书的写作、传递和使用,大大提高了文书工作的效率。

造纸术的发明和改进,是我国古代劳动人民对世界文化的一项重大贡献,它不仅促进了文书工作的发展,而且极大地加快了文化的传播。

二、古代公文的书写制作工具

制作文书除了需要骨、竹、木、帛、纸等书写载体外,还离不开书写工具。我国的雕版印刷术发明于唐代,活字印刷术发明于宋代,但印刷技术多在民间书坊被应用于佛经、诗文、教材和学术著作的印刷,直到明清两代,才偶尔用于公开的不重要的公文的制作。因此,古代公文基本上是用手工抄写的方法制作的。书写工具主要指笔、墨、砚、刀,合称"文房四宝"。在纸张成为日常文书的惟一载体后,刀基本上失去了"书写工具"的作用,"文房四宝"遂被用来指称笔、墨、砚、纸(特指宣纸)。

1. 笔

传说毛笔是由秦代将领蒙恬创造的,这明显不符合历史事实。笔的出现大约与文字的出现同步,仰韶文化遗址出土陶器上的一些被视为汉字源头的刻划符号,已有明显的笔锋,说明这些花纹是用笔画上去的。现代考古发现的最早的毛笔,是湖南长沙左家公山一座战国时期的古墓中出土的一支竹杆毛笔,它的笔头由优质兔箭毛制成,笔杆细长,一头劈成数片,将笔头夹在中间,用细丝缠扎,外涂以漆加固,并带有笔套。此笔的制作工艺已达到很高的水平,证明在此以前很久已有毛笔。

汉代朝廷和官署中的秘书官员,为了随时记录用笔方便,有"负橐簪笔"的习惯,即将笔杆末端削尖,插入发髻,以备随时取用。唐代以后,此种做法仅在朝廷内沿用,在其他官署不甚流行。

我国古代制笔工艺以安徽宣州生产的"宣笔"最佳,"宣笔"又称"鼠须笔"、"鸡距笔",以选料严格、精工细作著称。其特点是:笔头短而硬,书字坚而挺,刚柔适中,适宜于秘书人员在矮案上悬腕书写,既适合在竹木上书写,又适合在纸张上书写。宣笔历史悠久,自秦代到宋代一直是官府制作公文使用的主要工具;宋代以后又出现了"湖笔"(产于今浙江省湖州吴兴县),明清时代的"湖笔"盛行于官府书写公文。这种笔头以羊毛为主,兼掺兔、黄鼠狼尾毛制作。宣笔、湖笔在我国文书制作史上作出了重要贡献。

2. 墨

墨的出现大约也与文字的出现同步,原始遗址墓中曾出土了数块氧化锰颜料,这可能是最原始的墨。甲骨文中也有用笔蘸朱墨书写后再刻写的痕迹。由此看来,东汉兰台令史李龙在《墨砚铭》中说的"书契既造,砚墨乃陈",是有一定道理的。

长沙杨家湾战国墓出土竹简上的文字全是用墨书写的。史载汉代官署使用的是"烟墨",出产于输糜地区(今陕西千阳),当地有大片松林,有较大的烧烟制墨作坊。唐代以后,安徽徽州(今黄山市)成为当时全国的制墨中心,宋、元、明、清徽墨有了进一步发展,直到今天,徽墨仍然是墨中精品。

3. 砚

"陕西临潼县仰韶文化初期的墓葬中发现了一块石砚,上面还有盖,掀开石盖,砚面凹处有一大石质磨棒,砚旁有黑色颜料(氧化锰)数块以及灰色陶质水杯,共五件"(新华社1980年5月26日讯)。这说明早在五千年以前,原始社会后期,砚已具有一定形态,并被使用。秦汉时期出现了石砚、玉砚、陶砚,并有方、长、圆诸种外形,有的带有三足,可见砚的制作已经日益精美化。唐代制作的端砚(今广东肇庆市)、歙砚(今安徽歙县)、挑砚(今甘肃甘南自治州)、鲁砚(今山东青州),被宋人列为"四大名砚"。砚虽然成为具有收藏价值的工艺品,但它的基本功用还是供研墨书写,因此在古代是制作文书不可缺少的工具。

4. 刀

在以甲骨、石料和青铜为文书载体时,大都是用刀具在上面刻镂成文,因此刀在当时是刻写甲骨、石刻文书的主要工具。在制作简牍文书时,通常竹简和木牍是事先由匠人加工好的,但书写公文时仍然不能离开刀,这是因为简牍中难免有加工不够精细的,遇有不平滑的地方,须用刀刮削平整,另外书写时难免有错字、漏字或需要作局部改动,这时需要用刀将原来写的字刮掉重写。因此,秘书人员在简牍上写抄公文时也是离不开刀具的。1973~1975年,在发掘湖北江陵凤凰山秦汉墓群时,在168号汉墓出土的墓主的随葬品中,与一批竹简文书放在一起的还有一套文书工具,包括毛笔、石砚(及研石)、墨、青铜削刀,这对我们了解古代公文的书写制作情况是极有价值的。由于刀在古代制作公文中与笔一样是不可缺少的工具,因此后人把与公文案卷有关的事叫作"刀笔"(带有贬义),管理文书的吏员称为"刀笔吏",擅长写作公文的人称为"刀笔老手"。

三、古代公文的字体演变

我国古代除辽、金、元等少数朝代,曾用过少数民族文字书写公文外,绝大多数公文是用汉字书写的。因此,这里所说的文书字体的演变,仅限于公务文书所用汉字字体的演变。

1. 甲骨文和金文的字体(商代和西周)

殷商和西周甲骨文书中所使用的书体统称为"甲骨文"。甲骨文是现存中国最古的文字,大约有4500个单字,其中已经辨识者约三分之一。它的基本字形结构跟后代汉字是一致的。用许慎的"六书"来检查,在字形结构方面指事、象形、形声、会意皆已齐备。由于是用刀刻成,不免与笔写的字形有较大差别。

商、西周、春秋、战国时期铜器上铭文字体统称为"金文"。金文出现在商代中期，消失于秦灭六国，也就是秦用小篆统一中国文字时（公元前15世纪～前220年），通用了约一千二百多年。1985年容庚《金文编》修订第4版采用铭文3902件，收正文（可识的字）2420字，附录（还不能确定的字）1352字，共计3772字。这是今日可见金文的总数，虽不一定准确，也相差不远。这些字多半可以和《说文解字》相对照。

甲骨文书和青铜铭文上的字体

2. 大篆（春秋战国）

大篆，又称"籀文"，相传为西周末年周宣王的太史史籀所创。《汉书·艺文志》说《史籀篇》是周时史官教学童的书，又著录《史籀》十五篇，本注："周宣王太史，作大篆十五篇，建武时（公元25～57年）亡六篇。"大篆字体方正微长，行款整齐，笔划匀称，偏旁、结构基本稳定。从西周晚年到秦统一六国，大篆是周王室和秦国公文用的字体。前面提到的战国时期的"石鼓文"即为大篆体文字。

3. 小篆（秦、汉）

小篆又名"秦篆"，指秦始皇统一文字所用的书体。后世称"篆书"，一般皆指小篆。秦统一全国后，因原来各国文字异形，诏书发至外地，当地官吏看不懂，统一文字成为当务之急。秦始皇以行政手段废除他国异文，命李斯、赵高、胡母敬（太史令）等对文字进行加工整理，"罢其不与秦文合者"，制定出"小篆"

作为全国标准文字。小篆文字确已规范化,偏旁都有固定的形式和位置,形体竖长方,其空虚不足之处尽量用笔划填满,不顾象形、指事、会意等意义的体现。

汉承秦制,篆书仍旧是国家公文的标准书体。当时的上层重要公文没有流传下来,但皇帝玉玺、皇后玉玺、诸王金玉印、货币、虎符等文物的书体皆属小篆,可以说明小篆乃公文用字。

石鼓文中的大篆字体　　峄山石刻中的小篆字体(李斯书)

4. 隶书(秦至东汉)

隶书分秦隶、汉隶和八分。秦隶指秦始皇时期使用的简体字,汉代日常应用仍是隶书,但是形体、笔势不断发展,东汉中期出现庄重典雅的新体,熹平四年(公元175年)以新隶体立石经于太学,成为国家的标准书体,魏以后称之为"八分"。

隶书在战国时代即已出现,秦始皇灭六国,以小篆为正规公文用字体。但小篆笔画繁复,字体规整,书写速度较慢。颁行不久,御史程邈又根据当时社会已流行使用的隶体文字,整理出较之小篆简便的"隶书",作为小篆辅助文字,用于非正规公文的行文,民间往来文书也多用隶书。东汉许慎《说文解字》之叙说:"秦烧灭经书,涤除旧典,大发吏卒,兴戍役,官狱职务繁,初有隶书,以趣(趋)约易。"说明小篆在当时是一种简化字。秦推行小篆只是为保持秦人的篆书传统,具有政治意义,隶书在实际应用上已占优势。小篆比六国文字复杂难写,隶书比六国文字简易,更符合社会发展的需要。湖北云梦睡虎地出土约为秦始皇三十年的 1200 多枚竹简上都是规则、熟练的隶书。隶书的字体结构基本定型,秦隶字形较方,少波势;汉隶字形横向发展,竖短横宽,波势极大。八分形体方正,笔划匀称,波势工整。汉隶发展到八分,已经成为国家公文的标准书体。

云梦秦简上的秦隶　　熹平石经上的"八分"体(蔡邕书)

5. 真书(楷书)

汉代末年和曹魏时,官府与民间出现了"真书"字(又称"楷书"、"正书"),它是从隶书演变而来,是日常书写趋向简易的潮流造成的新书体。

世传魏初的钟繇(?~230)为"真书之祖",刘宋羊欣说"钟书有三体:……二曰章程书,传秘书,教小学者也"。这就是说,当时由钟繇创造的真书已经广泛应用于典籍整理和学校教育。

真书出现后,作为正式公文用字始于两晋,盛于唐代,并一直沿用至今。后来从楷书演变出笔划比较灵活自然的"行书"。"行书"写得规矩点,近于楷书称"行楷"。历史上一些帝王,为了表现其书法水平,喜爱书写行楷字,对各级官吏和秘书人员起了上行下效的作用,许多撰文人员也使用行楷。作为公文用字的字体发展到真书后,就已经基本定型,其后出现的魏碑体、宋体等均为真书的变体,在字形和笔画上与真书没有大的差别,仅运笔方式和粗细比例有所不同而已。

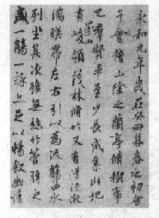
行楷(王羲之书《兰亭序》)

真书(唐颜真卿书)

第六节 中国古代档案工作概况

一、夏、商、西周的档案工作

1. 夏商两代档案工作的概况

文书留存保管就转化为档案。文书工作和档案工作从来就不可分割。唐人张怀瓘《书断》云:"大道衰而有书,利害萌而有契。"早在私有财产出现的原始社会末期,档案工作就出现了。

夏、商、周三代,档案管理作为国家行政管理工作重要内容之一就已形成。

《吕氏春秋·先识》记载:"夏之亡也,太史终古抱其图法以奔商。"这里所说的"图"即版图档案,"法"即法典档案。说明夏代已由史官管理并利用档案。

商代统治者的活动主要记录在甲骨和简牍中,自1899年以来,出土的甲骨档案达15万片以上。从考古发掘可知,商代的甲骨档案集中保存在殷都宗庙地区的窖窦中,这些窖窦即是商代的档案库。库中的档案经过一定的集中归档管理,存放有序,有朝代可循,由操纵王朝政务、宗教大权的巫史记录并保管。

2. 文书立卷归档制度的雏形

从甲骨档案的保存情况看,当时已经有了文书立卷归档制度的雏形。

甲骨档案集中于宗庙,且按照一定的方法有次序地保管。其中有的龟甲编连成册,还发现有将"背甲制成刀子的样子,中间穿孔,上面刻辞的",据考古学家考证,背甲有一个不小的穿孔,可能是将若干片甲骨穿扎起来,这大概就是典册之"册"字的原形。穿扎成册或按包保管,可能是将记载同一事情的甲骨集中在一起,这样更便于保管和查用。特别值得指出的是,为了集中保管这些甲骨档案,当时已有了"归档"的做法。根据《殷墟卜辞综述》记载:"卜辞集中出土于殷都安阳,而卜辞中所记占卜地往往有在殷都以外的,可见在外地占卜的这些甲骨仍旧归档于殷都。"如纣王在征伐人方时所形成的甲骨档案,就都带回到殷都宗庙。这些情况都说明,商代已经有了最初的立卷归档的制度。

3. 西周档案种类的增加和副本制度的形成

西周(公元前 11 世纪~前 771 年)国家机关庞大,档案种类明显增多。王朝中央保存的档案主要有图版(地图与户籍)、盟约(盟书和约剂)、谱牒(王室世系记录和贵族族谱与家谱),史官保管的有诰、誓、政典、记注等档案。上述档案大多制有副本多份,正本存于天府,藏于"金縢之匮",副本则分存于太史、内史、司会及六官等处(参见本章第四节中的"文书正副本制度")。

4. 西周中央政府的档案管理机构——天府

收藏珍贵档案的天府,是我国历史上有确切史料记载的最早的中央政府正规档案管理机构。

有关天府的记载始见于《大戴礼记·少闲》篇。西周宗法制度逐渐完备,宗庙设置与收藏更趋完善,于"春官"下设"天府","掌祖庙之守藏与其禁令"。天府属"九府"之一,地位颇高,不同于一般的档案库房。负责保管天府档案的史官称"守藏史"。

据《周礼·春官》载,当时"功书藏于天府","纪邦之大盟约、莅其盟书而登天府","乡老及大夫群史献贤能之书于王,王再拜受之登于天府"。

西周时还出现了将一些极机密、极重要的文书档案收贮于"金縢之匮"的做法。所谓"金縢之匮",就是把重要的文书档案放置于金属带子捆缚的匣子之中。据《书·金縢》和《史记·鲁周公世家》记载,周武王灭商后病重,周公策书告神,请代武王死。事毕,就"纳书于金縢之匮",亦即把载有祷辞之册秘藏起来。周公"纳书于金縢之匮"的做法也为此后历朝所继承。左思《魏都赋》:"窥玉策于金縢,案图策于石室。"吕向注:"金縢,金匮也。"

二、春秋战国时期的档案工作

1. 社会动荡中档案的除旧布新

春秋战国之交,是我国社会由奴隶制向封建制的转型期。由于新兴地主阶级政治变革的要求日益强烈,原先那些维护奴隶主阶级利益、记录旧制度的典册档案,就越来越成为束缚新兴地主阶级发展的桎梏。因此,他们非但不愿保存这些档案,反而是必欲除之而后快。《左传》和《孟子》中有两段记载颇能说明当时旧档案被销毁的情况:《左传·襄公十年》载,郑国新兴地主阶级为确立自己的合法地位,纷纷要求焚毁维护贵族特权的"载书"典册,当政的子孔想杀掉他们,"子产止之,请为之焚书",并告诫说:"众怒难犯,专欲难成……不如焚书以安众",否则"专欲无成,犯众兴祸",子孔不得不"焚书于仓门之外,众而后定"。《孟子·万章下》记载,北宫锜问孟子:"周朝制定的官爵俸禄的等级制度是什么样的呢?"孟子答道:详细情况已经不知道了,因为诸侯"恶其害也,而皆去其籍"。这说明那些记录等级制度的档案是维护中央王权的利益的,对诸侯不利,所以被毁掉了。这些记载表明,春秋后期,旧档案的损毁是相当普遍的,以致孔子想了解古代礼制的情况,却苦于找不到有关的档案,而发出"文献不足"的感叹。

与此相适应,那些束缚被统治者——奴隶人身自由的奴籍档案,也在奴隶反抗斗争中被销毁。据史料记载,春秋战国时期,各国相继发生"民溃",在这些奴隶、平民的起义暴动中,不少国君、贵族的宫室被攻占,宗庙被破坏,"器用多丧",许多档案也随之被毁。

在旧档案被大量销毁的同时,伴随着社会大变革的历史进程,又相继出现了一些新的档案。前者可谓"除旧",后者则是"布新"。档案除旧布新的过程,是当时阶级斗争的需要,也是这一时期社会剧变的反映。

这一时期出现的新的档案内容相当丰富,种类也十分繁多,其中最引人注目的是法律档案。公元前536年,郑国著名政治家子产,鉴于当时阶级关系的新变化和旧礼制的丧失,最先制定和公布了成文法。接着在公元前543年,晋国铸刑鼎,公布范宣子所作的刑书。此后各国纷纷制订成文法,形成一股潮流。魏国李悝编纂的《法经》,是这一时期各国立法发展之大成。这些新制订的成文法,或书于简册,或铸于鼎彝,都是作为一种重要档案由专人保管的。特别是商鞅变法以后的秦国,对法律档案的保管尤为重视。据《商君书》记载,其时秦国法令文书除正本之外,复制有副本多份,一份收存于王宫禁室内,"封以禁印",由少府派尚书保管。不准私自启阅,专供国君查用。其余的分别存放于丞相府、御史府和郡、县官员处,各设专人保管,以供各级官员及平民查询。由此可见,法律档案从无到有、从少至多集中体现了当时新兴地主阶级的意志,维护了统治阶级的利益。它和当时出现的盟书、计书一样,同属于大变革时代所形成的一些新的档案。

2.诸侯纷争中档案的流散

夏、商、西周三代,档案乃神圣之物,是被深藏固守,秘不示人的。之所以秘不示人,不仅仅是为了垄断文化,还因为这类档案资料中包含着许多统治经验和统治方法,统治者是决然不肯让外人知道的。

春秋后期,诸侯纷争,诸侯国与周王室的矛盾日益尖锐,王室衰微,世卿制度也渐趋瓦解。"杀君三十二,亡国五十六,诸侯奔走不得保其社稷者,不可胜数"(《史记·太史公自序》)。在这种情况下,一些档案被销毁了,另一些档案则因种种原因流散于世。《左传·昭公二十二年》载,王子朝率召氏、毛氏、尹氏、南宫氏等旧族和官工带着王室所有典籍逃至楚国。宋司马光描述当时档案流失情况是:"周室微,道德坏,五帝三王之文飘沦散失,弃之不省。"在王室和诸侯自身地位不保的情况下,以保管档案为主要职掌的史官,社会地位也明显下降,一些史官常常带着自己掌管的档案作为见面礼,奔走于各国以求取官职,谋求生路。这也是当时档案大量流散的一个重要原因。档案大量流散于社会,对档案的保管留存非常不利,但从另一方面看,这也使社会上一些知识分子(士)获得了接触、了解和利用档案的机会。

3.孔子对档案的收集和整理

孔子没有当过史官,但他因教学编纂教材的需要,对古代档案资料进行了大规模的收集和整理。

《史记·孔子世家》载,"孔子之时,周室微而礼乐废,诗书缺,追迹三代之礼"。这里的"追迹三代之礼"就是搜集夏、商、西周有关典章制度的文献资料。孔子曾专程到周都城洛邑向"周守藏室之史"老子"问礼"。孔子向老子"问礼",不是仅仅聆听几句教诲,其主要目的是考察收集周守藏室中的档案资料。《尚书纬》记载:"孔子求《书》,得……三千二百四十篇……定可以为世法者百二十篇,以百二篇为《尚书》";《公羊传注疏》引闵因《序》：孔子"制《春秋》之义，使子夏求周史记，得百二十国宝书"。这些记载说明孔子为编《尚书》、《春秋》，亲自或派他的学生到各地去搜集有关的历史档案资料。

孔子对收集到的档案文献加以整理，"考其真伪"（《左传序》），"删去重复"（《论衡·正说》），"编次其事"（《史记·孔子世家》），"存其精要"（梁启超语），遂成"六经"。清代学者章学诚说"六经乃周官之旧典"，就是说它们是古代档案资料的汇编。

由于孔子的努力，这些宝贵的上古文书档案得以保存到今天，成为后世研究上古社会的珍贵文献资料。如果没有"六经"，我们今天要了解上古社会的具体情况将是何其难哉！所以朱自清先生说："孔子是在周末官守散失时代，第一个保存文献的人。"（《经典常谈》）

4. 档案的广泛利用

孔子编"六经"，开辟了利用档案传道授业的一代风气。

商、周统治者为了垄断文化，一方面将档案深藏固守于王宫官府，秘不外传，另一方面又通过"学在官府"的教育体制，剥夺平民受教育的权利。孔子首创私学，明确提出"有教无类"，广招各阶层人士入学（《史记》载孔子弟子有三千人之多），并且将其收集到的档案编纂为"六经"，作为系统的教材，向学生传授，这就从档案利用和教育对象两个方面打破了贵族对文化的垄断，扩大了文化的传播。自此以后，档案不再纯粹是贵族阶级的统治工具，而被广泛用作传道授业的工具，这是孔子在我国古代档案提供利用方面所作出的巨大贡献，它开辟了档案利用的新领域，其直接结果是极大地加快了古代文化的传播。在孔子之后，效法孔子利用档案典籍招徒讲学蔚然成风，如墨子、孟子、淳于髡等，弟子都在千人以上。私学的发展，使文化人（士）的数量激增，于是中国历史上出现了思想异常活跃、学术空前发展的百家争鸣的局面。

春秋战国时期档案利用的另一种方式就是用于修史。此前夏、商、西周三代对档案保管比较重视，但保管的都是原始档案,没有人利用它们编写过真正的"史书"。孔子利用档案编的《春秋》是公认的我国第一部编年体史书,它开创了根据档案资料编写史书的优良传统。在《春秋》之后不久出现的《左传》和《国语》两部重要史书,前者是编年体,后者是国别体,都是依据大量档案文献编著而成的。到汉代司马迁完成《史记》、班固完成《汉书》(主要部分)后,利用官方档案编修前代史书成为历代惯例;隋唐后,这一传统又为历代最高统治者认同并予以支持。中国史学界引以为豪的材料齐全、体例合理的"二十五史",无不是利用档案的成果。

三、秦汉魏晋南北朝的档案工作

1. 秦王朝对档案的态度

秦代为加强中央集权,巩固对全国的统治,对不同档案采取了截然不同的态度。

对有利于巩固秦统治的法律档案和舆图档案,秦王朝都十分重视。秦以法为治,重要的法律档案均立正副本,正本藏于中央禁室,封以禁印,作为重点档案保存。此外,因为舆图象征着本国的版图和对别国的征服与统治,所以秦统治者在统一六国的过程中,对各国所献的地图以及绘制的各国宫室图样,都视为重要档案,妥善收存于丞相府和御史府中,并设专人负责保管。刘邦占据咸阳时,秦丞相府、御史府的这些舆图档案为萧何所接管,使刘邦对天下地理险要、人口物产的分布了如指掌,对日后四年楚汉战争的胜利起了重要作用。这从一个方面说明了秦朝舆图档案保存得相当完整。

另一方面,对不利于秦政权的原六国档案,秦王朝又采取断然措施,予以大量销毁。秦灭六国后,被兼并的各国保留着原有的制度,收藏有记载本国制度和历史的档案典籍。尤其是战国时期的各国史书,都详细记载了秦国对他国攻战、蚕食的史实,对秦国难免会有所指斥和讥讽。这些档案,不仅保存于原各国官府,而且在战乱中大量流失到了民间,这就形成了一种巨大的潜力,威胁着秦王朝的统一。如果这些档案典籍被长期保存下来,就可能会引起人民追怀故国、反抗秦政的危险,这对秦代统治者来说显然是极为不利的。事实上由于秦统治者的极端残暴和严刑峻法,在国内已经出现了反抗行动。正是在这样的背景下,秦王朝采取了"烧灭经书,涤除旧典"(《史记·秦始皇本纪》)的断然措施。公元前213年,秦始皇采纳丞相李斯的建议,下令焚烧六国历史典籍。当时规定,史官所藏史书,除秦国史籍外都得烧毁;《诗》、《书》等儒家文献及诸子百家的书,除博士官收藏者外,私人收藏者一律送官府烧掉,只有医药、卜筮和种树等技术性书籍不在禁毁之列。

2.汉代档案数量和中央档案库房(机构)的增加

汉代历时四百余年,封建政治、经济、文化有了长足的发展,档案数量也急剧增加。汉王朝建立了比较完整的档案管理系统。汉历朝皇帝在宫内外设置许多馆阁典藏档案和图书,其中著名的有:石渠阁、兰台、东观、天禄阁、麒麟阁等处。

3.《史记》和《汉书》——档案利用的伟大成果

汉代档案库保藏着丰富的档案文献,为修史著述提供了条件。汉代出现了两部史学巨著《史记》和《汉书》,它们都是档案利用的伟大成果。

《史记》是中国第一部纪传体通史,汉司马迁撰。司马迁字子长,其父司马谈于汉武帝建元、元封年间为太史令,司马迁自幼受家学熏陶,年轻时游访祖国名山大川,广泛收集各种档案史料,后任汉太史令。他利用所职掌的档案及"石室金匮之书",经十余年努力,终于写成了《史记》。该书记事起于传说中的黄帝,讫于汉武帝,历时两千余年。所述史事,详于战国、秦、汉。全书一百三十篇,包括十二本纪、十表、八书、三十世家、七十列传,共五十二万六千五百字。该书取材丰富,对《左传》、《国语》、《世本》、《战国策》、《楚汉春秋》及诸子百家多所采摘,又利用了国家收藏的档案、民间保存的古文书传,并增添了亲身采访和实地调查的材料。

《汉书》是一本纪传体西汉断代史。主要作者班固,其父班彪撰写《后传》六十五篇,作为《史记》续篇。班固曾任兰台令史,负责掌管皇家档案图籍,典校秘书,有条件看到大量的档案文献和图书资料;又加上编写《汉书》有《史记》、《后传》作为主要依据,因此,使《汉书》保存的历史资料比较丰富。全书共一百篇,其中包括纪十二篇、表八篇、志十篇、传七十篇,后人析为一百二十卷。其中,八表和《天文志》未成稿,由班固妹班昭和马续续写完成。

4. 魏晋南北朝档案工作概况

魏晋南北朝是封建割据、列国对峙的动乱时代。这一时期的档案工作有如下特点:

一是谱牒档案(家谱、宗谱档案)的盛行。魏晋实行九品中正制,以出身高低定官品,因此反映世系出身的谱牒档案备受重视,官府和豪门世族之家广为收藏及编修。梁武帝时朝廷设谱局,诏令专人收集纂修,谱牒学应运而生。故有"人尚谱系之学,家藏谱系之书"之说。这是魏晋时期档案工作的特点之一。

二是私家利用档案修史的现象十分普遍。由于社会动荡,政权更迭频繁,原存于官府馆库的档案流散严重,因此,官僚士大夫收集、抄录、保藏档案者颇多,有的世代相继,利用档案史料修史著述。当时私人修史盛行,一种史书往往多家修撰。如修后汉史者9家(一说13家),修晋书者20余家。二十四史中的《后汉书》(范晔撰)、《三国志》(陈寿撰)均为这一时期私家撰修的史书。

四、隋唐两宋的档案工作

隋唐两宋时期,档案工作较之前代有较大发展。

1. 出现了专门的档案机构和专职档案人员

隋唐以前,文书工作和档案工作是难以严格区分的,主管档案的官员同时也兼有其他职责,隋唐时期,出现了专门的档案机构和专职档案人员。

隋代在秘书省下设立了史馆。唐太宗时,将史馆置于宫中并加以扩大,选派名士充任史官管理史馆。史馆的职责是收集、管理历史档案和当朝档案,并利用档案监修国史。史馆是专门的档案机构,其主管史官也不再兼任其他秘书职务,史官和史馆中其他人员都是专职的档案人员。唐代史馆收集了大量前朝和本朝的档案,并根据丰富的史料编修了《晋书》、《梁书》、《陈书》、《北齐书》、《周书》、《隋书》、《南史》、《北史》等正史,还留下大量的唐代历史档案文献。

唐代中央机关还设立了专门的人事档案库——甲库。唐时实行科举取士,参加省试和选试者,其职名、履历、考绩、授官情况,都有详细记载,形成了大批人事档案,当时叫做"官甲"、"甲历"或"甲敕",甲库就是专门保管它们的档案库。这些甲历要复制多份,分别存放于尚书省的吏部和中书省、门下省,因此三省都有甲库。甲库令史是专职的档案管理员。

2. 对起居注和时政记十分重视

起居注是记载皇帝言行的档案册籍,自古就有"左史记行,右史记言"的规例,但后来有的帝王如秦始皇不满于史官"君举必书",不允许有损皇帝形象的记载保留,因此没有坚持。唐代虽然也有此种现象,但多数帝王非常重视起居注的修撰。唐代门下省的起居郎主要负责记行、中书省的起居舍人主要负责记言,"天子御正殿,则郎居左,舍人居右",所记"季终以授国史",即按季度送史馆作为修撰国史的档案材料。唐代起居注的档案材料丰富而详尽,远远超过前代。

时政记是唐朝才出现的皇帝重要政务活动的记录,是起居注的补充材料,主要记录起居郎和起居舍人不在场的议事活动,由宰相一人撰录,每月封送史馆。时政记在唐代只在短期内实行过,但在宋代被沿用,也留下了大量朝廷活动的原始记录。

3. 各级档案库房的普遍建立

宋朝廷于宫中设立了大型皇家档案库——金耀门文书库。

与此同时，还在中央各官署以及地方各州县，普遍建立了档案库——架阁库。

架阁是一种专门存放案卷的分层分格的木架，架阁库也就是档案库。架阁库是地方官府首先建立的。北宋仁宗时(1023～1063)，江南西路转运使周湛，采用"千丈架阁"法收贮州县簿籍档案，朝廷发文各地予以推广，于是各地方官府开始普遍设置存放文书档案的架阁库。架阁库由地方长官直接负责，库内设管勾、守当等专门的档案工作人员。

徽宗崇宁年间(1102～1106)，从尚书省开始，三省、三司、枢密院等中央官署中也设置了架阁库，并由制敕库房等部门管理。

4. 档案管理程序的制度化

唐代进一步完善了文书定期归档制度和副本存档制度，并且在档案的查阅、档案的鉴定等具体管理程序上形成了一些制度，这些制度在宋代得到进一步完善。据《庆元条法事类》等史籍记载，宋代档案管理工作的各个程序都已经形成了制度。

关于档案的收集——地方的户口税收等册籍档案、司法档案，每年要按期逐级上报(限二月十五日前到州，三月底到路，六月底到尚书省户部或刑部)；尚书省各部形成的档案，在本部保存二年后，送尚书省架阁库统一保管，八年后，再移送金耀门文书库收存。这种档案逐级向上移交集中的制度，显然有利于中央对地方政府的权力控制，在客观上使档案得到妥善的保存。

关于档案的整理——重要的档案要分门别类编录成册，按照年月日顺序粘连，并在粘连处加盖骑缝印。每册封皮上要写明年月、张数、"封题"和"事目"，并按时间先后，以"千字文"为序登录编排。

关于档案的保管——架阁库的档案要定期曝晒，以防霉变。发现档案内容有遗漏，要及时从他本上抄录补齐。如遇水浸火焚等灾害性损坏，要及时雇人从他本誊写复制。对重要的档案要专门存放。档案管理人员在替任时,离任者要列出案目,办理移交手续。

关于档案的鉴定和销毁——凡制敕、祥瑞、狱案等重要档案要"长留",其余非长留者,架阁库保管十年,每三年进行一次鉴定,不需存留者要申报上级批准后才能销毁。须长留的档案在本署架阁库保管一定年限后,要移送专门的库房(金耀门文书库)保存,移出的档案要在原登记簿上用红笔注销,写明转移年月。

关于档案的查阅——按规定,凡查阅档案,要"委官一人,监视出入(借出和归还)",并由监官限定归还日期,办理严格的登记手续。归还档案时要认真检查清点,在登记簿上写明归还日期。机密档案一般官员不得借用。

对藏匿、弃毁、盗窃档案以及不按规定管理档案的失职者,宋代的法律规定要给予严厉处罚,例如对应该"长留"的档案不按规定"别库架阁"者,要"杖一百"。这说明宋代对档案管理的要求确实很严。

从以上记载看,早在一千年前的宋代,有些档案管理制度和管理方法已经与近、现代档案管理的要求很接近,说明我国的档案工作在宋代已经相当成熟。

五、辽、金、元的档案工作

1. 辽、金档案工作简介

与两宋政权对峙的辽、金政权的档案工作是在当时中原文化的影响下建立和发展起来的。辽在建国之初,仍然处于奴隶制社会,辽太祖利用在战争中俘虏的汉族知识分子,制订了许多封建的典章制度,从而完成了向封建制的转化。辽代二百多年中对本朝国史档案的建立不甚重视,以至后人"语辽事,至不知起灭凡几主"(元好问语,参见《元文类》),却用各种方法搜求宋王朝的图籍档案,苏辙奉命使辽归来后,向朝廷汇报说:宋朝各种典章案牍,"北界无所不有"(《论北边事札子》)。

与南宋并存的金王朝,较多地采用了宋朝发达的档案管理制度,在各官署普遍设立架阁库,设专人保管档案。因为金王朝官府的架阁库中收贮有女真文、契丹文和汉文三种文字的档案,金王朝要求管理人员必须通晓两种以上文字,以便及时地为统治者提供档案的利用。

2.元代档案工作概况

元朝是蒙古人建立起来的一个军事强国,公元13世纪后半叶,元王朝在统一全中国的过程中,逐步完成了向封建制的过渡。元朝统治者在攻灭金朝和南宋时非常重视对档案典籍的收藏。元将张柔攻陷金汴京后,"于金帛一无所取,独入史馆取金实录和秘府图书"(《元史·张柔传》)。至元十三年(公元1276年),元军攻陷临安,对宋王朝的各种档案图书、户口版籍文簿等"尽仰收拾"。元世祖时各项典章制度的建立,大都借助于金和宋遗留下来的这些档案文献。

在档案文件的保管方面,元王朝也延用了宋代的架阁库制度。元世祖时规定,所有"已绝经刷文卷",要每季一择,并分别写明事目、首尾张数,按照年月顺序编次注籍,再经"检勾人员"亲自照过,"别无合行不尽事理",然后,"依例送库立号、封题,如法架阁"(《元史·百官》)。如果日后需要查用时,按照规定检取,用毕即归还勾销。

六、明、清的档案工作

1.明初统治者对档案的重视

明朝统治者早在反元起义时就注意档案管理,朱元璋多次明令部下收集元代档案,奖励携档案降明的元将。另一方面又十分重视自身档案的建设。早在起义过程中,朱元璋在逐步建立起来的政权机构中,就设立了照磨所等文书档案工作机构,汇集、保管起义中形成的各种档案。明王朝建立后,档案工作得到了进一步加强。洪武元年(公元1368年)在宫中特建大本堂以保藏从元代官府收集的档案。以后置天下诸司架阁库、五军都督府照磨所,并增设管理六部档案的照磨与管勾人员。洪武二十四年派监生百余人到各布政使司"考校诸司案牍",加强中央和地方官府档案册籍的管理。

2.明代建立的大型档案库

明代为了保管日益增多的档案,在京城和各级官府建立了档案库,其中中央政府在南京和北京建立的几座档案库规模宏大,建筑技术高超,有的档案库至今保存完好。除上面提到的大本堂外,最著名的还有以下几处:

后湖黄册库,位于南京后湖(今玄武湖)中心小岛上,洪武十四年朱元璋亲自筹划建造,是中国封建社会规模最大的档案库,专藏全国赋役黄册与鱼鳞图册(土地图籍)。后湖黄册库到明末库藏黄册达179万余册。

古今通集库,位于明故宫内,是皇帝的御用档案库。收藏皇帝给功臣、将领、藩王、驸马等的诰封、铁券和官员的诰封底簿等档案,由太监掌管。

皇史宬,位于北京故宫东,是一全用砖石砌成的宫殿式的档案库,嘉靖十三年(公元1534年)建造,专藏皇族的玉牒、历代皇帝的实录和圣训。皇史宬在建筑技术上具有适合保存档案的各种特点,反映了中国古代高超的建筑水平和保护档案技术的丰富知识。

3.清代档案工作的建立和加强

清朝统治者在入关前就开始积累保存档案,存留至今的有满文老档和满文木牌等。入关后建立起全国政权,各项制度进一步完备,中央和地方衙署设有典籍厅、满本房、汉本房、档房等文书档案机构。皇史宬仍被沿用为保存清代实录、圣训和玉牒的皇家御用档案库。

雍正皇帝执政时,曾连下11道圣旨整顿吏治,"尽革时弊",其中规定了一些档案工作制度,如缴回硃笔制度、副本收存制度、修档制度、清档制度,以及档案的整理、移交、清查、保密制度等。

内阁是清代前期朝廷惟一的总秘书机构,内阁储藏档案的地方称为"内阁大库";军机处是清代中期以后皇帝的机要秘书处,处内也设有档案库——方略馆。内阁大库和方略馆内档案库藏十分丰富,清王朝的重要档案大多保存在这两个地方。

4.档案利用的新特点——地方志的普遍撰修

清代对档案利用是多方面的,国家举行"大典"都要查考旧案,日常政务活动中参阅档案更是频繁。

清代初年,利用档案编纂了各种文献汇编,雍正时期的《朱批谕旨》和《八旗通志初集》,就是根据缴回的雍正朱批奏折和清初有关八旗的各种文书档案材料编纂而成的大型公文汇编。乾隆时期,修书编史之风更加盛行,这一时期先后编修了《皇朝文献通考》(300卷)、《续文献通考》(252卷)、《大清会典》(100卷)、《大清会典则例》(180卷)、《皇朝通典》(100卷)、《皇朝通志》(200卷)、《大清一统志》(340卷)等等,其数量之多无法一一详述。

普遍利用档案编修地方志,是清代档案利用的一个新特点。方志的编修在清代进入全盛时期。康熙曾诏令天下郡县修辑志书,雍正七年(公元1729年),又严谕各省限期修志,清代各省的通志即陆续于此时编成。此后,各府、州、县每六十年一修志书成为固定的制度。由于朝廷和各级官吏的重视,形成了举国上下修辑志书的高潮,当时省有《通志》,府有《府志》,直隶州、厅以及县、市、镇也都有志。据《中国地方志联合目录》中对一百八十多个收藏单位的统计,我国保存下来的志书共有八千五百多种,十多万卷,其中百分之八十是清代纂修的。

清代还出现了不少擅长修志的史学家,其中最杰出的代表是章学诚(1738～1801)。章学诚曾任国子监典籍,从27岁起即随其父纂修《天门县志》,在以后的二十多年间,他又先后纂修了《和州志》、《永清县志》、《亳州志》、《常德府志》、《荆州府志》、《湖北通志》等多种志书。章氏还对志书的撰修提出了颇有价值的理论见解,他认为"方志乃一方全史也","志属信史",因而必须严守事实,这就必须依据原始档案。为避免志书之"荒陋无稽",他认为在平时就要注意对案牍材料的收集和积累,因此,地方州县应设立专门的编修方志的机构"志科"。章学诚为此专门写了《州县请立志科议》。

复习思考题

1. 为何说结绳和刻契是文书的前身?
2. 我国最早的公务文书出现于何时?为什么?
3. 从哪些材料可以推断夏代已经有了比较成熟的公务文书?
4. 如何界定"古代公文"?古代公文的"种类"和"名称"含义如何?
5. 我国最早的公文名称是什么?它是什么性质的公文?
6. 古代主要的下行文有哪些?
7. 古代主要的上行文有哪些?
8. 古代主要的平行文和多用文种有哪些?
9. 中国古代在公文制作方面有哪些重要制度?主要内容如何?它们各形成于何时?
10. 中国古代在文书制作方面的主要制度与现代文书工作制度有何联系?
11. 公文签发前的执论制度的主要内容是什么?它在历史上起过何种作用?对今天的文书工作有何借鉴价值?
12. 中国古代在公文办理方面有哪些重要制度?主要内容如何?它们各形成于何时?
13. 中国古代在公文办理方面的主要制度与现代文书工作制度有何联系?
14. 简述古代公文文风的演变概况。
15. 试述隋、唐两代公文文风改革的原因、内容和效果。
16. 明代禁止"繁文"采取了哪些措施?"繁文"屡禁不止的原因是什么?

17. 我国古代对公文写作理论作出较大贡献的代表人物有哪些？他们的主要成就有哪些？

18. 我国古代公文载体主要有哪些？它们各使用于哪些朝代？

19. 我国古代公文主要用什么方法制作？主要制作工具有哪些？

20. 简述古代公文字体的演变情况。

21. 历代主要档案机构、大型档案库和有特色的档案主要有哪些？

22. 文书立卷归档制度和副本制度形成于何时？

23. 春秋末年档案流散的社会意义如何？

24. 孔子对古代档案事业做出了哪些贡献？

25. 春秋战国时期档案利用主要有哪几种情况？

26. 秦王朝对不同档案采取了怎样不同的态度？

27. 唐宋时期档案工作走向成熟有哪些主要标志？

28. 历代利用档案取得了哪些主要成果？

第三章 中国古代其他秘书工作

第一节 中国古代历史上的社会调查

一、古代社会调查概要

调查研究是我国现代秘书部门一项极为重要的工作。秘书部门既要为领导的调查研究提供服务,又要独立承担调查研究任务。在我国古代奴隶制或封建制度下,并没有现代意义的调查研究,但是,古代一些有作为的帝王或政治家,懂得为了巩固政权,就必须了解民情,而了解民情就要进行社会调查。尽管古代没有"社会调查"或"调查研究"的说法,但有些做法则属于典型的社会调查。

史书上关于"帝王"进行社会调查的记载,最早的可以追述到原始社会末期。据《史记·五帝本纪》等记载,尧、舜、禹等都曾深入民间考察民情或自然环境。例如,有一则"华封三祝"的传说,说一天尧到华地,有一个名"封"的管理地方的小官对尧祝贺说:"愿圣人多男儿、多富、多寿。"尧回答说。"不敢,不敢。多男儿就要多替他们操心;多富就要多出许多麻烦事情;多寿会遇到很多不如意的耻辱,还是免了罢。"封又说:"给每个男儿一份工作,有什么操心呢?把财富分掉让大家都富足,有什么麻烦呢?天下安乐就和人民一起安乐,天下不安就努力修德,有什么耻辱呢?"由于尧、舜、禹,经常深入民间虚心听取人民意见,因此深受人民喜爱。

历史上有许多关于帝王到各地巡视的记载。例如秦始皇、武则天、朱元璋、康熙、乾隆等人都进行过这种巡视,有的还进行微服私访。但是真正形成制度的社会调查,应首推西周和汉代的采风制度。

二、西周的社会调查制度——采风观政

早在西周王室立国之初,就形成了一整套较为严密的社会调查制度——"采风制度"。

1. 采风的目的

所谓"采风",也就是周王朝派专人负责采集四方风俗善恶,代语歌谣。这项工作今日看来似乎是小事,但在当时政治生活中所起的作用,却是不容忽视的。

采风的目的主要有两个:

其一是为了观俗。周王朝实行的是"尊礼尚施"的宗法礼制;所谓"礼",说到底也就是维系宗法贵族之间、贵族与平民之间、华夏族与少数民族之间的道德法律的准绳,是调节阶级、民族关系,平衡政治势力的手段。《周礼》上说的治国"八则"之一就是"礼俗以驭其民"。礼有嘉、凶、吉、宾、军五种(称"五礼"),俗则指各方土地所生之民情风俗,是与礼制不同而不必变革的久行成法。在古人看来,生民的性情习惯、服食好恶等等,皆与自然气候、山川地势密切相关。《礼记·王制》上说:"凡民居材,必因天地寒暖燥湿,广谷大川异制,民生其间者异俗,刚柔轻重迟速异齐,五味异和,器械异制,衣服异宜。"对于这殊方异俗的生民来说,周王朝治理方策是"修其教不易其俗,齐其政不易其宜",亦即用礼制教导人们敬让亲和,根据不同的习俗施行相应的政令,以使生民安居乐业。惟其如此,才能达到"礼俗以驭其民"的目的。也惟其如此,周王朝才需要建立采风制度,借采风来观俗,从而给周王室提供调整"驭民"政策的信息和依据。

其二是为了观政。周初统治者汲取前朝亡国之教训,一再

警惕自己要以殷为鉴。殷人原本"何天之休"、"何天之龙（庞）"《诗·长发》，分明是天之骄子，可是为何上天后来却一改初衷，"改大邦殷之命"《尚书·顾命》，而"兴我小邦周"《尚书·大诰》），由此周人感悟到"天命靡常"——一旦失德，天命即转向他人。那么，如何才能使"靡常"的天命不再转移，让夺来的江山"永支百世"、"于万斯年"呢？其惟一的途径就在于敬德保民、"秉德明恤"（保持美德，了解民间的忧患）。《尚书·大诰》上说："天威不可信，民情则大可见。"天意就在民情中，民心向背可以决定天命之去向，西周统治者由此而确立了轻鬼神、重人治的治国方略。而如此重视人治，当然就需要掌握民情，进行社会调查。采风之制的设立，其目的之一就在于让统治者"不出辖户而知天下"，从中"观风俗，知得失，自考正也"（《汉书·艺文志》）。

2. 采风制度的具体内容

西周时，中央政府设有专门的采诗之官，他们或男或女，"男年六十，女年五十无子者，官衣食之，使之民间采诗"（《春秋公羊传》宣公十五年《解诂》）。可知他们是民间提拔出来专事采风的公职人员，所谓"男年六十"、"女年五十"云云，则表明他们均有比较丰富的社会经验。

当时朝廷中指定的采风官员叫"行人"。所谓"行人"，就是因王室之事巡行天下的使者。由于他们巡行时常因事急行速，必乘輶轩（一种专供传达紧急公务用的传遽轻车），所以称他们的工作是"传遽之事"，又称他们为"輶轩之使"。《周礼·秋官·大行人》载，輶轩使"七岁属象胥，谕言语，协辞命。九岁属瞽史，谕书名，听声音。"象胥就是翻译，瞽是乐师，史是史官。輶轩使来到各诸侯国，召集象胥，教习言语，推广雅言，统一辞令；召集乐师，审听地方音乐、民间歌谣；召集史官是正文字。这其中就包括从象胥、瞽、史那里收集方言俗语、诗歌民谣，以补充或丰富雅言和雅乐。但这还只是采风工作的一种方式，更主要的方式是靠輶轩使者，深入民间，"巡游万国，采览异言，车轨之所交，人迹之所蹈，靡不毕载"（《方言序》），径自从民间获取原始的、鲜活的风俗风情的资料。

采风作为一种制度,周天子也身体力行,他也亲自定期深入民间进行调查,"天子五年一巡守,岁二月东巡守……命太师陈诗以观民俗"(《礼记·王制》)。

此外,古籍中还有"国史采诗"、"天子听政,使公卿至于列士献诗"(《国语·周语》)的说法,可知当时的史官乃至于公卿列士这些职位颇高的官员也须通过各种渠道采集民风俗情,以供"天子听政"之需。

采风在当时是定期的、经常性的,因而也是制度化的。天子的采风每五年进行一次,辀轩使的采风通常是在每年春天或秋天进行。据《汉书·食货志》记载:"孟春二月,群居者将散,行人振木铎循于路以采诗。"这是说孟春二月,农夫即将下地劳动的时候,辀轩使摇着木铎(一种类似铜铃的乐器,铜口、木舌),在道路上巡行,向农人征集民谣。同样的采风有时是在秋后进行的,汉代刘歆在给扬雄的信中就曾记载周代辀轩使"以岁八月巡路,求代语、童谣、歌戏"。

至于采风所得,需要及时上报。具体来说,有这样几种上报方式:

一是逐级上报。那些从民间提拔出来的采风人员,须将采风之所得由"乡移于邑,邑移于国,国以闻于天子"(《春秋公羊传》宣公十五年《解诂》)。

二是献给太师。太师是周王室主管调查工作的,因而辀轩使采风得来的那些民歌俗语,须"献之于太师,比其音律,以闻于天子"(《汉书·食货志》)。

三是面献天子。这是针对职位高的官员来说的,如"公卿至于列士献诗"(《国语·周语》)。

西周时,朝廷还专门设有乐官,常由盲人充任,称为"瞽";这些乐官将采集来的诗配上乐曲,唱给天子听。所谓"瞽献曲"(《国语·周语》)"有瞽有瞽,有周之庭"(《诗·周颂·有瞽》),即指此而言。

采风作为我国古代行政管理工作中的一大创举,还可从采风范围之广和持续时间之长上见出。从前者来说,当时采风的范围几乎遍及周王朝的整个统治区域,以《诗经》中十五"国风"而言,就占有今陕西、山西、山东、河南、河北、湖北等省的全部或一部分,可见采风范围是相当广阔的。由此也可知辂轩使深入民间,"巡游万国"当非虚言。从后者来说,《诗经》中所收之民歌,其年代大致可分为西周前期(武王孝王)、西周后期(夷王至平王东迁)和东周(平王东迁至春秋末期),这说明采风不仅盛行于整个西周时期,同时也为东周所延续。

采风本为观政而设,周天子正是凭借这些民俗的、语言的、文学的资料,来了解各侯国的风俗民情、政治臧否,然后赏功罚罪,安邦理国。仍以诗歌为例,周天子通过观赏各地采集来的诗歌,从内容和情调上便可了解政绩的好坏,正如《诗·关雎》小序上所说:"治世之音安以乐,其政和;乱世之音怨以怒,其政乖;亡国之音哀以思,其民困。"我国最早的诗歌总集《诗经》十五"国风",大多是当时辂轩使采自民间,又经乐师、史官加工润饰而成的,我们从中也的确可以看到周代各地社会生活的真实图景。如《七月》、《伐檀》、《硕鼠》等篇,反映的是劳动人民生计维艰、贵族对他们的剥削压迫和他们的不平心声;《击鼓》、《伯兮》、《东山》等篇,反映的是人民对战争频繁的厌恶和战争造成的妻离子散、田园荒芜的惨景等等。从《诗经》的来源及其主要内容看,《诗经》可以说是一部社会调查材料的汇编。

3. 采风的意义和影响

西周的采风之制,从其规模之大、范围之广、时间之久来看,都可以说是我国古代国家管理的一个创举。采风的主要责任官员"行人"就是古代的调查员,采风所得的材料就是古代的调查材料,从这个意义上说,采风也是我国古代秘书工作中的一个创举。

西周采风制度影响深远,采风之制不仅为东周所继承,也不仅造成了"诵诗三百,弦诗三百,歌诗三百,舞诗三百"(《墨子·

公孟篇》)的盛况,而且对两汉时期也颇有影响,这在史家笔下屡见记载。

三、汉代的采风调查

汉代是我国历史上一个相对稳定而又比较强盛的王朝,这与统治者继承西周的采风制度是有关系的。

汉初,由于内部战乱和边疆战事的影响,经济凋敝,民间贫困。汉武帝为了巩固统治,缓和矛盾,继承西周的采风制度,加强了社会调查,使他对民间疾苦有所了解,从而采取了轻徭薄赋、休养生息的政策。

西汉武帝时,曾"遣谒者巡行天下,存问致赐"(《汉书·武帝纪》)。元狩六年(公元前117年),又"遣博士大等六人分循行天下,存问鳏寡废疾"(《汉书·武帝纪》)。以后元帝、平帝更多次"遣光禄大夫褒等十二人循行天下……因览风俗之化","遣谏大夫博士赏等二十一人循行天下……举茂材特立之士"(《汉书·元帝纪》),"遣太仆王恽等八人置副假节,分行天下,览观风俗"(《汉书·平帝纪》)。

东汉光武帝父子"起于民间",更重各地风俗之览察,不仅"广求民瘼,观纳风谣",甚至"以谣言(即地方歌谣)单辞转易守长"(《后汉书·循吏列传》)。至和帝即位,又"分遣使者,皆微服单行,各至州县,观采风谣"(《后汉书·李□传》)。这种情况一直延续到汉末,也未见废止。

与西周采风的结果留下了一部《诗经》相似,汉代采风的结果是为后人留下了许多"乐府"诗。汉代观听风谣与用人政策相联系,注重歌辞,因此存录民歌谣辞较多。现存的乐府诗歌中著名的有长诗《孔雀东南飞》,反映了民间的一个婚姻悲剧;童谣《举秀才》则讽刺了东汉时期察举制度存在的弊端,其歌云:"举秀才,不知书;举孝廉,父别居。寒素清白浊如泥,高第良将怯如黾。"这是说被推荐的"秀才",却连字都不认识;察举的"孝廉",却是不许父亲在一起居住的不孝之子;自称清白的文官浊如污泥；号称"良将"的武官,却胆怯如蛙。

第二节 中国古代驿传制度和信息传递方法

古代驿传制度,是传递政情信息的重要手段,反映了当时的生产力水平。它的产生、发展和消亡,无不与政权秘书活动紧密相连。因此,驿传制度是古代秘书工作研究的重要课题。

我国古代驿传制度,渊源于军事信息情报需要而逐步产生。它产生于奴隶社会,定制于秦汉,兴盛于唐宋,鼎盛于元明清,消亡于民国初年。

一、先秦公文和信息传递概况

公文是行政管理的重要工具,公文传递实际上是政令和信息的上通下达,因此,历代各王朝对公文的传递都非常重视。早在商周时期,随着王权的强化,文书工作网逐步建立起来,从中央王室到各诸侯国,都设有史官来掌管文书的起草和记录工作,而史官之间保持着经常的联系。当时负责传递公文的叫"行夫"或"僖"。

春秋战国时期,随着水陆交通的发展,公文传递已经达到相当高的水平。当时国与国之间频繁的公文往来,大都是通过驿邮来完成的。孔子说:"德之流行,速于置邮而传命。"(《孟子·公孙丑上》)意思是:如果真想施行德政,就会比通过驿邮传递王命还要快。他之所以用"邮传"作比方来形容速度之快,恰能说明当时邮传已经相当发达。关于当时传递公文的具体情况,由于缺少可靠史料,难考其详。一说当时称徒步传递为"邮",骑马传递曰"驿",未必可信。但当时已经有了"驿站"或"邮亭"一类的机构,又有"驿吏"、"驿卒"一类的专职人员,因此可以说至迟在战国时期,我国已经建立了比较发达的公文传递网。

除了通过公文发布军事政务信息外,古代还采用鸣锣、击鼓、撞钟、吹号、烽火台(又称"烽堠")等方式传递信息。这些虽土但是相当有效的方法，不但为上古社会采用，而且在漫长的封建社会里一直沿用。《后汉书·光武帝纪》曰："大将军杜茂屯北边，筑亭候，修火燧。""边方告警，作高土台，台上作桔皋，桔皋头上有笼，中置薪草，有寇即举火燃之以相告曰火；又多积薪，寇至即燔之望其烟，曰燧。昼则燔燧，夜乃举烽"。唐代在一些地区，仍以烽堠传递紧急军事情报，大致每三十里设一"烽堠"，各烽堠置帅一人，副帅一人。遇有敌情，以燃一炬、二炬、三炬……表示敌人数额多少。不按规定执行则处之："诸烽侯（堠）不警，令寇贼犯边，及应举烽燧而不举，应放多烽而放少烽者，各徒三年。"(《唐律疏议·卫禁》卷八)

二、秦汉全国邮驿组织的建立

秦始皇统一了中国，建立了封建专制主义的中央集权，为了维护国家统一，发展农业生产，防御匈奴侵扰，秦始皇在统一文字和度量衡的同时，还推广"车同轨"，在全国统一修筑了"驰道"，形成了以京师咸阳为中心，东通东海，南达两广，北至九原，西连西域的交通网。驰道宽五十步，沿途设有邮亭，其职责是传递公文军令。秦王朝十分重视军令传递的速度与质量，从首都咸阳持军令赴各郡的军事通讯人员，沿途所经之处，无论什么原因，都不得阻挡。《秦律》中有对阻拦信使的人加以惩处的明确规定。

除传送军令之外，各地驿站还负责传递、报告当地政治、经济、吏治、教化等方面的公文、奏疏。为了保证传递无误，还制定了相应的法规。如《秦律十八种·行书律》中有规定："行命书及书署急者，辄行之；不急者，日毕，勿敢留。留者，以律论之。"可见当时已经将公文分为"急"与"不急"两类，凡皇上颁发的诏书、制书和标明"急"字的文书，须立即传送；不急的，当日送完，不准搁压。

汉代的邮传事业进一步发展，规定五里设邮，十里设亭，三十里设驿。邮驿行政事务，中央由太尉府法曹驿官掌领，地方军政部门设驿丞管理。

邮驿组织,对秦汉政权的政令迅速通行全国付诸实施,起到了重要作用。

三、唐代驿传事业的发展

驿传组织经过魏晋南北朝和隋代的发展,到了唐代已有相当的规模。唐代经济繁荣,内外往来增加,驿传事业也十分发达。当时的驿站分陆驿、水驿、水陆兼驿三种,"三十里置一驿,其非通途大路则曰馆"(《通典》卷三三)。据《唐书·百官志》卷四三统计,当时全国共有驿(馆)1643处、17476人。其中陆驿1297处、14267人,水驿260处、2349人,水陆相兼驿86处、860人。陆驿分6等,配不同数额马匹;一等驿配马60~75匹,六等驿配马8匹。水驿每驿配船2~4只不等。

唐代对公文传递速度也有明文规定:陆驿一般公文日行300里,军务急件和皇帝敕书日行500里。这种速度在当时是十分惊人的。唐代著名边塞诗人岑参有《初过陇山途中呈宇文判官》诗形容当时驿传事务之忙和速度之快:"一驿过一驿,驿骑如星流,平日发咸阳,暮及陇山头。"

唐代对驿传工作实行考绩制度。工满一年,成绩显著而无差错者为"上考";成绩一般且有差错者为"下考"。另外还实行监察制度,"以监察第二御史主邮驿"(《唐会要》卷三一)。大历十四年(公元779年)九月,门下省上奏曰:"两京请委御史台,各定知驿史一人,往来勾当。"

驿传任务,原先一是负责传递公文、信件,二是负责护送过路官员(包括食宿)。后来,又负责传送政府重要物品,可是最后发展到官署杂品,甚至连鲜货果品也要交其传递。杨贵妃最爱吃鲜荔枝,唐玄宗为了博得贵妃一笑,便下令兵部让驿骑传递,荔枝上市时节,岁岁日日要保障供给,稍有稽滞,驿骑将受律令处之。这位贵妃只知日日品鲜,却不知路途之遥远、驿骑之艰苦。诗人杜牧为此写诗:"长安回望绣成堆,山顶千门次第

开。一骑红尘妃子笑,无人知是荔枝来。"(《全唐诗》卷五二一)

一些诗人鉴于驿者事业艰辛和生活艰苦而写诗,这里仅抄录两首。一首是歌颂陆驿骑者,一首是歌颂水驿船夫。"绛台驿吏老风尘,耽酒成仙几十春,过客无劳询甲子,惟书亥绛与时人。"(李商隐:《戏题赠稷山驿吏王全》)。"苦哉生长水驿边,官家使我牵驿船。辛苦日多乐时少,水宿沙行如海鸟。逆风上水万斛重,前驿迢迢后森森。半夜缘堤雪和雨,受他驱遣还复去。夜寒衣湿披短蓑,臆穿足裂忍痛何!到明辛苦无处说,齐声腾踏牵船歌。一间茅屋何所值,父母之乡去不得。我愿此水作平田,长使水夫不怨天》"(《水夫谣》)(本节部分内容选自潘林杉《中国古代秘书通论》)。

四、宋、金的军邮制度和"急递铺"制度

宋代邮驿的规模不如唐代,但有新的改革,即将驿站改为军事性质的组织,由枢密院下设军邮局统管,各驿站的传递人员由民伕改为兵卒担任,称为"递卒";另在驿站以外设"急递铺",专门传送军务文书。沈括《梦溪笔谈》说:"驿传旧有步、马、急递三等,急递最遽,日行四百里,惟军兴用之。熙宁中又有金字牌急脚递,如古羽檄也,以朱漆木牌金字,日行五百里。"岳飞被秦桧陷害,召回南宋京都临安,一日之内在前线接到十二道金牌,催他班师放弃抗金战争,就是由急递铺传送的朱漆金字牌。

急递铺将公文划分为"最速"、"次速"、"平常"三个等级。最速公文日行450～500里,次速公文日行350～400里,平常公文日行300里。其日行速度所以如此之快,是以轻骑采用"接力赛"昼夜不停的办法。当时铺兵穿着特定防雨衣,头插羽毛,身佩弓刀,腰间系铃,夜间举火炬,所骑之马颈脖上还佩铃铛。英姿威武,飞马疾驰。路上车马、行人听到铃声,皆须让道。下站听到铃声,立即备马待发。所递公文,均要装袋封记,挂不同颜色木牌,作缓急标记。有黄漆青字牌、黑漆白字牌、黑漆赤字

牌……之分。紧急公文,内用布包裹,再用油绢卷缚,外用夹板束系。如边关紧急公文,则用"匣子"封锁,挂黑漆赤字牌。凡传递公文的牌与匣,均须编号、登记,注明发收官署、时间等项。收到公文包件的铺,由铺司检查验收,办理登记、交待手续。急递铺所在地方监察官署,要定期派员对所传递公文有无延缓、拆封、短少、损失等情况进行检查,如发现问题,即由主管官署和御史台给予处罚。

宋代的"急递铺"制度为金、元、明、清各朝沿用。

五、元、明、清驿传事业的发展

元朝疆域辽阔,为了有效地保持中央政府和各地的公文往来和联系,统治者吸取了历代的经验,建立起一套严密的公文传递制度。元初就规定由兵部兼管全国公文传递工作,在全国遍设各类驿站。不仅如此,元代还在亚洲西部和东欧等地设了许多驿站。凡当时蒙军控制地区,俱有驿站组织。元代驿站最多时达1万多处,最少时在中国境内的尚有1496处,其规模超过汉唐。据《马可波罗旅行记》记载:"所有通至各省之要道上,每隔25英里或30英里必有一驿。无人居之地,全无道路可通,此类驿站亦必设立……合全国驿站计之,备马有30万匹,专门钦使之用。驿站大房屋有1万余所,皆设备妍丽,其华靡情形,使人难以笔述。"

马可波罗的描述不一定全部准确可靠,但也能说明元代驿传规模之大。

明代"自京师达于四方,设有驿传。在京曰会同馆,在外曰水马驿并递运所,以便公差人员往来,其间有军事重务,必给符验以防诈伪。至于公文递送,又置铺舍,以免稽迟。及应役人等,各有事例"(《大明会典》卷一四五)。明代在北京和南京均设"会同馆",是中央驿站,京外的"水马驿"则是驿传组织的骨干,"铺舍"就是专送紧急公文的"急递铺"。

驿传组织在清代初期和中期仍有发展,清代在全国设有驿站三千余处、共有驿夫三万多人，马三万余匹。鸦片战争后，由于近代邮政的出现和电报的使用，中原地区驿传迅速衰落，但边远地区的公文仍然依靠驿站传递，到民国初年被基本裁撤。

邮驿是古代以传送公文为主要职责的机构。鸦片战争后，西方列强在华开办邮政业务，控制了我国的邮政事业，但此时的邮政已经不以公文传递为主要业务了。

六、古代的政务公报——邸报

"邸"是地方官员在京师住宿之所，如同今地方省市区驻京办事处。唐代的藩镇都在京城长安设"上都邸务留后使"，他们的职能是：负责上下公文出纳传递；及时收集、选编朝廷诏令和各地章奏文书，搜集朝廷和全国各地信息，并将这些文件和信息汇编成册，通过邮驿传递给各藩镇节度使。这种公文和信息汇编当时称为"邸报"（又称"邸钞"、"阁钞"、"朝报"、"京报"）。邸报为以后历代地方官员了解朝廷政务和京师信息的重要方式，从秘书工作发展史的角度看，邸报具有政务公报的性质，是传递非保密性质公文的一种有效方式，至今仍在应用；从新闻学的角度看，它又具有报纸的性质，是我国古代最早的报纸。宋代开始有人传抄邸报出卖，偶尔还以雕版印刷出卖，牟取暴利。明清邸报有了发展，增加了新闻内容，崇祯年间，又以活字版印刷发行。清代新闻信息大增，改邸报为"京报"，由商人报房编辑，公开经营发行，刊载公文相应减少，邸报遂完成了它作为古代公文传递工具的历史使命。

第三节 中国古代秘书参谋言谏职能考辨

一、夏、商、西周时期的史官言谏职能

我国文臣言谏制度最早可以追述到原始部落联盟后期的民主管理制。

在传说中的尧、舜、禹时期,"帝王"(实为部落联盟首领)即位皆由"四岳"推举,"四岳"就是协助天子管理部落事务的谋臣,在领导集团内起着重要参谋作用。尧舜为防止政令失误,曾相继设置了"进善之旌"、"敢谏之鼓"、"诽谤之木",广泛听取臣民对政务的建议、批评,这既是古代信访制度的萌芽,也可以说是纳谏制度的萌芽。

夏、商、西周三代,出现了不少著名的谏臣。夏桀之时,太史终古多次进言,请求夏桀关心老百姓的疾苦,不要贪图享乐,施行暴政。夏桀不听谏言,终古最后拿出他保管的记录前代帝王的档案,"哭谏"夏桀,但夏桀始终拒听逆耳忠言,迫使太史携带档案(图法)投奔了商汤。

这样的故事在古代一再重演。商纣王之时,微子和箕子也数次进谏,均遭拒绝。纣王叔父比干叹道:"主过不谏,非忠也;畏死不言,非勇也。主过不谏,不用则死,忠之至也。"他冒死进谏纣王,劝其修善行仁,结果被剖心而死。周厉王也是一个暴君,不听谏官劝告,拒谏饰非,残害忠良;派特务监视人民,谁反对他就杀谁,结果激起民愤而被打倒。而商汤、文武等贤君,则都乐于听取臣下意见。

西周末年周王室太史史伯是我国历史上第一个以出谋献策而闻名于世的参谋秘书。他学识渊博,见闻广异,足智多谋,并富于预见性。一次,他在与人讨论西周政局时,曾指出:

和实生物,同则不继,以他平他谓之和,故能丰长而物归(或作"生")之;若以同裨同,尽乃弃矣。故先王以土与金、木、水、火杂,以成百物。是以和五味以调口,刚四肢以卫体,和六律以聪耳,正七体以役心,平八索以成人,建九纪以立纯德,合十数以训百体,出千品,具万方,计亿事,材兆物,收经(十兆)入,行姟(十经)极。故王者居九畡之田,收经入以食兆民,周训而能用之,和乐如一。夫如是,和之至也。于是乎先王聘后于异姓,求财于有方,择臣取谏工,而讲以多

物,务和同也。声一无听,物一无文,味一无果,物一不讲。王将弃是类也,而与副同,天夺之明,欲无弊,得乎?《国语·郑语》

这就是我国历史上有名的"和同论",其中包含着许多有价值的思想,如"先王聘后于异姓"的优生学观念,"择臣取谏工"的开明政治主张,以及"以他平他"(即从对立中求统一)的哲学见解等等。史伯的这通见解本是为讨论政局而发的,在他看来,周王室的衰落是必然的、无可挽回的("欲无弊,得乎?")。其主要原因是当政者"去和而取同",亦即摈弃多样化的有机统一("和"),而实行简单化的绝对同一("同");这显然违背了万事万物的本性。史伯的预见是否正确呢? 我们可由另一段史实作为佐证:周宣王二十二年(公元前806年),曾封其弟姬友于郑(今陕西省华县),是为郑桓公,26年后周幽王继位,用郑桓公为周司徒。他眼见幽王昏庸侈糜,社稷不保,恐遭杀身之祸,就去向史伯请教。史伯建议说,济水、洛水、黄河、颍水之间(今河南东部一带)地理位置优越,物产丰富,现在只有东虢、郐两个小国,如果你将部族、财产迁徙到那里,以那儿作为基地,就能站稳脚跟。郑桓公采纳了他的建议,后来桓公之子郑武公攻灭了郐和东虢,建立起郑国,成为春秋初年最强盛的诸侯国。

二、春秋战国时期"士"的参谋才能

春秋战国时期,诸侯争霸,学说思想处于百家争鸣的局面。这时崛起的新的秘书群体——士,多以善为主人出谋献策而闻名。他们可以说是专职的参谋人员。

春秋时,齐国大夫鲍叔牙,以识别人才著称。齐桓公任他为宰,他却辞谢,保举管仲,被桓公采纳,任仲为卿,尊为"仲父"。管仲主张改革,以"尊王攘夷"相号召等,被齐王采纳,使齐国日渐富强,成为春秋第一个霸主。越国谋臣文种,在越国被吴国击破固守于会稽之时,进言越王说:应贿赂吴国太宰嚭,从中求和,免遭亡国。当勾践从吴回国以后,文种和政治家范蠡共同献计于勾践,应整顿国政,君臣刻苦图强,十年生聚,十年教训,均被越王采纳。战国之时,秦国商鞅主张改革变法,被秦孝公采纳,通过两次变法(孝公六年和十二年间),奠定了秦国富强之基础。张仪辅佐秦惠文王,游说各国服从秦国,瓦解齐楚联盟,夺取了汉中之地。苏秦游说于魏、韩、赵、楚、燕、齐等国之间,得到多数国君信任,并给予"合纵长"称号,佩六国相印。赵平原君的门客毛遂,以自荐著称,当赵国都城被秦军围困而十分危急时,平原君赴楚求援,毛遂自荐其才同往,平原君同楚王谈判,讲不到问题的关键,毛遂即直陈要害,说服了楚王同意赵楚合纵,最后击败了秦军。

以上是先秦时期"士"在各地向诸侯言谏的若干事例,类似的情况在古代典籍中比比皆是。

三、秦汉时期秘书参谋言谏制度的形成

秦和西汉先后设置了许多参谋顾问人员,如给事中、光禄大夫、谏议大夫、博士等,还有国家编制以外金马门的"待诏"。这些人员可以出入禁中,侍从皇帝左右,出谋献计,备顾问咨询,规劝进谏,协助决策,近于今之西方政府智囊人员。史称这些人为"谏官"、"言官"或"谋士"。

参谋顾问人员能否大胆进谏,行使权力,完全取决于君主之明暗。开明君主能使参谋人员畅所欲言,直言相告,有谏多纳;而昏庸君主,则厌恶忠贤谏臣,排除谏诤,甚而予以迫害残杀,对投其所好之佞臣,却倍加宠信,委以重用,致使政治黑暗,国家衰败。

秦、汉两代是我国古代言官制度正式确立时期。秦始皇立国后承袭前代言谏做法,从组织上建立一种参谋言谏制度。他首创监察、言谏体制为:设御史纠弹百官违败而肃纲纪;置言官谏正君主(或政府)而防专断。前者为纠违败于已成之后,后者为正法令于未布之前。这一制度,实际上是封建国家政治体制之一,其中"置言官谏正君主",虽对独裁者秦始皇来说是句空话,仅属摆设,但对巩固封建社会秩序却具有重要意义。

汉代充任言官职务者,多为一时名儒和皇家贵戚。他们可以向皇帝直言规谏或婉言讽谏。史学家韦彪曾说:"谏议之职,应用公直之士,通才謇正有补益于时者……"故"公直"、"通才"成为后来封建社会对参谋顾问人员的德才要求。两汉的谏官给统治者提出了许多很好的建议,对汉王室的稳定起到了重要作用。

四、魏晋南北朝时期言谏职官制度的发展

三国、两晋、南北朝是言谏职官制度的发展时期。三国之蜀,曾以费诗、杜微、周群、尹默等人任谏议大夫,并以庞统、诸葛亮、法正为军师或谋士,他们皆为刘备奠定蜀天下立下汗马功劳。曹魏除置太中大夫、中散大夫、谏议大夫、散骑侍郎、散骑常侍(魏文帝时,将散骑与中常侍二官合一)外,还设给事中、给事黄门侍郎,共掌"规谏不典事"、"平尚书奏事"。荀攸、荀彧、郭嘉为魏初重要谋士,曹操对他们十分宠信。

晋代言谏人员,设有给事中、给事黄门侍郎、散骑常侍、散骑侍郎。据史料记载,晋代给事中已有一定品位,并为常员,这是言谏制度的一大进步。南北朝谏官的品秩和职掌,较前代进一步明确,给事中是最主要的谏官,其职掌是"讽议左右,从容献纳,兼以出纳王命"。

五、隋唐时期参谋言谏制度的昌盛和发达

隋唐是参谋言谏制度发达昌盛的时期。以前历代言官分属若干机构管辖,隋初则归门下省。其长官为纳言,统管散骑常侍、通直散骑常侍、谏议大夫、给事中等言官,门下省成为统辖谏言之机关。其职掌是为皇帝出主意、陪从朝直、省读奏案。隋代后期由于炀帝专断,生性不喜谏官,故一度废除谏官制度。

唐时重谏官轻御史。谏议大夫、给事中同称"侍臣",分属门下、中书两省管辖。其时门下省设给事中4人,位次谏议大夫,既管政令封驳(封还诏书之不行,驳正诏书之所失)涂归,又管监察、信访、人事、驳正刑狱,审铨官资、纠理冤滞。唐代给事中职宽权重,超过前代谏职。

唐朝廷还设左右散骑常侍各2人,左右谏议大夫各4人,左右补阙、拾遗各6人。左者属门下省,右则归中书省。大事廷议,小事上封事。谏诤是言官天职,他们对皇帝命令、中书门下草诏,以至一切军国要略措施得失,都可谏议。伟大诗人白居易就曾担任过左拾遗,后升任补阙。他介绍拾遗职责时说:"左右拾遗,掌供奉讽诤,凡发令举事,有不便于时,不合于道者,小则上封,大则廷诤。""朝廷得失无不察,天下利病无不言,此国朝置拾遗之本意也"。白居易在任拾遗、补阙时,尽职力谏,有一次直言指责唐宪宗过错,宪宗便恼羞成怒地说:"白居易小子,是朕拔擢致名位,而无礼于朕,朕实难奈。"(均见《旧唐书·白居易传》)

唐时言路大开,出现许多直言谏官。最著称者有魏徵、王珪、诸遂良等人,他们皆直谏不讳,提出自己的主张,成为最高统治者的得力助手。如魏徵任唐太宗谏议大夫时,前后陈谏200余事,规劝李世民以"隋亡为鉴";认为"君若舟,民似水","水能载舟,亦能复舟";"兼听则明,偏信则暗";"思安居危,戒奢以俭";"任贤受谏"(参见《贞观政要》)。这些谏言,全被太宗采纳。唐初出现"贞观之治"的繁荣昌盛局面,与进谏、纳谏有很大关系。魏徵不愧为一代名贤。

六、两宋辽金参谋言谏制度的衰退

北宋给事中至神宗元丰始定为执事官,而有专任,隶属门下省。不久,给事中又升为门下后省长官。宋廷另置左右散骑常侍、左右谏议大夫、左右司谏、左右正言等谏官("司谏"、"正言"即唐之"补阙"、"拾遗"),左属门下省,右归中书省,号曰"两省官",掌谏议之职。宋时言谏之制表面上有所发展,而实际上言官实权大为削弱,主要职责以分治六房和五案,而不是谏正君主和封驳诏书。朝廷对于谏官和忠贤良将抗金反元的许多谏言,不予采纳,反而使其蒙遭贬官、下狱以至诛灭。不少贤臣因上书反对主和投降政策,而遭打击迫害。

辽、金亦设言谏之官,但基本上是名存实亡。如金之给事中划归宣徽院,掌朝会宴享之事务,不主言谏之任。辽金也设有谏院,置左右谏议大夫、左右补阙、左右拾遗,他们对皇帝仅伴食进退,不能履行言谏之职。

七、封建社会后期参谋言谏制度名存实亡

元、明、清三代是封建社会后期,君主专制愈加严重。言谏之职,性质更为大变。三代共同特点:名义上设有谏官机构、人员,然而不以谏诤为根本之任,而以言官充任记录、传达朝奏、稽考、注销、修注等事,致使谏官变为"监官"和事务官。其官名虽未改,但面貌已非。

蒙元以武力霸天下,皇权高度集中、专横,自然不让言官谏诤。它所设置给事中、左右朴阙,全令其充任记录、修注等事务,实属张冠李戴。其言谏封驳之责,无人主掌。

明代初期办置谏院,配左右司谏各1人、左右正言各2人,还有谏议大夫1人。不久,均被裁废。所置给事中职掌是封驳下级来文章奏等事务,而不是封驳皇旨。明代还有不少参谋幕僚,对皇帝和朝廷直陈己见,提出批评、建议,他们虽都是以敢言著称,但除明初李善长、朱昇等建言被采纳外,多数未被采纳,反遭迫害。

清代较元明更进一步削弱了参谋言谏制度。所设给事中,隶属都察院,听都御史考核,则失去驳正诏书、备顾问参谋之职。朝廷的重大决策及谕旨诏令,悉由皇帝一人专断独裁。自秦以来,言官与御史分署管辖,前者以正天子、朝廷为任,后者以纠百官为职,职责不同,系统分明。明之给事中不能封驳诏书,而仍成独立体系,体制尚未咸失。清代六科给事中则并入都察院,其职权仅限于稽考和注销,完全失去了谏正君主、朝廷

之职,只不过充当独裁皇帝监察百官的耳目而已。由于清代言官制度彻底裁废,致使君主及其朝廷无度奢侈,政治更加黑暗,政府极端腐败,从而加速了封建社会制度的最后灭亡。

我国古代参谋言谏制度对维护统治,巩固政权,在历史上起过积极作用。凡是言谏制度比较健全的王朝,政治都较为安定巩固,国势也就繁荣强盛;反之,君主乾纲独揽,大耍淫威,排除辅佐,堵塞言路,则政治黑暗,国家衰退,以至亡国。

在最高统治者身边设专门驳正违失的谏官,这种制度对于防止最高领导人决策失误,也有一定的借鉴价值。

(本节内容是在潘林杉《中国古代秘书通论》第二章第五节的基础上增删而成的。)

第四节　中国古代的信访工作

一、中国古代信访工作的起源

中国古代最早的信访工作,可以追溯到原始社会末期的尧舜时代。

《史记·文帝本纪》上说:"古之治天下,朝有进善之旌、诽谤之木。"这里所说的"古之治天下",指的就是尧舜治理天下的时代。

所谓"进善之旌",乃是尧在位的时候在朝廷前设置的一面旗帜,它的作用就是让老百姓站在这面旗帜下向他直接指陈对政事的意见、建议和批评,只要是站在这面旗帜下说的话,不管内容对错,也不管语言是否尖锐,一律不追究责任。据《大戴礼记·保傅》、《后汉书·杨震传》等典籍记载,尧的这一措施乃是广开言路的一大妙招,旗杆一竖,前来提意见和建议的人很多。当时,尧正派鲧去治理泛滥成灾的洪水,但他用筑坝造堤的方法治水,九年不见成效,大水冲毁了堤坝,水灾反而更严重了,老百姓意见很大,于是尧听从人民意见,命舜巡行天下,考察民情。舜虽然不辞劳苦,四处巡视,仍担心自己见闻有限,办事有遗漏,出差错,便在自己的门前设了"诽谤之木"(简称"谤木"。"谤"与"诽谤"指一般的议论、指摘过失或提出意见,不含贬斥色彩。由于此木为舜所立,舜又名重华,所以又称"华表")和"敢谏之鼓"。所谓"诽谤之木",就是在门前立了一根木柱,无论谁发现了舜的过失,都可以在木柱前,大胆地指出来,由安排在木柱前的书记员记录下来,转告给舜。所谓"敢谏之鼓",就是在门前放上一面大鼓,无论是哪个人想举荐贤良之士,进献治国之策,只要击几下大鼓,舜就接见他们,听取意见。通过这种办法,舜得知颛顼帝的八个子孙、帝喾的八个子孙,世代贤德,为百姓办了不少好事,舜便委以重任。舜又得知帝鸿氏的后代浑沌行凶作恶,包庇奸邪;少皞氏的后代穷奇不讲忠直信义,散播凶言恶语;缙云氏的后代饕餮唯利是图,贪求财货。舜便将这些凶恶的家族发配到边荒之地。舜还听说在丹水的丹朱鼓动南方的三苗发动叛乱,便亲自率众,前去讨伐。此外,舜见鲧治水多年,毫无成效,就将他免职,发落到了羽山。在这些传说中,"进善之旌"、"诽谤之木"和"敢谏之鼓",都是为了广泛听取臣民的意见、批评和建议,这些做法首开了我国古代信访工作之先河。

二、西周的"路鼓"、"肺石"和专掌信访官员的出现

西周时代,中央政府除定期派员深入民间"采风",了解人民的生活境况和对国家管理的批评、讽谏外,并在夏官、秋官中分设太仆、朝士等官,置鼓备石,掌理上访之事。

《周礼·夏官》记载:"太仆……掌诸侯之复逆……建路鼓于大寝之门外,而掌其政,待以达穷者与遽令。闻鼓声,则速逆御仆与御庶子。""御仆掌群吏之逆,及庶民之复……以序守路鼓"。这里所说的"逆"和"复",就是群臣的建言和老百姓的批评。在内朝门外设置路鼓,并派专人看守接待,听取他们对政事的意见和申冤,由御仆将他们的意见报告太仆,太仆再报告

天子和六卿。路鼓乃"敢谏之鼓"的沿用。

西周初年,周公又下令在外朝门置"肺石",让京畿内外之老幼穷苦百姓申冤。《周礼·秋官·朝士》:"朝士掌建邦外朝之法……左嘉石,平罢(疲)民焉,右肺石,达穷民焉。"此石之所以叫肺石,乃因其色赤如肺形而得名。"以肺石达穷民,凡远近茕独老幼之欲有复于上,而其长弗达者,立于肺石三日,士听其辞,以告于上而罪其长"(《周礼·秋官·大司寇》)。原来,西周上诉须事先交纳"保证金",贫苦百姓往往无力交付这笔"保证金"。周公这一命令的意思就是说,不管远近,凡孤独无援、无力交纳诉讼"保证金"的老少百姓,如上诉后地方官为此而扣压冤情不上报,百姓可以来此站在肺石上三日,表示自己有冤屈要申诉。这时,管理肺石的"士"就得出来接见,倾听百姓的陈诉,并将情况上报六卿或天子,调查核实后予以处理,并要处罚扣压冤情不上报的地方官。

三、我国最早的专门信访机构——匦使院

唐代是我国古代信访制度最兴盛的朝代。唐初仿周制,在朝廷前备置"肺石"、"登闻鼓",臣民可以通过叩石击鼓鸣冤上访。

公元684年,武则天称帝,改国号为周。为巩固皇位,打击政敌,在中书省设立了一个特殊的机构——匦使院,其主管官员称"知匦使"。匦是一种铜铸的大匣子,置于宫门外,其形如小舍,相当于一只巨大的信箱,四面均开有可进不可出的投书口。东面名为"延恩",专供怀才抱器,希于闻达者投书;南面名为"招谏",专供愿匡正政治过失,有益于理政者投书;西面名为"申冤",专供含冤负屈,无辜受刑者投书;北面名为"通元",专供作赋颂扬朝政者投书。有匦始有院,匦使院就是专门管理大匦的机构,它是一个名副其实的信访机构。

武则天还专门下了一道诏令,鼓励各地官民人等进京投书告密,并规定凡欲进京投书者,沿途由州县官府供给驿马和食

宿，并严令各地官府不得询问告密者的投书内容。告密有功者可获奖励，内容不实者不追究责任。

在朝廷鼓励下，四方来京投书告密者不计其数，匦使院收到的投书堆积如山。武则天除专门任用大批官员去审理这些信件外，她自己还亲自召见投书告密者。

由于设置匦使院的主要目的是鼓励告密以网罗罪名打击政敌，特别是规定告密不实者不予追究，加上那些审理告密信的官员多为酷吏，所以造成了许多冤假错案。

尽管如此，匦使院的设立毕竟从形式上开辟了一条最高统治者了解下情的渠道，它是我国最早的中央政权的信访机构，在秘书工作历史上具有重要意义。

武则天以后，唐历朝沿其制。匦使院主官名称略有变更：玄宗改知匦使为"献纳使"；肃宗复称"知匦使"；德宗除仍以谏议大夫为知匦使外，并增理匦使，以御史中丞充其任。

四、宋代的中央信访机构——鼓院和检院

宋代中央分设两个不同层次的独立信访机构——鼓院和检院。

鼓院是初级的信访部门，宋初叫做"鼓司"，后改称"登闻鼓院"。仿照唐代的匦使院，在院门前放置大匦，供投书用。凡有关朝政得失、陈功求赏、申冤理屈的上书，以及不属于官府正常上行文书和无法呈送皇帝的文书，均可投入匦内，如无人受理，则可击鼓。

检院原称"匦院"，为高一级的信访部门。检院门前也置有匦。凡吏民人等投书鼓院未被受理，或感到处理不公，可再向检院投书。检院有处理投书的规章制度：凡紧急投书当天就要呈送皇帝，一般上书每五天呈送一次。

北宋时皇帝对两院比较重视，他们为了通过两院直接了解民情，往往选派比较可靠的官员来主管两院事务。由于设立了两级信访部门，上书者就多了一次投书的机会，不至于上书被

一个部门扣压。这无疑是信访工作的一大进步。

五、明清两代的信访机构

明代和清代中央信访机构有通政使司和登闻鼓院(厅)。洪武三年(公元1370年),朱元璋特设"察言司",职掌为受理吏民申诉,洪武十年该机构改名为"通政使司"。"通政"是政情畅通之义,其职掌范围很宽,既是中央政府的总收文机关,又参与议决大政,是高级参谋班子;同时负责受理四方陈情、建言、申诉冤屈或检举不法行为的上书。

明代后期设登闻鼓院,清代改院为厅,从初期到末期一直未变。

古代历朝的信访工作,通常由行政和监察两个系统负责。一般投书由行政系统受理,有关刑名断狱的信访案件,则由监察系统掌理,这与当代检举揭发性的或申诉冤案的来信来访通常由司法机关和监察部门受理颇为类似。

古代信访制度,对统治阶级了解民情、治理国家、巩固统治,具有重要意义。作为统治阶级喉舌的信访工具,对缓和阶级矛盾和统治阶级内部矛盾,对广开言路、招贤纳谏、处理刑名断狱、纠正臣僚徇私舞弊,皆曾起过积极作用。一些开明君主对吏民上访、上书,非常重视。而不重视臣民信访者,往往是一些昏庸无能之辈或专断暴戾之徒。

到了封建社会晚期,朝廷和各级官府仍设有信访机构,悬鼓于朝堂门前,"击鼓鸣冤"成了告状的代名词。但由于朝廷和官府的腐败,决定了统治者远远脱离民众,他们普设信访机构,只是打着让民上访的旗号,实际上对信访者却处处设置障碍,从各方面加以限制。如清代规定,吏民上访击鼓,"必关军国大务、大贪大恶、奇冤异惨";官民诉讼之事,在地方审理不得解决时,方可上告到朝廷,否则,处以重刑。如《东华录·顺治朝》卷十七曰:"自今以后,凡有奏告之人,在外省应先于各该管司道府州县控诉,若司道州县官不予审理,应于该管总督巡抚巡按内控诉,若总督巡抚巡按不准或审断冤枉,再赴都察院衙门击鼓鸣冤。""越诉得实者免罪,不实乃戍边"。对信访的这种严格限制,无疑取消了臣民上访的权利。

第五节　中国古代的会务工作

　　会议自古以来就是行政管理的一种常用手段。办会历来是秘书工作的一项重要业务。了解古代会务工作的一般情况,对我们理解当代管理活动中的会议的作用,以及如何做好会务工作,有一定的借鉴价值。

　　严格地说,会议是需要商讨议决事项的集会,有别于礼仪性的集会,但无论是正式会议还是一般集会,组织筹备工作都是会务工作。为了行文方便,本节下面对一般集会(如动员大会)和会议不作严格区分,一律统称"会议"。

一、原始社会部落联盟会议和会务工作

　　自从人类脱离动物界,形成了社会组织以后,就必然会有议决事项的会议。从理论上说,会议的历史与人类社会的历史一样长。但在漫长的原始社会早期和中期,会议仅限于规模较小的氏族内部,不需要专门的会务组织工作,因此可以说那是一个只有会议而没有会务工作的时代。

　　原始社会末期,若干氏族组成了胞族,若干胞族组成部落,若干部落组成部落联盟。部落和部落联盟实行原始民主制,重要问题集体议决,于是就产生了频繁的原始会议。

　　原始社会末期的会议大致有以下几种:

　　一是部落联盟首长召开的议事会议,类似于今天的办公会议。如由最高部落联盟组织人员和部落成员分别参加之议事会、民主大会,还有长老会议。据古代传说,黄帝发动对炎帝的战争前,就召开了各部落酋长大会;尧在确定派谁去主管治水时,也召开了部落联盟会议,尽管他本人觉得鲧不可靠,但还是

服从了多数人的意见,决定派鲧去治水;尧去世后,已经掌握实际管理权的舜提议让尧的儿子来继位,但遭到与会人员的反对,大家一致推选舜来领导。

二是战争动员大会。如黄帝在发动对南方蚩尤部落战争前,就召开了一次大会,动员所有参战人员团结一致,勇猛进攻,最后终于战胜了蚩尤;又如《墨子·兼爱》中记载,禹在代替舜指挥伐苗战争前,也举行了战前动员大会,还在会上发表了"伐苗誓辞"。

三是庆祝大会。如黄帝击败蚩尤、炎帝之后,被大家拥戴为"天子"不久,在釜山(今河北省涿鹿县)举行庆祝大会,参加会议的有"万国"之多。

四是礼仪性质的朝见大会。大禹即"天子"位不久,先后在涂山(今安徽省怀远县)和苗山(今浙江省绍兴),举行了各国诸侯(实际为各部落酋长)大会,要求他们服从中央号令,听从指挥。据说这种礼仪性的会议,仪式非常讲究,有仪仗队、乐队、舞队,禹头戴垂珠曳玉冕,身穿日月星辰山龙华虫绸花袍,气派威严,隆重非常。

从传说中的这些原始部落联盟会议看,其规模都已经达到一定程度,且议决的事项也比较重要,这些会议必然有许多会务工作,诸如会议的准备、通知、仪式的确定、指挥等等。这些会务工作,是在会议主持者的领导下由"百揆"、"纳言"之类的秘书官负责实施的。

随着生产力的发展,原始社会末期,还出现了物品交换集会、丰收欢庆会、男女青年求偶盛会,以及带有迷信色彩的祭祖仪式等。

二、历代会议概览

阶级和国家出现以后,作为国家管理重要手段的会议也逐渐增多,处理国家内部事务和国与国之间行政事务的会议相继产生,对会议的组织工作要求越来越高。如春秋战国时期,诸侯列国之间盟约会议,会议的主持人、记录人等,都比较齐备。

由于封建王朝是专制政权,不存在民主议政问题,因此历代会议虽然不少,但大多为礼仪性的会,如天子登基、册封太子、祭祀祖先的仪式等等。在历史上,对国家施政产生重大影响的会议为数不多,其中最为著名的要数西汉中期的"盐铁之议"。

汉昭帝时,中央政府召开了一次由盐铁官营问题所引起的有关国家政策的辩论。汉武帝刘彻在元狩年间起用桑弘羊等人,制定和推行一系列新经济政策,如统一币制,盐铁和酒类官营,实行均输平准、算缗告缗等,这虽然充裕了封建国家的财政,为汉武帝的文治武功奠定了经济基础,但是,广大农民的负担愈来愈沉重。这些客观情况,促使武帝晚年的政策发生重大改变。征和四年(公元前89年)武帝诏令:此后务必禁绝苛暴,不得擅兴赋役,应致力农耕。从而在一定程度上恢复了汉初的"与民休息"政策。

汉武帝在政策上的转变,对于稳定汉王朝的统治是必要的,但统治集团内部意见并不一致。武帝死后,继位的昭帝年幼,大权掌握在霍光手里。为了保证"与民休息"政策的实行,昭帝始元六年(公元前81年)二月下诏命丞相田千秋、御史大夫桑弘羊召集郡国所举贤良文学60多人在长安开会,询问民间疾苦。贤良文学与桑弘羊意见不一,他们就汉王朝的内外政策进行了几十天的辩论。西汉桓宽编撰的《盐铁论》详细记载了盐铁之议的情况,这本书可以说是中国古代一部比较完整的会议纪要和会议文件汇编。

这次具有确定治国方策性质的会议,反映了统治阶级内部对当时经济和政治形势的不同认识,以及由此而提出的不同的治国政策。经过这次辩论,"与民休息"的政策进一步得到肯定,对昭帝、宣帝时期社会经济的恢复和发展产生了积极的影响。

古代类似盐铁之争这样的会议究属少数,大多是一些例行会议,历代会议之频繁、会务工作之繁琐,均大同小异。下面引录《中国古代秘书通论》一书中对清代会议概况的介绍,以了解封建社会会务工作的大致情况。

三、清代的会议概况

1. 清代会议的种类

清代的会议多种多样,就朝廷会议而言,已形成完备的会议制度。从它的形式名称划分大致有六种:

第一,常朝会,这是皇帝例行性的办公会。开会时间,原则上一日一次;如有特殊情况,改为二日、三日乃至五日一次,于黎明时辰举行。会议由皇帝亲自主持。与会人员除有关朝官外,还有掌玺、记注官等服务人员。内容通常是预先拟好的谕诏,由皇帝在会上宣布,有时也议论一些问题。

第二,大朝会,有定期和不定期两种。新年、冬至、万寿(皇帝生日祝寿)三节会,每年要各举行一次,这是定期的大朝会;皇帝登基、大婚(包括公主结婚)、册封(包括封妃、封太子)、驾崩(死亡)等,是不定期的会议。该会是封建朝廷举行的规模最大、最隆重的会议,有仪仗队、乐队。参加会议人员,除在京的朝廷文武官员、皇室亲王等成员外,地方各省还派人参加,人员多在500人上下。会议内容,根据会议性质决定,多由内外官进表献辞,对皇帝和朝廷歌功颂德。

第三,军礼大典会,这是不定期的会议,与大朝会有相同之处,参加对象不尽相同。内容有大阅、亲征、命将、纳降、凯旋、献俘等,均与军队活动和战争行动相关,其仪式也颇隆重。

第四,皇帝会见被"引见"官员会议,通过"引见",皇帝可以直接面视县以上官员,并予以任免。清代这类会议比较多,是临时性的会议。

第五,探讨统治方略会议,由皇帝随时召集身边重臣或参谋顾问、咨询官员座谈讨论。

第六,外交活动举行的各种会议,诸如朝觐、迎送外国使者等,这类会议,自第一次鸦片战争以后与日增多。

2. 清代会议的内容

如果从会议的内容上划分,清代朝廷大会有五个方面:

一是"吉礼"性的会议,内容包括祭天地、神祇、太庙、陵寝、历代帝君、先圣先贤、忠烈名臣等祭典会。

二是"嘉礼"、"宾礼"等会议,内容包括皇帝登基、大婚、庆寿、册封、颁诏、筵宴、传位等庆典会和朝贡、敕封和宗室外藩王公、官员、宾朋、师弟等相见会议。

三是军礼会。

四是凶礼会,内容包括帝后、妃嫔、皇子、亲王、公主、品官以及庶士、庶人等的丧葬礼仪会。

五是皇帝处理政务的会议,内容包括谋划方略、解决具体问题等。

3. 会务工作的落实

上列各种会议的会务事项,俱由秘书工作性质的部门负责安排实施。清初期,分别由礼部、乐部、太常寺、光禄寺、鸿胪寺安排落实。内阁和军机处成立以后,由其牵头,具体工作则由礼部、太常寺、鸿胪寺、光禄寺以及中央有关部门负责落实。譬如:太常寺负责庙坛祭祖会议安排事项;光禄寺负责节庆、祭典婚丧等会议的筵席;鸿胪寺负责朝会、宴会、祭祖礼仪事项,通知参加大朝会等官员名单、排定班次、确定不同官员穿戴官服,安排行礼礼仪;乐部负责大朝会、祭祖宴会等奏乐,乐队一般由28人组成。清末光绪官制改革后,将光禄、太常、鸿胪并入礼部。宣统三年(公元1911年)又改礼部为典礼院,故具体工作,先后由礼部、典礼院安排。

礼部分置仪制清吏司、祠祭清吏司、主客清吏司、精膳清吏司等机构。仪制清吏司,掌嘉礼、军礼事务;祠祭清吏司,掌吉礼、凶礼事务;主客清吏司,掌典礼和接待外宾事务;精膳清吏司,掌"燕飨廪饩牲牢"事务。属于少数民族和外交事务,则由理藩院、外务部等部门协助进行。吉礼、嘉礼、军礼、宾礼等会议,执事官(殿内侍班、领侍卫内大臣、豹尾班侍卫、记注官等)

都是东西相向站立,殿内侍班有法定人数。皇帝和大臣、顾问商讨国事的会议,其他任何人不得闯入室内。

每一种会议,由皇帝的侍卫处按法定程序,负责安排随从警卫。侍卫处由御前大臣统领,内有几百人编制。

从以上清代会务的数量、会务组织机构和事务看,封建社会的会务工作是极其繁琐的,且所承办的会议大多是维护封建帝王的威严的礼仪性会议。所以,古代会议组织方面的秘书工作没有多少值得今天借鉴的有益经验,反倒有许多做法是今天应该努力避免的。

第六节　中国古代的保密工作和印玺管理

自从原始社会末期出现部落之间的冲突和部落联盟之间的战争起,就有了原始的保密工作的萌芽。到阶级出现、国家形成之后,严格意义上的保密工作也随之出现。在阶级斗争、民族斗争和统治阶级内部的矛盾冲突中,窃密与保密的斗争非常激烈,保密工作始终受到高度的重视。统治者和各派政治力量从本身根本利益出发,总是将保密工作置于十分重要的地位。保密与窃密是政治斗争的一部分。

一、古代保密工作概况

1. 原始传说中保密工作的萌芽

原始社会末期,部落组织彼此之间经常为争夺领地而发生战争。为了取胜,双方总是各自探听对方虚实,制定对策,同时采取各种措施不让对方获得本方的秘密,这就产生了最初的保密工作。据传说,中原的黄帝部落和南方的蚩尤部落曾经爆发一场非常激烈的战争,当蚩尤率领南方军队来犯时,黄帝将平时驯养的猛兽放出来助战,蚩尤因为平时不了解黄帝的这一厉害手段,因此被打得大败。这一传说不一定真实,但它至少说明当时大的部落间曾经爆发大的战争,有战争即有保密和窃密的斗争。

2. 夏、商、两周时期保密工作

自夏代开始,出现了阶级和国家。奴隶主国家统治者为了巩固统治,自觉地将保密作为维护国家安全的重要措施,将保密工作提到巩固统治秩序的重要位置上来。他们用专门的秘书官职史官掌管国家机要,史官都是贵族子弟,并受过专门训练,为朝廷和各级统治者所信赖。史官将"图"、"法"等档案秘藏于王室宗庙,只有国王及其亲信方可看到,其他人一般无权问见。

东周实行的公文"封泥"制度,是古代保密工作的一项重要措施(下文将详细介绍)。

春秋战国时期,由于各国间的斗争更为频繁激烈,窃密和保密的斗争也备受重视。史载楚国的上官大夫在屈原起草变法宪令时,就千方百计地想夺去看,但遭到屈原的拒绝,上官大夫就反诬屈原泄露国家机密,可见泄密在当时是一大罪名。战国后期,还发生过韩国派水利专家郑国到秦国任职,虽然客观上帮助秦国兴修水利,增强了秦国的国力,但是派郑国入秦的初始目的是消耗秦国的人力财力,缓和对韩国的军事威胁,并向韩国提供秦国的政治、军事情报。郑国的行为带有间谍的性质,被秦人知道后,秦王就对六国来事秦者下了逐客令(但后为李斯劝阻)。

3. 秦、汉、魏晋南北朝时期的保密工作

秦汉两代由丞相府和御史府分掌机要。武帝时朝廷机要由皇帝直接控制的内廷尚书署处理,其目的是强化皇权统治,防止权臣把持机要,同时也是保密工作的重要措施。东汉初明帝刘庄对尚书官员说:"尚书盖古之纳言,出纳朕命,机事不密则成害,不慎钦!"(《全后汉文·明帝纪》)这说明统治者已经从理论上认识到保密工作的重要性。为防止"机事不密则成害",汉代任用机要人员时,除强调年龄、吏能、文化外,更强调身份,即掌管机要的人员必须是官僚贵族地主出身的"士子"。

魏晋南北朝时期,民族矛盾和统治阶级内部矛盾异常尖锐,窃密与反窃密的斗争也异常尖锐。因而,各个政权都重视保密工作。在《三国演义》中,有许多关于窃密与反窃密斗争的情节。虽然这是一部文学作品,但作为历史小说,其中的情节并非完全虚构。

4. 唐、宋保密工作

唐宋统治者进一步加强了保密工作。

唐代保密工作的一个明显特点是制订了一套比较完整的保密工作法律制度。唐初太宗贞观十一年(公元637年)正式颁发《唐律》,共502条,其中不少条款是对泄密罪的惩治办法。例如:

> 诸盗制书者,徒二年。官文书,杖一百;重害文书,加一等;纸券,又加一等。
>
> 诸漏泄大事应密者绞。非大事应密者,徒一年半;漏泄于藩国使者,加一等。
>
> 诸私发官文书印封视书者,杖六十;制书,杖八十;若密事,各依漏泄坐减二等。即误发,视者各减二等。
>
> 诸密有征讨,而告贼消息者,斩;妻、子流千里。其非征讨,而作间谍;若化外人来为间谍,或传书信与化内人,并受及知情容止者并绞。(以上均引自《唐律》)

以上所引《唐律》所定的对泄密、失密的处刑是十分严厉的。它使大小官员和吏民有法可依,对窃密或泄密者起到震慑作用。这是唐代对封建国家保密工作的一大贡献。

两宋时期民族矛盾极为尖锐,宋政权与北方的辽、夏、金、元等政权,长期处于对立状态。各政权间窃密与反窃密的斗争十分激烈。辽、金为了窃取宋政权的机密,曾重金购买宋内部文件。宋政权针对这一情况采取了一系列保密措施,诏令"凡议时政得失,边事军机文字,不得写录传布;本朝会要、实录,不得雕印";"无使国之机事传播间阎,或流入四夷"(《宋会要辑稿》)。

宋政权参照《唐律》制订了严格的对失密、泄密行为的处罚规定。例如,"诸举人程文辄雕印者,杖八十,事及敌情者,流三千里"。"诸狱四案款不连粘或不印缝者,各徒一年。有情弊者,以盗论。即藏匿弃毁拆换应架阁文书有情弊者准此"(《庆元条法事类》)。

与唐代不同的是,宋廷除通过法律规定对泄密者的惩罚外,还制定了对告发违反保密规定行为的奖励办法,如告发藏匿弃毁拆换机密档案者,可以获得50贯至100贯的奖赏。

5. 元、明、清保密工作

元王朝统治者为蒙古人,出于国家保密需要,对汉人总是不放心。政府的重要机密一般控制在蒙人之手,不让汉族官吏经其手。

元代仿照唐宋,制定了保密刑法条文,如"诸书机务有泄其议者,量所泄事闻奏论罪"(《大元通志·职志》)。对泄密罪的处罚极为严厉,轻则"出军(充军)",重则"处死"。

明、清是我国封建时代最后两个王朝。明中期以后,统治集团内部矛盾重重,最高统治者重用宦官干预中枢机要,控制了政府机要重权,保密斗争异常剧烈。

明律对违反保密制度造成的泄密行为,不但处罚当事者,还处罚其上司,也就是要追究"领导责任"。对泄密罪的处罚也重于唐宋,"诸衙门官吏,若与内官及近侍人员互相勾结,泄漏事情,夤缘作弊,而扶同奏启者,皆斩,妻、子流二千里"。"凡闻知朝廷及统兵将军,调兵讨袭外藩及收捕反逆贼机密大事,而辄漏泄于敌人者,斩"。"若近侍官员漏泄机密重事予人者,斩。常事,杖一百,罢职,不叙"(《明律集解》)。

清代雍正、乾隆时,发出许多保密谕旨,基本形成了适应封建制度特别是皇权高度集中需要一套系统、详备的保密规章制度。直接操纵机要的军机处的出现,标志着朝廷内部机要保密工作进入了最高峰。军机处的保密纪律很严格,凡承旨拟办涉密事项,如有泄漏,有关人员则受严厉处罚。皇帝圣旨分为"明发谕旨"和"寄信谕旨",前者为例行事项,后者为机密事项,也是为加强保密工作而采取的措施。

清代朝廷对官府办理密件的规定十分繁琐,对泄密的惩罚也非常严厉。如规定"密旨"、"密疏",必须在御前密封和开拆,"未经御览批发之本章刊刻传播概行严禁。如提塘与各衙门书办彼此勾通,本章一到即钞写刊刻图利者,将买抄之报房,卖抄之书办,亦俱照漏泄密封事件例治罪……"(《清会典·事例》)。

二、古代公文保密制度

秘书工作是一项涉及机要的工作,因此历代统治者都选择忠实可靠之人掌管机要。公文中多有涉及机密者,所以,文书保密又是整个保密工作的重点。历代关于文书保密的制度有以下三个方面:

一是公文传递中采取必要的保密措施。魏晋之前的简牍文书,主要采用"封泥"的办法来防止文书在传递过程中被泄密或被更改、伪造。王国维《简牍检署考》考证"封泥"的方法是:"书函之上,既施以检,而复以绳约之,以泥填之,以印按之,而后题所予之人,其事始毕。"对晋以后的纸质文书,则用专门的封皮折角密封,并于封皮两端加盖印章或署上姓名,以此来防止公文泄密。

二是制定专门的文书保密规定。如宋代因与辽、金的民族矛盾尖锐,为防止文书内容泄密,特发诏令规定:"凡议时政得失,边事军机文字,不得写录传布;本朝会要、实录,不得雕印。""无使国之机事传播闾阎,或流入四夷,于体实大"(《宋会要辑稿》)。清代在处理南方民族纠纷的文件中规定:"各省办理土苗紧急事件……俱由内署写就钤印钉封申发,仍由内署按照年月案由密行挂号存案……俱不得经书吏之手。"(《吏部则例》)

三是对泄露、窃取文书机密者处以很重的刑罚。历代法令都有这方面的专门条款。例如上文所引《唐律》中的规定："诸漏泄大事应密者绞……非大事应密者,徒一年半;漏泄于藩国使者,加一等。""诸密有征讨,而告贼消息者,斩,妻、子流二千里"。《大明律》规定:"遗失制书、圣旨、印信者,杖九十、徒二年半,若官文书,杖七十,事干军机、钱粮者,杖九十、徒二年半。俱停俸。""诸衙门官吏,若与内官及近侍人员互相勾结,泄漏事情,夤缘作弊,而扶同奏启者,皆斩,妻、子流二千里"。可见对文书泄密行为的处罚是非常严厉的。

三、古代印玺的管理和公文用印制度

1. 先秦时代印玺的使用方法

清代学者朱简说:"印始于商周。"但在先秦典籍中,"印"这个专门名称很少见。仅见于《韩非子·外储说》:"太子之人,尽怀印玺。"《商君书·定分》:"封以法令之长印","封以禁印"。在当时,印一般都称"玺"。玺在西周之前,多用于私人,以之为凭信;到春秋后期,始用于封盖文书。当时频繁的政治活动需要有官玺作权力的凭证,密切的个人交际及经济往来也需要有私玺以昭信用。所以东汉蔡邕在《独断》中说:"玺者,印也。印者,信也……古者尊卑用之。"所谓"古者",即是指春秋战国之时,其时的玺是上下均用的。

当时,文书多刻写在简牍之上,简牍文书由多片竹简或木片组成,用绳系连,其封页称为"检",在"检"之结绳处糊上一块粘泥,在粘泥上加盖印章,显出印文,粘土干后很坚硬,这种用印法称为"封泥",也称"泥封"。加盖封泥的文书就叫做"玺书"。若是没有这种封泥印章者,则公文不能生效。所以马端临说:"无玺书,则九重之号令不能达之于四海;无印章,则有司之文不能行之于所属。"(《文献通考·王礼考》)

文书用印制度保证了公文的有效性和机密性,可以防止公文被伪造、篡改或泄密,加强了对文书的管理和控制,它的形成是文书工作的一大进步。

2. 印玺的分家和秦汉文书用印制度

秦代以前,君臣尊卑均可用"玺",但自秦以后,随着统一的中央集权帝国的建立,玉玺就登上了帝王的宝座,成了专用之宝了。当时规定,皇帝之印称"玺",有六种,即皇帝行玺、皇帝之玺、皇帝信玺、天子行玺、天子之玺、天子信玺,不同内容的文书加盖不同的玺。至于百官的印章则统称为"印"。在官制系统中,印材的质地、印钮的样式、印文的名称、印绶的色彩等等,均森然有序,以此示官阶、表禄秩、别尊卑。秦朝玺印的广泛使用、用印制度的统一,体现了中央政府对各级各类文书控制之严,是君主集权制的必然产物。

据传秦始皇除六玺外还命丞相李斯制"受命于天,既寿永昌"之玺,该玺成了我国封建社会前期"传国玺"。秦王朝覆灭时,秦子婴将该玺拱手奉献刘邦,此后几代相传,一直传到西晋永嘉六年(公元312年)在战乱中遗失为止。

汉时印信中,有"章"或"印章"之名。当时官署之印(犹今天之单位公章)和长官之印(犹今天领导人之公务章)的功能不分,有时既有本官署印,又有长官印;有时官署不置印,只备主官印,主官印印文注明了官衔名称,对外行文同样有法定效用。汉代实行一官一印,罢官时其印或上交,或带走,新官需刻新印。

秦"宜野乡印"　　汉"齐御史大夫"印(封泥)　　元代官印

3. 官印移交制度

魏晋南北朝时期建立了官印移交制度。《南史·孔琳之传》记有孔琳之向朝廷的建议:"夫玺印者,所以辨章官爵,立契符信。官莫大于皇帝,爵莫尊于公侯,而传国之玺,历代递用,袭封之印,弈世相传。贵在仍旧,无取改作。今……内外群官,每迁悉改,讨寻其义,私所未达。若谓官各异姓,与传袭不同,则未若异代之为殊也;若论其名器,虽有公卿之贵,未若帝王之重;若以或有诛夷之臣,忌其凶秽,则汉用秦玺,延祚四百,未闻以子婴身戮国亡而弃不佩。帝王公侯之尊,不疑于传玺,人臣众僚之卑,何嫌于即印?载籍未闻其说,推例自乖其准,而终年刻铸,丧功消实,金银铜炭之费,不可称言,非所以因循旧贯易简之道。愚请众官即用一印,无烦改作,若新置官,只官多印少,文或零失,然后乃铸,则仰禆天府,非惟小益。"孔琳之的这一建议,说理透辟,被宋明帝采纳。从此,官府主官任免交替时,就不再新刻官印,而由离任官员向接任官员移交。

4.骑缝盖印制度和公文改动盖印制度

南北朝时,随着纸质公文流行,出现了骑缝盖印制度。所谓"骑缝",指的是两张相连的公文纸的粘贴之处。有的公文篇幅较长,一张纸写不下,就要将几张公文纸拼接起来。南北朝时规定,凡重要公文,骑缝处必须加盖印章,其目的是防止公文被篡改、伪造。骑缝印在现代秘书工作中仍然使用,不过不是盖在两纸"粘贴连接处",而是盖在介绍信一类的文书的正本和存根的连接之处,或两页以上证明材料的右边沿(一印横跨数页纸)。

唐代用"贴黄"的方法改动公文,凡贴黄处,必须加盖印张,以示公文发出前已经改动。宋代以后,贴黄被用作公文内容摘要,公文誊抄缮写中如有错漏,可直接用笔做局部改动,所有改动处也必须加盖印章。此制度沿用至今。

5.元代的印玺制作保管制度

元代各级官府主官多为蒙古、色目人,大多数不识字,连自己的名字也不会写,在公文上签押时只能以印章代替,所以元代对印章的制作、保管、使用就特别重视。元代中央政府内,设有专门的印玺管理机构,如铸印局——掌管刻制和销毁各级官衙的印章；符宝局——掌管皇帝宝玺等。在中央和各行省、州府官衙中还设有专掌官印的秘书职务——知印官，多由长官的亲信属吏担任。在掌有重权的官衙中，还设有监印官，负责监视、守护、使用印章，与知印官相互制约，防止滥用、冒用印章。

6. 明代的行文半印勘合制

明初统治者为防止中央部门和地方官吏擅自行文，也为了安全保密，于洪武十五年规定了行文半印勘合制。《明实录》介绍说："以簿册合空纸之半，而编写字号，用内府关防印识之，右之半在册，左纸册付天下……半印纸藏于内府……有文移则于内府领纸，填书所行之事……以册合其字号，印文相同，则行之，谓之半印勘合，以防欺弊。"其具体做法与"骑缝盖印"制有相似之处，但目的不同。朱元璋还专门下了一道敕谕规定："诸司不凭勘合，擅接无勘合行移，及私与行移者，正官、首领官各凌迟处死，吏处斩。"（《明典章》）行文半印勘合制对控制文件的数量、保证公文的严肃性有一定作用。

复习思考题

1. 试述西周采风制度的目的、内容和历史意义。
2. 为何说《诗经》和汉代的"乐府"诗是采风调查材料的汇编？
3. 除了公文往来外，古代传递信息的方式还有哪些？
4. 简述古代驿传制度的建立、发展和消亡的情况。
5. 试述"邸报"名称的由来以及它的性质和作用。
6. 有哪些史实能说明古代史官和"士"中有许多著名的参谋秘书？
7. 古代秘书言官（谏官）制度确立于何时？有哪些秘书官职主要承担谏官（言官）的职责？
8. 封建王朝设置言官（谏官）的制度有何历史意义和现实借鉴价值？
9. 封建社会后期言官制度名存实亡的根本原因是什么？

它有哪些历史教训？

  10. 传说中的"进善之旌"、"诽谤之木"、"敢谏之鼓"是怎么回事？它们的历史意义如何？

  11. 匦使院、鼓院和检院是什么样的机构？为什么说宋代信访机构与唐代相比有一大进步？

  12. 古代信访制度有何社会意义？封建社会晚期对信访的严格限制说明了什么问题？

  13. 为什么原始社会早期是"只有会议而没有会务工作"的时代？

  14. 汉代的"盐铁之议"是一次什么样的会议？《盐铁论》是一部什么性质的文献？

  15. 从清代为数众多的会议看，封建王朝的会议大多具有何种性质？

  16. 简述古代保密工作的产生和发展情况。

  17. 古代文书保密制度主要体现在哪些方面？

  18. 简述历代文书用印制度的发展。

下 编

第四章 中华民国的秘书工作

第一节 民国各时期秘书机构的演变

一、辛亥革命后湖北军政府的秘书机构和秘书职务

辛亥革命的爆发以武昌起义为标志。武昌起义主要是由同盟会成员领导的两个革命团体"文学社"和"共进会"发起组织的。这两个组织根据革命活动的需要,都设置了专门的秘书工作人员。例如,在文学社的领导机关中,就设有书记员2人,其职责是"掌管社中往来之文件、信札起草事宜,凡有重要事宜及机密之件,均应亲行缮写,决不委之他人,致有漏泄之事"(《文学社职员职务表》,见《辛亥革命史料(二)》,第53页)。

1911年10月10日,武昌起义由于机密泄露仓促提前举行,10月11日上午,军政府尚未正式成立,起义领导机构就推定若干人担任文书庶务。当天下午,成立了湖北军政府(又称"都督府"),军政府内正式设立了秘书处。在南京临时政府成立前,湖北军政府曾暂居中央政府的地位,因此湖北军政府的秘书工作对以后的秘书工作有一定影响。

军政府成立后,革命派与立宪派和旧官僚、旧军阀在争夺领导权问题上展开了激烈的斗争,这一斗争也在秘书机构的设置和秘书人员的安排上表现出来。军政府成立不久,由立宪派分子、原湖北咨议局长、当时混入军政府任民政部长的汤化龙操纵制订了《军政府暂行条例》,其中规定:"都督府设秘书官若干人,由都督(当时任军政府都督的是旧军人黎元洪)自行辟用",并于秘书处外另设立"文书局"。这一条例有利于立宪派控制军政府的秘书工作。为此,军政府又于10月25日召开会议,重新改订了条例,规定将文书局改隶于秘书处,并规定:军政府都督置秘书员、顾问员,秘书负责"分清各部文书事件"、"保管文书关防(关防即公章)事件",顾问则"随时应都督之咨询,并得自建议"。当时军政府有秘书25人,不设秘书长一职,后来才根据需要推举一秘书长。

军政府所属各部、处、局都设有秘书人员。如内务部设秘书2人,掌管机要文件,分配各科文书事件;设监印2人,掌管本部印信事务;设书记2人,办理一切往来文件。又如,实业部设秘书室,由"秘书、文牍、编纂、统计、收发、书记员各若干人和监印员一人"组成,其中"秘书承部长指挥办理一切机要文件"。后来又规定秘书除掌理机要文件之外,"并办理不属各科之一切事项"。这就将秘书的职责从单一的掌管文件扩大到管理领导机构的许多事务。

在军政府管辖下的各府县,知事之下设有"书记官一员",其职责是"佐知事总核各课(科)事务并掌管机要文件,知事有故障时,书记官得代理其职务";另设"承启一员",其职责是"从上官之指挥掌管文书往复事件"(这里的"书记官"相当于现在的办公室主任一类的高级秘书,而"承启"则相当于一般秘书)。

革命党人成立的军政府及其下属的"秘书处(室)",一般仅只负责文书处理工作,只有少数兼办"不属各科之一切事项",即事务性工作,而秘书的参谋职能则另置"参事室"来实现,参事室的职责是"参预部内一切机要事项,并得随时建议以资择行",起着当代秘书的智囊参谋作用,颇似今日高级机关之"研究室"。

二、南京临时政府的秘书机构

1912年1月1日,南京临时政府成立,孙中山先生就任中华民国临时大总统。这标志着中国第一个资产阶级共和国性质的全国性政权的建立。政权性质的改变必然引起秘书机构和秘书制度的改变。南京临时国民政府对秘书机构和秘书工作制度做了比较彻底的改革。

1. 总统府秘书处

根据《中华民国临时政府组织大纲》,南京临时政府实行总统制,不设内阁,由临时大总统直接统领各部。因此,总统府秘书处实际上就是中央政府的总秘书机构。临时大总统秘书处的职责包括:草拟各种文件、批答各方面来的公文函件、处理总统府日常事务、向秘书长并向总统提出一些有益国计民生的建议。中央政府各部、各地方行政机构和公民向中央政府递送的文件,都由总统府秘书处收受,并作出初步处理。从这些职责看,总统府秘书处的工作已经包括当代秘书部门的业务性工作、事务性工作和政务性工作三个方面。

临时大总统秘书处设有秘书长1人(当时由胡汉民担任),秘书若干人,后来成为中共重要领导人之一的吴玉章同志当时就是总统府秘书之一。秘书长的职责是"总揽各项文秘事务和日常工作";秘书则具体办理各项具体事务。

2. 中央政府各部和军事机关的秘书机构

《中华民国临时政府组织大纲》还规定,总统府统辖9个部,各部设专门的秘书机构——承政厅(也有的叫"秘书处"),

"承政厅置秘书长一员,承总长之命,总理厅务,并掌管机要文书"(《南京临时政府内务部承政厅办事规则》,见《辛亥革命史料(二)》,第135页)。承政厅下又分若干处,如内务部承政厅设有文牍处、收发处、监印处、纂辑处、庶务处、会计处等6处,每处置秘书(相当于各处处长)一员,"承总长之命,分掌其事务"。秘书长或正式秘书是比较高级的秘书人员,另置文牍员、书记员、监印员、收发员、缮写员、调查员、应接员、录事等一般秘书人员。

南京临时政府所属的军事机关中,也设置了秘书工作机构和专职的秘书人员。如陆军部中有"副官处"和"秘书处",副官处置一、二、三等副官,职责是负责文电收发登记、指令传达、公务接待等事务;而秘书处则专门办理重要文书。

3. 地方政府的秘书机构

南京临时政府虽被各省尊奉为中央政府,但实际上它并不能完全控制各省的行政,因此,在临时政府存在的短暂时期内,各省的机构设置没有统一。就秘书机构而言,各省秘书机构名称有秘书处、秘书局、秘书厅、文书局、文书部、总务厅、参事处等。而各府县则设秘书处、总务课等机构。

地方政府一般设有两个秘书机构,秘书处(厅)、文书局(部)一类机构以文书处理为主要职责,而总务处(课)一类则以掌管政府机关的日常事务为主要职责。

三、北洋军阀政府的秘书机构

由于辛亥革命的不彻底性,革命成果很快被袁世凯窃取。南京临时国民政府于成立不到一百天后夭折。4月1日,孙中山宣布解除临时大总统职务,临时政府迁往北京,袁世凯就任临时大总统,从此开始了延续15年之久的北洋军阀政府的统治时期。北洋政府代表帝国主义、买办资产阶级和大地主阶级的利益,相对于民族资产阶级性质的南京临时政府,无疑是一个倒退,但是从政体上看,除了短暂的帝制复辟外,北洋政府仍然挂着中华民国的招牌,名义上实行"三权分立"的民主共和制。

1. 袁世凯时期中央政府的秘书机构

从1912年4月到1916年6月这4年多时间内,袁世凯为适应其独裁统治和恢复帝制的需要,多次调整秘书机构。

袁世凯任大总统期间,在中央机关中还有内阁(即国务院)及外交、内务等10部。总统府设有秘书厅,有秘书长及6名秘书,内阁也设有秘书长。

1914年5月,袁世凯公然废除孙中山制定的《临时约法》,代之以他自己炮制的《中华民国约法》,改内阁制为总统制,撤销国务院,在总统府内设"政事堂"作为办事机构,并将总统府秘书厅改为带有封建皇权色彩的"内史厅"。袁世凯通过这个"约法"将总统的权力扩大到与皇帝相似的地步,为其复辟帝制做准备。

1915年底,袁世凯复辟帝制的活动达到高潮,12月12日,袁世凯发布文告,接受所谓"劝进",正式称"中华帝国皇帝"。与此相适应,1915年12月31日,下令自1916年1月1日起,废除中华民国纪年,将这一年定为"中华帝国洪宪元年",并将他的秘书和秘书厅改名为"内史"和"内史厅",秘书长叫"内史监",原总统府收文处改称"奏事处"(清皇室收文机关的名称)。

1916年3月21日,袁世凯被迫宣布取消帝制,秘书机构也随之变化,撤消政事堂,恢复国务院。

从袁世凯时期秘书机构的几次变化,可以看出,伴随着围绕中央政权政体的激烈斗争,中央机关的秘书机构也不断发生着变化。统治权的争夺必然会在秘书机构的设置方面有所反映。

2. 军阀混战时期的中央秘书机构

从袁世凯死后到1927年国民党政府取代北洋军阀政权,这段时间是中国历史上政局最为混乱的军阀混战时期,总统几乎是一年一换,内阁则是数月一倒。短短10年时间,共有6人先后任大总统(或"临时执政"等"国家元首"),近30人出任国务总理。总统和总理的频繁变换必然伴随着秘书长的频繁变换,因为每一任总统或总理上台,总要安排自己的亲信担任秘书长。这是军阀混战时期秘书工作的一大"特色"。

袁世凯称帝失败后,"内史厅"又改称"总统府秘书厅",此后一直保持。秘书厅主要负责文书处理工作,由秘书长主管,属下有秘书若干人,并设有专职的英文秘书、日文秘书,以适应频繁的外事公务。

国务院也设有秘书厅,有秘书长一人和秘书若干人,还有佥事、主事、参议等秘书职务。秘书厅是国务院的综合办事机构,秘书工作是秘书厅的主要任务,就其所管理的事务来说,类似于现在的办公厅。

北洋政府设外交、内务、财政、陆军、海军、司法、教育、农商、交通等9个部。各部都设有总务厅,负责掌管机要、保管印信、处理各种公文函件。厅下设"课"。国务院秘书厅和各部总务厅下分设机要科、文书(文牍)科,前者掌管机要电报、收发机要文件、撰写重要文件,后者则负责一般文件、电报的收发登记以及档案保管工作。

北洋政府时期的国会参议院和众议院中也设有秘书厅。但当时国会只是标榜"民主共和制"的一件摆设品,在国家政治生活中发挥的作用非常有限,因此其秘书机构也起不到多大作用。

3. 北洋政府时期地方政府秘书机构

北洋政府时期的地方行政区划分为省、道、县三级。

省行政首长先后称为"民政长"、"巡按使"、"省长",省行政机关则先后称为"行政公署"、"巡按使公署"、"省长公署"。其秘书机构则为"总务处(科)",负责办理机要、印信、统计、人事、记录、文书、会计、庶务等事项。

道行政长官先后称为"观察使"、"道尹",道行政机关称"观察使公署"、"道尹公署"。公署的一般事务由内务科兼办,另设秘书一人,专管机要事项。

县行政长官称"县知事",行政机关则一律改称为"县知事公署"。公署内部分设各科,其中第一科掌办总务,包括机要、印信、统计、收发、档案、庶务等秘书事项及人事、会计工作。

四、国民党政府的秘书机构

1927年大革命失败后,在南京建立了代表封建、买办阶级利益的国民党一党专政的国民政府,代替了统治中国16年之久的北洋军阀政府。以蒋介石为代表的国民党政府为了巩固自己的统治,对中央和各级政府机关进行了大调整,在各级政府机关中建立了一整套秘书机构。

1. 中央政府的秘书机构

南京国民政府刚成立时设有秘书处,秘书处有秘书长1人、秘书8人、科员8～12人,另有书记官若干人。秘书处下设总务科、机要科、撰拟科,分别负责中央政府的一般事务、文书的处理和保管、文件的撰拟等工作。

1928年,国民政府改为"五院制",即将中央国家机关按权限分为行政、立法、司法、考试、监察五院,将原中央政府秘书处改为文官处,设文官长1人、秘书8～12人,负责国务会议和政府的一切机要文书工作。五院内和行政院下的各部中又分别设有秘书处,有秘书长1人、秘书若干名,负责各院或各部的事务和文书、机要工作。

国民政府的大权集中于蒋介石一人手中,他为了更有力地控制党政军大权,于1932年起设立了自己的亲信秘书机构——侍从室。根据国民政府《组织大纲》规定,侍从室的职责为:"掌机要之承启传达,委员长行动时随侍行动。"侍从室处于蒋介石与政府各部之间的枢纽位置,是蒋介石直接掌握的机要机构。这个机构于1945年抗战胜利后撤销。侍从室是一个精干高效的机要秘书班子,其特点颇似清代的军机处。

2. 地方政府中的秘书机构

国民党各省政府都设有秘书处,并有秘书长1人、秘书若干人。秘书处掌管的事务有：其一,关于一切机要及省政府委员会会议事项；其二,关于撰拟、保存、收发文件事项；其三,关于省政府委员会会计事项；其四,关于编制统计及报告事项；其五,关于记录省政府各厅处职员进退事项；其六,关于典守印信事项；其七,其他不属于各厅事项（参见1928年4月《修正湖北省政府组织法》）。

在国民党各专员公署和县政府内设有秘书室。这些秘书机构的职责基本相同：掌管、撰写、收发机要文书,保管卷宗,典守印信,缮印校对文件,负责会议记录,调查统计,办理不能归属于各科室的勤杂事务。

国民党军队的各级机构中也设有秘书机构和秘书人员,如连队有文书,营部有书记官,团以上则有副官处、机要科（股）等。

民国时期我国民族工商业有一定发展,一些规模较大的企业中也设有秘书机构或专职的秘书人员。例如"汉口既济水电股份有限公司"的总经理之下,设有与总工程师室相并列的秘书室,配主任秘书1人、秘书3人,负责处理文书、机要、通信、统计、编写材料等事宜。

以上情况说明,国民党政府统治时期,现代秘书工作机构和体系已经初步形成。

第二节 民国时期的文书工作

一、南京临时政府对文书工作的变革

南京临时政府不仅在秘书机构的设置上做了根本的改革,而且对封建帝制下的文书工作制度做了比较彻底的改革。

1. 对公文名称的改革

为适应政权性质的改变,南京临时政府对延续两千年的封建公文名称做了比较彻底的改革,废除了上行文用章、表、奏、

议,下行文用制、诰、诏、敕等带有封建色彩的公文名称。

1912年1月19日,法制院即制定了新的公文程式,并以"大总统令"正式颁布:"现今临时政府已经成立,所有公文亟应规定程式,以期划一,而利推行",明确规定:凡自大总统以下各公署职员及人民,一切行用公文,俱照所随令颁发的《公文程式》办理。《公文程式》由内务部具体拟定,其中规定"行用公文"分为以下五种:

甲、上级公署职员行用于下级公署职员曰"令",公署职员行用于人民者曰"令"或"谕"。

乙、同级公署职员互相行用曰"咨"。

丙、下级公署职员行用于上级公署职员者曰"呈"。

丁、公署职员公告一般人民者曰"示",但经参议院议决之法规,应由大总统宣布者曰"公布"。

戊、任用职员及授赏徽章之证书曰"状"。

不久,临时政府内务部又在一份有关公文程式的复函中对以上规定的公文名称和用法作了补充和解释:"《公文程式》所指各种外,尚有一种曰'批'。因公文程式为法制院所规定,由大总统令饬颁发者,其中少'批'一种,想系规定时以'批'为公文外别一种文体,故遗去耳。但公署行用文牍,有时必须此种,断不能勉强省略。至'批'、'谕'、'令'等之义别:凡上级公署职员命下级公署职员或职员命人民者曰'令';凡命令而又含有劝导之意者曰'谕';凡受有呈阅而裁决判断之者曰'批'。"另外还明确规定"行用于外国之公文"为"照会"。

2.对公文格式的改革

临时政府内务部还对公文的形式做了非常具体的规定:"文式:勿论何项公文,不限页数,随文而止。""行式:除首尾职名、人名及叙事中应行另提勿论外,即紧接'此谕'、'此咨'等字样"。"字式:凡在咨、谕、照会、令等文,其折面之咨、谕等字及折内职名、人名各字,均比叙事字约大一倍,在呈文则一律相等"。折面居中书文种并用印,折内首页首行仅书某职某文种,次行即紧接叙事,底页居中书年月日,并齐年盖月用印。南京临时政府成立的第二天(1912年1月2日),就通告各省改用阳历,以1912年为中华民国元年。此后,所署月、日均为阳历。

临时政府还对公文中收文者的称呼作了规定,废除"大人"、"老爷"等称谓,一律称现任职务,如"科长"、"部长",对无职务者则一律称"先生"或"君"。

3.对公文处理程序和制度的改革

南京临时政府在文书处理程序上也做了改革,明确要求:各级机关应大胆负责,在明确职责的前提下,直接办理应行自办之事,坚决摒弃"呈请转饬"的文牍主义。1912年3月7日的大总统令明确指出:"查公务以敏迅为归,事权以分任为主。近来各部局于应行直接自办之件,每每转饬前来,既滋旷日之嫌,复乖负责之义,殊属不合,以后除呈请核办、存案备查及呈候咨交参议院决议等类,应行具呈本府外,其各部局等互相咨商之件,统应直接办理,以期简当,而明事权。"

根据这一精神,临时政府各部局根据本部门具体情况,对办文的时限和文书处理程序做了具体规定。如财政部规定:"各厅、司除紧要公文即时赶办或重大问题尚待研究外,其余各种事件,应限定日期,当时挂号,次日呈阅发科,第三日办稿,第四日送稿判行,第五日清稿发送,自收文至发送,不得逾五日。"文件处理的具体程序规定为:外来公文由外收发收交,送承政厅收发课拆封、粘面、摘由、注明日期、编列号数,依次登记于总收发文簿。登记毕,连同号簿送厅长检阅,加盖戳记,分送各司。其事属机密或不归各厅、司文件,交秘书处理。各厅、司办理文件的顺序是:

①编号:收到来文后,摘由登记,另编本司号数并注收到日期。

②呈阅:文件登记毕,由厅、司长阅过,分盖各课戳记,每日一次送总、次长批阅,如属重要文件,由厅、司或主任人员亲呈总、次长请示办理。

③办稿：到文发科后，应办稿者，由主任人员办理，经鉴事盖章，送厅、司长核定，再送总、次长判行。依次再经过缮校、用印、登记、发送、归档等环节。

南京临时政府还出版了《临时政府公报》，主要用来发布非属秘密的通行公文，"宣布政令，发表中央及各地政事"，内容包括法制、令示、纪事、电报、抄译外报、杂报等。《临时政府公报》开始出版于1912年1月29日，每日一期，一直出版至南京临时政府结束为止，4月5日公报停刊，共出58期。临时政府规定：凡是刊登于《公报》之公文，不再另行文。"各公文除特定有施行期限者外，京城以登载临时政府公报之第五日为施行期，其余各处以公报到达公署之第五日为施行期"。临时政府公报类似于今天政府机关的"政报"。

为了明确职责，南京临时政府规定了公文除盖公署公章外，还必须由判行首长（签发人）署名的制度。这一规定曾经遭到一些习惯于封建行文制度之人的反对，有的人认为下行文必须由发文公署长官署名，有损"上官尊严"。孙中山先生专门为此复函："公文程式必须盖印书名者，所以示负担责任、分析权限之至意。行政阶级，既有上下之分，即有命令服从之别，此公文程式所以有咨、呈、令等之区分。然负责任、分权限之精义，初不因行政之阶级而生歧异之点，亦不致以对于下级官署公文署名，遂损上官之尊严也。"可见关于发文必须有首长署名签发的规定体现了南京临时政府反对封建等级制度、追求平等的资产阶级民主思想。

从以上几个方面可以看出，南京临时政府的文书工作是对延续两千多年的封建帝王文书工作制度的一次革命，体现了资产阶级民主主义革命派反对封建专制的思想。经过南京临时政府变革的文书工作制度虽然不可避免地带有资产阶级革命的局限性，但和历代封建王朝的文书制度相比，已经发生了根本的变化，冲破了"君尊臣卑"、"天子圣明"的封建思想的禁锢与束缚，对后来的文书工作产生了巨大影响。

二、北洋政府时期的文书工作

1. 袁世凯独裁政府的文书工作

袁世凯统治初期，基本沿用了南京临时政府的公文程式，1912年11月6日，袁世凯政府公布了新的《公文程式令》，将公文名称改为令、状、咨、公函、呈、批等七种，并详细规定了每种公文的具体用法。这一公文程式令除将公函正式列为公文外，与南京临时政府颁布的公文名称基本一致。

1914年5月，为了给复辟帝制做准备，袁世凯公布了新的公文程式，分为大总统公文程式、政事堂公文程式、一般官署公文程式。

《大总统公文程式令》规定：大总统任免文武职官、颁给爵位、勋章并其他荣典时，以"策令"行之；公布法律、教令、条约、预算，对于各官署、文武职官之指挥训示及其他依职权执行之事件，均以"申令"行之；对人民之宣示以"告令"行之；裁答各官署之陈请，以"批令"行之；与立法院往复公文，以"咨"行之。

《大总统政事堂公文程式》规定：国务卿奉大总统谕与各部行文时，以"封寄"或"交片"行之；与各地方最高级官署行文时，以"封寄"行之。各部院、各地方最高级官署与政事堂行文时，以"咨呈"行之，对咨呈之答复，由国务卿以"咨"行之。国务卿对于各部院和各地方最高级官署遇有商议事件时，以"公函"行之。

《官署公文程式令》规定：凡官署或职官对于大总统之陈请报告以"呈"行之，事关机密者，以"密呈"行之。下级官署或职官对于上级官署或长官之陈请报告，以"详"行之，事关机密者，以"密详"行之。上级官署或职官对于下级官署或职官之指挥、监督、委任，以"饬"行之。各部、院对于各地方最高级官署之行文，各地位相等之官署间的往复文书，均以"咨"行之。各地方最高级官署对于中央各部、院之陈请报告，以"咨呈"行之。官署对于人民之宣示以"示"行之。上级官署或职官对于下级官署,及官署对于人民陈请之准驳,以"批"行之。人民对于官署之陈请以"禀"行之。

以上三个公文程式,反映了修改约法后总统权力的扩大,并大量沿用了封建王朝的公文名称,如"策令"、"申令"、"封寄"、"交片"、"详"、"饬"、"禀"等,在公文程式上实行了总统皇帝化、命令上谕化,为袁世凯复辟帝制做准备。

1915年12月12日,袁世凯正式称"中华帝国皇帝"。与此相适应,公文程式也发生了一些变化。首先是恢复已被废除的封建皇权时代臣民上书皇帝用的"奏摺",凡向袁世凯呈报事项,"奏摺"中均用"伏乞皇帝圣鉴训示"之类的格式和用语。其次是更改纪年,1915年12月31日下令,自1916年1月1日起,废除中华民国纪年,将这一年定为"中华帝国洪宪元年",自是日起"所有奏、咨暨一切公牍,只署洪宪元年某月某日"。政府公报中也改"呈"为"奏",各省致袁世凯的文电也改"钧鉴"为"睿鉴"了。政治上的复辟逆流马上反映到了公文程式中。

1916年3月21日,袁世凯被迫宣布取消帝制,公文程式也随之变化。废除"洪宪"年号,恢复中华民国纪年;废除"奏摺",改用"呈"。

从袁世凯时期公文程式的几次变化可以看出,围绕中央政权政体的斗争,文书工作制度也不断发生着变化。统治权的争夺在文书工作制度方面也有明显的反映。

袁世凯统治时期秘书工作的另一特点是文牍主义严重,当时公文运转要经过60道繁琐的程序;陆军部1914年一年发文达53466件,平均每天发文146件,文件中套语连篇。

2. 军阀混战时期的文书工作

袁世凯死后不久,北洋政府于1916年7月29日公布了新的《公文程式》,这个《公文程式》使用时间比较长,它规定中央机关使用的公文种类有:令(大总统令、国务院令、各部院令)、任命状和委任令、训令、指令、布告、咨、咨呈、呈、公函、批等,并严格规定了各种公文名称的使用条件。

由于北洋军阀政府必须维持民主共和制度的外在形式,同时也由于不管哪一系军阀掌权,都要以某一西方强国(包括日本)为主子、靠山,因此各项行政制度也多模仿资产阶级近代国家制度的形式。在文书工作方面,袁世凯后的军阀政府基本沿用南京临时政府的程式和制度。

三、国民党政府时期的文书工作

1. 国民党政府的三次文书工作改革

国民党政府为提高行政效率,曾先后进行了三次规模较大的文书工作改革。

(1)1927年至1933年的文书工作改革。国民政府成立之初,发起了第一次文书工作改革。这段时间,政府先后颁布了三个公文程式条例,并采取了一些必要的辅助措施,对秘书工作和文书制度做了一定的改革,其主要内容有:

①明确规定政府机关使用的公文文种,确定了机关之间的行文关系。1928年公布的《公文程式条例》规定,政府机关使用的公文文种有9种:

令——公布法令、任免官吏或指挥重大行动时用。

训令——上级机关对下级机关有所谕饬或差委时用。

指令——上级机关对所属各下级机关因呈请而有所指示时用。

布告——对公众宣布事实或有所劝诫时用。

任命状——任免官吏时用。

呈——下级机关对直辖上级机关、民众对公署有所呈请时用。

咨——同级机关间公文往复时用。

公函——不相隶属的机关公文往来时用。

批答——上级机关对下级机关或公署对民众陈请事项准驳时用。

除了上面9种正式使用的公文外,还有几种从北洋政府时期沿用下来的文体,如代电(用电文格式以快信寄发的文件)、手谕(机关首长对本机关属员的书面指示或通知)、告书(政府机关对下级或民众的劝诫)、宣言(机关团体对民众发布意见或通报重大事件)等。

②对公文的形式作了统一规定。1928年颁布的《暂行公文革新办法》规定,取消公文中的习用套语,提倡公文使用白话文;行文要用新式标点符号,分段书写以便提高阅文效率。1929年颁布的《划一公文用纸办法》,对公文用纸的尺寸、颜色、质料以及装订要求等作了统一规定。

③对公文处理程序作了统一规定。1928年颁布的《修正内政部办事细则》规定:收文处理程序为验收、拆封、编号登记、摘由、呈阅、分送、拟办、检查、归档;发文处理程序为交拟、拟稿、核稿、判行、缮校、用印、编号、录由、登记、封发、立卷、归档等,如系两个以上机关联合发文,还有会签、会稿等手续。《细则》还对文书处理的每一道程序都作了具体的明确要求,如拟稿时每行要留有余地,以便核稿人修改;用印时印章要盖在"中华民国×年×月×日"中"国"字的下面(当时公文是竖排的),并与"年"字相齐,并覆盖"月"字,称为"齐年盖月"。

这次公文改革形成了国民党政府文书工作的基本模式。

(2)1933年至1935年的公文改革。第二次文书工作改革是1933至1935年进行的,当时国民党政府发起了一场"行政效率改革"运动,在秘书工作方面主要是推行"文书档案连锁法",规定各机关由总收发室将全部收文、发文统一分类、编号、登记,然后送往主办单位办理,办理完毕的公文由机关档案室立卷归档。这次为时不长的改革对于统一文书档案处理程序起到一定的积极作用,但是由于阻力较大,一些行之有效的程序未能在较大范围推广,从全国来看,收效甚微。

这个时期国民党政府还派员去欧美考察西方先进的文书档案工作,回国后进行宣传介绍。行政院于1934年成立了"行政效率研究会",下设专门的"文书档案组",对秘书工作的改革进行研究。这些研究,对我国文书学和档案管理学的形成起到了一定的推动作用。

(3)1938年至1945年的文书工作改革。第三次文书工作改革于抗战期间的1938年至1945年进行。当时为适应战时行政体系,国民党政府于1938年颁布了《公文改良办法》,对公文的判行、会稿、承转、编号等提出了改革办法。1940年,国民党政府颁布《三联制大纲》,推行"行政三联制",即由各机关将拟出的工作计划呈报中央政府汇总后进行总设计,然后指示各机关贯彻执行,在执行中和执行完毕后进行考核。为配合"三联制"的推行,文书工作实行分层负责制,加强了对秘书工作的统一管理和集中指导。

2.国民党政府文书工作的成就和存在的弊端

国民党政府为巩固其统治,强化一党专政的国家体制,对文书工作做了多次改革,1947年还在国统区范围内开展了一次全面的"文书工作竞赛运动",其直接目的与三次文书改革一样,是为了提高文书工作乃至整个行政管理的效率。通过这些努力,国民党政府在简化公文结构、规范公文用语、限制公文篇幅、统一公文办理程序等方面,均取得了一定效果,促进了我国文书工作的近代化进程。

由于政治腐败,国民党政府对文书工作多次进行改革的许多措施并没有真正有效地推行。各级机关官僚主义严重,长官严重的官僚主义和腐败作风使得文书工作者改革文书制度的良好设想难以落实。许多机关文牍主义泛滥,公文数量之多、手续之烦,使人难以想像,有人计算,一个机关每天收文达1千件以上,根本无法办理,绝大多数成为一纸空文;而中央政府一个文件发到基层,有的要经过200道手续。另外,国民党政府的文书工作改革本身也有一些不科学的地方,例如规范公文用语本来可以净化书面语言,但是规定得过细过多则成了繁文缛节,如规定"勉励语"必须用"勉旃毋违"或"有厚望焉","警告语"必须用"致干咎戾"或"致干惩处",按规定必须使用的这些与白话文语言不协调的专门用语,竟达百余种之多。

第三节　民国时期的档案工作

一、南京临时政府的档案工作

1. 南京临时政府档案机构和档案人员

南京临时政府成立后,形成了大量的档案文件,同时也设立了档案机构,配备了档案人员。

南京临时政府总统府秘书处中设有总务、财政、军事、文牍、收发等七科。其中文牍科的主要任务就是整理和保管总统府日常工作中形成的文书档案,实际上是总统府的机关档案室。文牍科是秘书处的二级机构,行政上受秘书长领导。

临时政府辖外交、司法、财政、内务等九部,各部及所属机构没有建立专门的档案机构,但各部和所属机构通常都有文牍科或公牍员,既做文书工作,又做档案工作,有的文牍科人员较多,分工较细,有的人专做档案工作,可以说是近代最早的专职档案人员。

2. 档案的编辑、公布和利用

南京临时政府的资产阶级民主性质,体现在档案的利用上就是及时公布文件的内容。《临时政府公报》主要作用是发布政令文件,但当公布的文件失去时效后,公报本身就成了重要档案,它所登载的纪事、电报、杂报等等,许多是处理完毕的文件,从这个意义上说,公报又是一种公布档案的形式。除此以外,南京临时政府教育部编的《文教》杂志中的"法令"、"文牍"等栏目也起到公布档案文献的作用。

对于利用档案编纂历史,南京临时政府也十分重视。1912年3月,胡汉民、黄兴等近百人上书大总统,呈请设立国史院,提出"将我民国成立始末调查详彻,撰辑中华民国建国史"。孙中山对这一提案深表赞同,但是由于南京临时政府存在的时间很短,建立国史馆和收集民国建国史料的工作没有来得及进行。

3. 孙中山先生重视档案工作

孙中山先生作为伟大的民主主义革命家,历来重视档案的作用。他在南京临时政府任中华民国临时大总统期间,对档案的保护、保管等都作过重要指示。据《临时政府公报》第12号记载,当孙中山得悉安徽、南京等地起义军破坏了一些所驻学校的档案时,就立即下令要求查明究办,以整肃军纪,同时严令陆军、教育两部派员共同保护各处学堂的书籍和案卷。另据《临时政府公报》第49号,1912年3月在关于撤销大本营的命令中说:"民国统一,战事终息,大本营名目,应立即取消,所有关防、案卷等即交参谋部存储,以资查考。"这些事实都说明孙中山对档案保管的重视。

二、北洋政府时期的档案工作

北洋政府时期,我国档案工作有了较大发展。这是因为北洋政府虽然本质上是封建政权性质,但实行的是近代共和体制(袁世凯复辟帝制的短暂时间除外),在国家机构的管理上模仿西方国家,档案工作因为和国家机器的运转密切相关,因此也受到西方国家重视档案管理和利用的影响。档案工作的发展主要表现在以下两个方面:

1. 各机关普遍建立了专门的档案机构

北洋政府设立了三个独立的档案机构:国史馆(1914年成立)、清史馆(1913年成立)、故宫博物院(1925年成立,其中文献部属于档案机构)。这些专门的档案机构的主要任务是保管、清理、编纂历史档案,带有很强的学术性。这部分档案工作不属于秘书工作的范畴。

在北洋政府的各机关中设立了隶属于秘书厅、总务厅的专门的档案工作机构,如外交部总务厅设有专门清理、保存档案文件的档案房,内务部设有档案科,司法部设有文件保管室等。

在一些较小的机关中也设有专任的档案保管人员或确定专人保管档案。这些档案机构或人员主要保管本机关在行政活动中形成的新的文书档案,同时也保管本机关的历史档案。这些档案工作当然是秘书工作一个极为重要的组成部分。

2. 形成了一些档案工作制度

北洋政府时期形成了一些比较合理的档案工作制度,如外交部在1912年至1914年三年中先后制订了《编档办法》、《保存文件规则》、《编纂规则》等有关档案工作的制度。当时在各机关形成的档案工作制度主要有:

(1)文书立卷归档制度。本机关形成的文书档案要按照主管业务机构编制的案卷目录进行立卷,案卷要编号、编目、分类保管。各部门设管档人员,负责对办理完毕的文件"汇为卷宗,登簿存储",保管一定时期后再按规定送交专门的档案房统一保管。

(2)按文件重要程度分级立卷的制度。司法部的《文件保存细则》规定:所有需要保存的文件按重要程度分为"正辑"、"要辑"、"杂辑"三类,每类分别组卷。凡文件可为将来引证之例规者编为正辑,永远保存;凡文件可备查考而无需永远保存者,编为要辑,保存三至七年;凡例行文件而无关紧要者编为杂辑,保存一至二年。这实际上是按档案保管期限来分别立卷。

(3)档案借阅制度。有的机关规定了严格的档案借阅制度,有的还印制了文件调取证,建立了调阅档案的阅览室。"调取文件应先就档案(指经过编纂的档案资料)取阅,如档案缺漏或有疑义,再调原件"。

北洋政府时期档案工作虽有较大发展,但由于北洋政府的反动性和腐败性,也出现了对重要档案大破坏的恶性事件,其中最典型的有两件:

一是袁世凯为销毁他篡权复辟的罪证,于宣布实行帝制后下令销毁大量有关复辟帝制活动的档案文件。据《中国档案事业简史》(邹家炜等著)的资料,1915年12月21日,在袁世凯宣布帝制后不到10天,这位即将登基的"洪宪皇帝"就以"办理国民会议事务局"的名义通电各省:"请将改革国体文电信函除法律规定者外,一律查明销毁。"1916年3月22日,当了83天皇帝的袁世凯被迫宣布取消帝制,为了彻底销毁罪证,在取消帝制之前他又通过御用的"参政院"下令将各省区的"推戴书"全部销毁。3月29日,仅总统府就销毁有关复辟帝制的档案840多件。

二是1921年教育部及其下属的历史博物馆将极其珍贵的八千麻袋(共十五万斤)历史档案以大洋四十元卖出去,造成历史档案的大流失,史称"八千麻袋事件"。当时在国民政府教育部任职的鲁迅先生对这一事件有所了解,他于1927年写了《谈所谓〈大内档案〉》一文,揭露了腐败官僚破坏档案文献的丑恶嘴脸。鲁迅先生指出,当时教育部官僚对清廷档案的"整理"和"检查",实际上是官僚"考古家"的分赃,是对档案资源的公开的破坏和抢劫;历史博物馆拍卖八千麻袋档案后,一些官僚阔人将以前偷去的档案文献拿出来发表,并谎称是八千麻袋中的东西。"中国公共的东西,实在不容易保存。如果当局是外行,他便将东西糟完,倘是内行,他便将东西偷完"。

三、国民党政府的档案工作

国民党政府的档案工作较之北洋军阀政府的档案工作又有新的发展。

首先是中央政府各机关和各地方政府更加普遍地建立了专门的档案工作机构,1934年,行政院还一度设立档案管理处,作为全国档案工作的领导机构。

其次是许多机关建立了档案集中管理制度(但实际上许多机关没有严格执行),将本机关所有档案交档案室统一集中管理。如1928年内政部制定了《档案室办事细则》,1930年行政院颁布了《保存机关旧有档案令》,同年,考试院和交通部各自制定了《文卷管理规则》,随后,几乎所有机关都制定了档案工作细则。

再其次是各档案机构建立了归档文件总登记簿、卷目分类簿、索引簿、目录卡片等检索工具,为查找、使用档案提供了方便。

档案工作与文书工作历来就无法截然分开。国民党政府多次文书工作改革对档案工作也产生了较大影响,尤其是30年代前期推行的"文书档案连锁法",就是根据当时文书工作与档案工作脱节、档案保管分散而混乱的现象而提出的方案。这一方案对简化文书处理程序、加快文件运转、提高行政效率起到了积极作用,对于防止文件在转化为档案之前就丢失以及打击少数"卷阀"垄断案卷、暗箱操作也不失为一种好的方法。但正如一些档案学专家所指出的,"连锁法""混淆了文书与档案、文书工作与档案工作性质的差别","混淆了立卷和分类的关系","是不利于档案工作的发展的"(邹家炜等:《中国档案事业简史》,第183页)。

档案管理水平的提高是与吸取国外先进的档案管理经验相联系的。国民党中央党部秘书处直属的中央档案整理处的主管人员,30年代初到美、英、苏、德等国考察档案工作,回国后根据外国的经验编订了较为先进的档案管理办法。这对国民党政府各级各类机关的档案管理工作有很大影响。

在国民党政府统治时期,一些大中学校和较大的公司企业也加强了文书档案工作,配备了专职的或兼职的档案管理人员。这是档案工作的一个新的发展。

虽然国民党政府对机关档案建立了"集中制"的管理办法,但实际上许多单位没有真正执行。从全国来看,1934年成立的行政院档案整理处还没有正式开展工作就被撤销,所以没有对全国档案工作进行管理的机构,加上地方县级档案文卷多为世袭"卷阀"把持,他们因循守旧,拒绝近代先进的档案管理方法,严重阻碍了档案管理工作的发展。因此,国民党政府的档案管理总体上还处于分散、落后的状态。

第四节　民国时期的其他秘书工作

一、南京临时政府重视信访工作

孙中山先生是一位伟大的民主主义者,在他领导下的南京临时政府注意倾听人民群众的呼声,重视人民群众对建国大政方针的建议,同时关心人民群众的疾苦,对人民来信来访十分重视。

辛亥革命后,各界民众为推翻满清帝制欢欣鼓舞,他们拥护民主共和政体,参政意识空前增强。许多有识之士前往总统府向临时政府陈述建议,或投书临时政府要求解决或解答他们关心的问题。总统府秘书处对民众来访或所呈递的信件都十分重视,一般均给予热情接待,认真解答。由于政局比较混乱,邮递业务不够正常,有的回信不能及时送达投书人,秘书处遂于总统府东西栅门外设立专门的"揭示处",将对民众来信来访所提问题、建议的批答情况,张榜公布,使相关人员及时了解处理情况。有些重要的信件或来访记录,秘书处还转呈孙中山先生,在短短三个月不到的时间内,孙先生亲自处理的来信来访达数十件次。孙先生对人民群众来信来访的重视,充分体现了他的民本思想。

二、秘书人员的选拔和考核制度

1. 南京临时政府对秘书人员的选用

南京临时政府和它所管辖的各级新政权中的秘书人员,主要来源于两个方面:

第一,从早期革命党人中聘任。早在 1894 年,孙中山先生就在檀香山组织建立中国第一个资产阶级性质的革命团体"兴中会",20 世纪初,黄兴在湖南组织"华兴会",蔡元培在浙江组织"光复会",湖北、安徽、广东等地也纷纷建立革命团体。1905

年,这些革命团体联合组成以孙中山先生为总理的"同盟会",这是中国第一个具有资产阶级政党性质的全国性组织。早期革命团体的反清革命活动,锻炼了一大批革命党人,这些人成为辛亥革命后南京临时政府的中坚。南京临时政府的秘书队伍的骨干力量就是从早期革命党人中聘任的。例如,总统府秘书长胡汉民(1879～1936)早在同盟会成立时就加入了该组织,并先后任评议部议员、书记部书记、《民报》编辑等职,多次参加孙中山先生领导的反清武装起义。这样既有革命经历,又有秘书工作经验的老同盟会员(其实当时仅有32岁),自然受到临时政府的重用。再如后来成为中共著名活动家的吴玉章同志,是同盟会最早的会员之一,早在1905年同盟会成立时就担任评议部评议员,在革命党内享有较高的声望,辛亥革命期间在四川领导武装起义,建立起中国最早的革命政权,孙中山在南京任临时大总统时,他来到南京,辞谢了内务部局长和参事的委任,而接受孙中山先生的邀请,到总统府秘书处当一名没有官衔的秘书。

第二,从前清政府的文职吏员和幕僚中选用。如湖北军政府对前清政府的行政吏员进行了不彻底的整顿,裁退了部分品行不端、缺少能力的旧吏员。考察的方式有两种:一为考试,旧政权书吏文职人员欲在新政权任职者,须参加考试,通过后派往各部门任"课员"或"司书生"(相当于见习秘书),办事三个月后再甄别品行成绩以定去留;二为访察,凡有"吸食鸦片"、"性好冶游"者,不得留用,如果经访察确定人品端正、办事谙练兼通新政者,可免其考试,派充各课课员。这种从旧政权秘书人员中选用的人在临时政府和各地新政权中虽然多充当普通秘书,但是他们人数众多,加上中国民族资产阶级的妥协性,对他们的甄别和整顿很不彻底,致使新政权的秘书队伍出现鱼龙混杂的现象。

随着辛亥革命的果实被袁世凯为代表的北洋军阀窃取,一些革命党人退出了政府。

2. 北洋政府对秘书官员的考试选拔和任用

北洋军阀政府的官吏制度仿效西方国家的常任文官制度，由国会通过并颁布了《文官保障法》、《文官高等考试法》、《文官普通考试法》、《文官惩戒条例》等法规，明确规定了行政官员的等级、资格条件、考试办法、任用程序、服务规则、薪俸待遇、职业保障及惩戒处分等方面的内容。其中文官考试制度在中国行政史和秘书史上很有特色。

文官普通考试每三年在首都举行一次，应试者必须为年满20岁以上的中国男子，且须具有教育部认可的相当于中等以上专门学校的毕业文凭，或过去曾在政府任过初级文职。1919年又规定："应试人须在考试月份的一个月前，取各县同乡荐任官以上京官一人的'保结'，亲赴国务院铨叙局报名，并呈验有关文件。凡被褫夺或停止公权尚未复权；品行卑污，被控有案，查明属实；受破产宣告尚未复权；有精神病或年力衰弱；亏欠或侵蚀公款；及其他法令有特别规定等上述情况之一者，均不得参与考试。"（聂中东主编：《中国秘书史》，第723页）

普通考试分为三试，内容分别为国文、行政专业知识、口试（第三试，其内容与前两试略同，主要考核应试者的口语交际能力和应变能力），三试平均合格，才能正式进入文官队伍，录取后还要到各官署实习一年，期满而又成绩优良的，即可作为候补，授予具体职务。

文官高等考试也是每三年在首都举行一次。应试人为年满25岁以上的中国男子，且须具有国内或国外高等学校的毕业文凭。高等考试分为四试，第一、第二、第三试为笔试，第四试为口试。四试平均合格，才能录取。录取后分发到各官署实习二年，期满且成绩优良者，即可作为候补，授中等文职。

从形式上看，北洋政府的文官考核任用制度比较重视文凭和实际能力，在笔试和口试合格录取后，尚须经1～2年实习，成绩优良者方正式任用或升迁，相对于前清的八股科举和官员自聘幕僚的制度要合理得多。但是北洋政府大权实际掌握在大军阀手中,他们为争夺控制地盘和国家权力连年内战,某些合理的制度没有真正实行,尤其是这些军阀要员的亲信秘书官,实际上采取的是一套"任人惟亲"的路线,高级秘书只看其是否为长官亲信,而不考虑资格、能力以及是否通过考试等其他条件。

3. 国民党政府对秘书人员的选用

国民党政府时期,政府秘书的任职资格条件较为严格。据聂中东《中国秘书史》引《国民政府秘书及科员任用规则》规定,在国民政府任秘书工作的人员须具备以下条件:

必须是国民党党员;

必须具有国内外大学或专门学校以上的学历;

必须具备担任文职三至四年的阅历;

必须由国民政府委员二人推荐或主管长官保准。

除此而外,蒋介石对于自己的亲信秘书机构"侍从室"的高级秘书,提出了一些特别条件:必须是黄埔军校毕业或者已在国民政府中任职数年者;必须有经验、有能力、有充沛精力、严守秘密者;必须经过蒋介石本人直接审查,亲自召见面试。

从南京临时政府、北洋政府和国民党政府任用秘书人员的规定和实际做法看,对作为领导(长官)的得力助手的秘书通常都有比较严格的要求,除了基本的业务素质外,领导人一般将其是否忠实可靠作为第一位的要求。

三、国民党政府时期文书学、档案学的学术研究和人员培训

1. 我国文书学、档案管理学的产生

在国民党政府为提高行政效率多次进行的文书工作改革过程中,我国一批资产阶级行政管理学者和一些文书档案工作者,也对文书档案工作做了比较多的研究探讨。尤其是在20世纪30年代前期和中期,陆续发表了不少文书档案学方面的学术文章和专著,如徐望之的《公牍通论》、许同莘的《公牍学史》、周连宽的《档案管理法》和《县政府档案处理法》、傅振伦的

《公文档案管理法》、陈国琛的《文书之简化与管理》、梁上燕的《县政府公文处理与档案管理》、何鲁成的《档案管理与整理》等。此外,在《行政效率》、《文献论丛》等学术刊物上,也发表了一批文书处理和档案管理方面的学术论文。这些研究成果的发表,标志着我国文书学和档案管理学作为新兴学科的形成,对我国文书工作和档案工作的发展,起到了一定的推动作用。

文书工作和档案管理工作(仅限于机关内部的档案管理,不包括档案馆等专门档案机构的档案管理)是近代秘书工作一个重要方面,但是它们毕竟只是秘书工作中一个组成部分,因此,30年代一批文书学和档案学教材、专著和论文的发表,尚不能视为我国"近代秘书学理论体系的构建",也不能说是"掀起了秘书学研究的高潮"。我国秘书学作为一门有其特定研究对象的学科,是20世纪80年代以后才正式产生的。

2. 文书档案管理人才的培训

为提高行政效率,国民党政府自20年代后期开始,通过各种方式对文书档案管理人员进行了一些培训。

第一种形式是在培养国民党行政官员的"训政学院"中开讲"公牍通论"课程,如我国第一部文书学专著《公牍通论》就是徐望之根据他在国民党河北训政学院中主讲公牍课时编写的讲义加工写成的。

第二种形式是在一些私立学校中开设档案管理专业。例如,1939年,国民政府教育部在湖北私立武昌文华图书馆专科学校内开设档案管理专科,招收高中毕业生,共培养了30余名档案管理专业毕业生,这是目前所知道的我国最早的档案专业的高等教育。1946年,私立重庆崇实档案学校也设置文书处理科、档案管理科,两年多共招生近300人。在其他一些地方也有一些私立学校开办过以文书档案管理人员为培养对象的专业。

第三种形式是对文书档案管理在职人员进行职业培训。国民党政府于1941年6月颁文规定,对县政府的文书档案人员进行培训,文书处理和档案管理为主要课程。1942年,文华图书馆专科学校被指定开办档案管理职业培训班,学制4个月,先后开办7期,培训在职档案管理人员200余名。

虽然国民党政府对文书档案管理人员进行了一些培训,但是从全国范围看,真正接受近代文书档案管理方法培训的人员在整个文书档案管理人员中所占比例微乎其微,档案人员的总体水平不高。尤其需要指出的是,国民党政府档案管理人员仍然存在封建世袭现象,尤其是县一级的管卷人员,大都继承了封建书吏把持案卷的恶习,在档案管理上拒绝现代管理方法,而是别出心裁另搞自己的一套,特殊的管理方法只传给子孙门徒,秘不外传。他们用这种方法保住自己饭碗,并在自己年老后将位置传给子孙。档案管理人员的这种世袭现象严重阻碍了档案工作的发展,当时有人称这些人为"卷阀"。

复习思考题

1. 南京临时政府总统府以及它所属各部的秘书机构名称如何?
2. 北洋军阀政府秘书机构设置有何特点?
3. "侍从室"是一个什么样的机构?
4. 南京临时政府对文书工作做了哪些改革?改革的意义如何?
5. 北洋政府对南京临时政府文书程式和文书制度的基本态度如何?原因何在?
6. 袁世凯复辟帝制前后对公文名称和公文程式的改动说明了什么问题?
7. 国民党政府三次文书工作改革的主要内容是什么?效果如何?
8. 南京临时政府在档案利用方面的哪些做法能体现其资产阶级民主性质?
9. 北洋政府时期档案工作的发展表现在哪些方面?这期

间发生了哪些严重破坏档案的事件?

10. 南京临时政府对人民来信来访的态度如何?
11. 民国各时期选拔秘书人员的标准是什么?
12. 我国文书学、档案管理学产生于何时?其背景如何?
13. 国民党政府培训文书档案管理人员主要有哪些方式?

第五章 民主革命时期中国共产党的秘书工作

第一节 建党初期和大革命时期的秘书工作

自从人类社会进入文明时代以来,任何社会组织的活动都离不开秘书工作。1921年7月23日,中国共产党第一次全国代表大会在上海召开,宣告了中国共产党的成立,与此同时,党的秘书工作也就开始了。

一、建党初期(1921~1924)的秘书工作

1. 毛泽东任"一大"兼职秘书

参加党的第一次全国代表大会的正式代表共有12人,代表全国53名党员。这些代表由上海、北京、湖南、广东、湖北、山东等地的共产主义小组推选产生(陈独秀本人因故没有参加大会,而派他的代表包惠僧到会)。另有共产国际代表马林、尼柯尔斯基参加。当时没有专职的秘书,会务工作都由代表自己完成。根据参加一大的正式代表董必武同志回忆,在党的一大上年仅28岁的湖南共产主义小组代表毛泽东被推举负责会议记录、文件保管等秘书工作,并参与起草《中国共产党第一个纲领》等重要文件。毛泽东既是一大的正式代表,又是会议的兼职秘书。因此可以说,毛泽东是中国共产党的第一位秘书。

党的一大选举了中央局,陈独秀当选为书记,李达、张国焘

分别主持宣传、组织工作。中央局没有设专职秘书,保管文件等秘书性质的工作由主持党的宣传工作的李达兼管。当时中央局办公地址就设在李达家中。

2. 党的"三大"决定设立党中央秘书

中国共产党成立后,党员人数发展很快,党所领导的工人运动掀起高潮,党中央机构的秘书工作也日益繁重。为了适应这种形势,1923年6月于广州召开的中国共产党第三次全国代表大会通过决议,决定设立党中央秘书一职。据这次代表大会通过的《中国共产党中央执行委员会组织法》规定,党中央秘书的职权是负起草党内外文书、通讯及会议记录的责任,并兼管党的文件;党内所有文函须由党中央委员长(即总书记)和党中央秘书共同签署才能生效;中央执行委员会召开的一切会议,需由党中央委员长和党中央秘书共同主持召集。上述规定表明,党中央秘书在党内的地位和作用是相当重要的,实际上超过后来的中央秘书长。三大召开后不久,最先担任党中央秘书这一重要职务的是毛泽东,他于1923年6月至1924年9月担任党中央秘书。据党史资料记载,这期间由毛泽东经手并妥善保管的党内文件达数百件。当时党的地方组织也设有秘书一职,其职权与中央秘书相仿。后来,随着秘书工作量的增加,党中央秘书改称"党中央秘书长"。

3. 中共最早的文书工作

中国共产党是马克思列宁主义政党,它的成立不仅是中国政治发展史上的一件开天辟地的大事,而且也是中国秘书工作发展史上一件大事。建党之初,党的秘书工作就具有鲜明的时代特点和创新精神,主要表现在以下几个方面:

第一,文书语言是白话文,并使用新式的标点符号。在中国共产党成立之前,除在元代曾经少量使用过白话文外,官方文书一直使用文言文,包括孙中山先生领导的南京临时政府和北洋军阀政府。中国共产党早期领导人陈独秀、李大钊等人,本身就是五四新文化运动的旗手,而提倡白话文、使用新标点正是新文化运动的重要内容之一,所以,从中国共产党成立之日起,就提倡用工人、农民、城市贫民能够看懂的白话文书写文件,并使用新式标点符号。从1921年11月《中国共产党中央局通告》等少量建党早期的文件档案看,中共正式文件用的都是白话文。这在公文用语方面是一个了不起的变革。

第二,反对文牍主义,提倡务实文风。从现存的为数很少的建党初期的文件来看,当时的公文文风是非常注重实用、极为简洁朴实的。中央多次强调反对空洞无物、不得要领的文风,要求党内文件必须材料充实,要对革命斗争中的实际问题进行实事求是的分析。1923年11月中国共产党第三届第一次中央执行委员会通过的《教育宣传问题议决案》还明确要求党的宣传材料要"使用口语,求其通俗化"。

建党初期的文书档案工作也存在一些不够成熟的地方,除了1923年《中国共产党中央执行委员会组织法》的规定"党内文件由委员长和秘书签发"的制度外,从现有资料看,当时没有形成其他的文书档案工作制度。在文件的保管和档案的建立方面,由于没有明确的制度,为了保密便往往将文件的底稿和副本烧毁,以至于今天研究建党初期的历史,难以找到确实可靠的文件档案。

二、大革命时期(1924～1927)的秘书工作

党的"三大"确立了与国民党合作建立统一战线的路线,1924年1月,有许多共产党员参加的中国国民党第一次全国代表大会在广州召开,标志着第一次国共合作正式建立和大革命时期的开始。

这一历史阶段党的秘书工作有了新的发展。

1. 党的各级组织普遍设置秘书职务

1925年5月召开的中国共产党扩大执行委员会通过的《党内组织及宣传教育问题议决案》明文规定:"为履行种种职任起见,党的组织应当采取下列的形式及办法:(甲)地方委员会由三人组织之:委员长兼宣传部,秘书兼组织部……第三人管理工农部。"根据这个文件,党的各级组织中的"秘书"一职,与"三大"规定的中央秘书一样,是领导成员之一,相当于后来的秘书长。

2. 中央秘书处的成立和中央秘书长职务的设立

随着党组织的扩大和革命运动的发展,党的秘书工作越来越繁重,中央仅设一名秘书已不能适应工作需要,必须建立一个专门的秘书机构。1926年7月,中国共产党中央扩大执行委员会会议通过的《组织问题决议案》则明文写有"增设中央秘书处以总揽中央各项技术工作"。中央秘书处成立初期,受周恩来、罗亦农领导,其主要职责有以下诸项:

①安排中央各种会议的日程和议程,起草会议文件材料,选择安全的会议地址,负责会议的安全保卫工作、会议记录工作等。

②起草、誊写、收发、保管党内各种文件材料。

③负责保密工作和通信联络工作(当时叫做"交通工作")。

此外,中央秘书处还要负责处理中央的其他日常事务、管理中央经费和出面接谈等。

据有关史料记载,在大革命后期,中共许多地方组织也设立了秘书处一类的秘书机构。

与中央秘书处建立的同时,党内设置了中央秘书长一职。秘书长既是中央秘书处的直接领导,也是党中央主要领导成员之一,通常由党中央的主要领导成员兼任。担任首任中央秘书长职务的是中共早期杰出的活动家王若飞,在大革命时期担任这一职务的还有邓中夏、周恩来、李维汉等同志。

3. 党的"五大"的大会秘书处

由于党的队伍迅速扩大,党的代表大会的规模也越来越大,据党史资料记载,自党的"五大"(1927年4月27日至5月10日在武汉举行,有正式代表80人参加大会)起,党的全国代表大会召开期间除选有主席团主持大会外,另由主席团设立大会秘书处,负责会议的会务工作,起草和印发大会文件。党的

"五大"的秘书长是蔡和森,毛泽东、瞿秋白、邓中夏则分别担任秘书处下设的三个委员会的秘书。

4. 大革命时期的文书档案工作

1923年三大通过的《中国共产党中央执行委员会组织法》规定,党内由秘书管理文件;1926年8月,中共上海区委秘书长会议记录里有关于"内部的种种文件概由秘书处整理"的记录。这些历史资料表明,在大革命时期,文件的处理和保管是党内秘书工作的一项重要内容。

大革命时期,党吸取了建党早期文书工作缺少制度因而文件丢失较多的教训,陆续形成了一些初步的文书工作制度,主要有:

(1)文件收发登记制度。从现存的1925年11月18日中国社会主义青年团中央在《关于加强文书技术工作的通告》等文献资料看,党中央机关从1924年起就建立了文件收发登记制度,各级机关设置了文件底稿簿,将所发文件和存根编制成册。与此同时,对发出和收到的文件,进行编号、登记文件名称、备考、收件人、发件人、收发时间等项内容,并建有收文登记簿、发文登记簿和文件保管簿。这样,机关发出和收到的所有重要文件,都能登记在册,即使销毁,在文件保管簿中也有说明。文件收发保管制度的建立,有利于文件的保密和档案的保存,提高了工作效率。

(2)文件秘密传递制度。建党初期,党内文件主要通过秘密邮寄的方式来传递,绝密文件才派专人传送。党领导的工人运动高潮后,军阀政府对党的活动加强了监视,实行了严密的邮件检查制度,使党内文件的传递增加了难度,为此,党中央设置了秘密交通员,专门传递机密文件。1925年1月,中共"四大"决定在党内建立内部交通网。4月,中央执行委员会又发出第28号通报《关于建立和健全党的交通问题》,要求全党停止邮寄机密文件材料,并设立交通员,规定了交通员的主要职责是传递机密文件材料,要求他们对传递的文件负绝对安全之责。通报还指出:"党在秘密活动之下,使本党的印刷物传递到党的群众和深入到党外群众中去,是非常重要的工作,这种工作在组织上的重要等于人身上的血脉,血脉流滞影响于人的生死。"大革命时期建立的地下交通网,在其后国民党反动统治下继续发挥巨大的作用。

第二节 土地革命战争时期的秘书工作

一、白色恐怖下的秘书工作

1. 邓小平出任中共中央秘书长

1927年4月和7月,蒋介石、汪精卫先后叛变革命,国共合作破裂,大革命失败。8月7日,中央在汉口召开紧急会议(史称"八七会议"),当时任中央政治秘书的邓小平筹备并参加了会议。"八七会议"纠正了陈独秀的右倾路线,选出了新的中央领导机构——临时政治局。临时政治局下设有文书科,不久改称"秘书处",负责中央机关的秘书、文书和档案工作。各地下党省委机关中也设有秘书处,由秘书长主持工作,负责日常事务和文书工作。为适应白色恐怖的恶劣环境,党的机构及其活动处于绝密状态,为安全起见,秘书处工作人员很少,有的一个人兼管几项工作。

1927年秋,中共中央从武汉迁回上海,当时的上海处于一片白色恐怖之中。中央秘书处的工作仍然在秘密状态下照常进行。1927年11月,中央扩大会议将秘书处划归中央组织局领导。当时中央秘书长由邓小平担任,主持秘书处工作,负责中央机关的文书、机要、安全保密、通讯交通和财务等项工作。秘书处下设有文书科,文书科分文件密写、文件阅览、文件保管三处地点工作。

2. 中央"秘密委员会"成立

为了适应地下状态的革命斗争,1928年中央成立了"秘密

委员会",由周恩来、邓小平领导。根据1928年12月4日通过的《秘密工作条例》的记载,中央秘密委员会的任务是:

①选择机关地址;

②保护文件安全;

③建立交通工作;

④确定秘密接头方式;

⑤准备会议。

这些工作多数属于秘书工作的性质。因此可以说,"秘密委员会"实际上是党在特殊时期的一个秘书机构。

1930年4月19日,中央就秘密工作致信中央机关全体工作人员,要求将不需要的文件随时送至保管处保存。当时的文件保管处的地点只有周恩来等极少数人知道。

自1931年起,中共中央机关陆续向革命根据地转移,原中央秘书处的大多数人员留在上海与中央上海局秘书处合并,中央秘书处自然撤销,中央留在上海的20多箱文件,一直秘密保存在上海,直到1949年上海解放。

3. 瞿秋白起草《文件处置办法》

中央秘书处每天要处理大量文件(史料记载,1929年上半年,中央秘书处收发文件4777件),但原来没有一个规范的处理和保管文件的办法。1931年初,时任中共中央政治局常委、中央军委书记的周恩来指示瞿秋白起草了一个《文件处置办法》,初稿完成后,又经周恩来审阅批示执行。

《文件处置办法》详细规定了中央应当收集的文件档案资料的范围、内容,以及整理、保管、销毁文件的原则和方法,并将秘书处文件保管处收发的文件分为四大类来分别处理和保管:第一大类是最高机关决议和指示性材料,包括共产国际关于中国问题的决议案和给中国共产党的文件、中国共产党代表大会的文件和记录;第二大类是中共中央对外的宣言、告群众书等公开的宣传性文件;第三大类是中央政治局常委会议记录;第四大类是中央的通告、宣传大纲等对下的指示性文件。《文件处置办法》还对文件的编号、登记、保管方法等做了具体规定。《文件处置办法》还指出:"如有可能,当然最理想的是每种二份,一份存阅(备调阅,即归还),一份入库,备交将来(我们天下)之党史委员会。"

《文件处置办法》是目前发现的我党历史上第一个系统的关于文书工作的指导性文件,它反映了在白色恐怖的艰难条件下,中国共产党的高层领导对文书工作的重视,他们坚信党的事业最终将取得胜利,充分认识到文书归档工作的重要意义。这份文件在现代秘书工作史和档案工作史上都占有十分重要的地位。

4."中央秘密文库"对文件的保管

从《文件处置办法》中的有关规定可以看出,中共党组织非常重视保留文书档案。"中央秘密文库"原来就是中共中央秘书处文件保管处,根据中央有关文件规定,用完的文件"必须随时送保管处保存"。到1932年底,中央机关即将完成向苏区的转移时,文库共存有几十箱文件和其他资料,包括党中央各种(届)会议记录、决议案,中央给各地的指示,各级组织给中央的报告,中央与共产国际间的往来文件等方面的重要文件。中央在最后撤离上海时,决定将中央秘书处保管的这几十箱文件留在上海,并让中央秘书处张唯一同志留在上海任中央上海局秘书长,指挥保管这批重要的历史文件,这样就形成了秘密的中央文库。具体负责管理秘密文库的是陈为人和他的爱人韩慧英(党中央交通员),他们扮成一个富豪家庭,白天装出有钱人悠闲自在的样子,夜间通宵达旦地整理文件。为了缩小文件的体积,就把原来写在厚纸上的文件抄到薄纸上,把大字文件抄成小字文件,把文件四周的空白处剪掉。

1935年2月,由于叛徒告密,上海地下党组织遭到严重破坏,张唯一和韩慧英被捕,在失去组织联系和经费来源的极端艰苦危险的条件下,陈为人几经转移保卫了中央秘密文库的安全。而陈为人自己由于积劳成疾,加上过去在国民党监狱中受酷刑留下的肺部损伤复发,在与组织恢复联系后不久,于1937年3月离开了人世,年仅38岁。

在陈为人以后,先后保管中央文库的有刘钊、李念慈、陈来生等人。他们长期同日本宪兵、警察和国民党特务进行机智顽强的斗争,将中央文库安全地保管到上海解放。其间,中央曾于1943年通过拍成胶卷和无线电发报的形式,从中央文库调阅了一批文件,作为延安整风运动的历史资料;1946年国民党发动内战前,有5千份文件秘密调运到延安。1949年9月调运到北京的秘密文库的文件和资料有104包,共2万余件。

中央秘密文库在极端艰苦的条件下,为党组织长期保管了大量珍贵的历史文件,在秘书工作史和档案史上都值得大书一笔。

5.白区秘书工作的一些特殊形式

(1)密写。将文件用特殊的药水写在纸上或出版物上,收件人用显影液一类的药水刷涂后,文件内容即显示出来。中央秘书处设有"密写处",而且就如何密写发出了许多指示。1928年12月6日,中央发出《关于书写文件技术工作的通知》,规定用药水密写文件。药水分甲乙两种,文件也分为重要文件和一般文件,分别使用不同的药水。在传送密写文件时,用暗语告诉收件人文件是用哪种药水密写的。

(2)暗语。在文件中将一些容易暴露自己的话用其他语词来代替,用来瞒骗敌人,如用"钟英"、"大校"、"大兄"等代表党中央;用"中校"、"青哥"等代表团中央,用"大学生"代表党员,用"中学生"代表团员,用"民校"代表国民党,用"胡师常"代表上海市党部,用"总校年鉴"代表决议案,用"经济试卷"代表政治报告,等等。党中央的机关刊物叫"大学读本",某同志被捕被说成"某同学得病住院了"。使用暗语后,可以用平信或电话传达一些不太重要的文件或通知。

(3)职业掩护。在白色恐怖下,党的秘书工作人员必须有公开职业,否则很容易暴露身份。职业掩护的一般形式有开店

（卖书报、卖花等）、组成假家庭（夫妻）等。中央秘书处阅文处有一段时间设在上海公共租界戈登路1141号一个小楼里，周恩来、张闻天等中央领导常来此看文件，阅文处的工作人员是张纪恩、张越霞、苏彩、周秀清，他们四人组成一个假家庭。1931年6月22日，被捕后的张纪恩在受讯问时，按事先统一准备的口供，说：房子是我父亲承租的，他是二房东，我是小开（小老板），住在这里准备考学校，张越霞是我的女人，苏彩是亲戚，周秀清是佣人。由于每个人都这样说，警方没有发现任何破绽，骗过了敌人，保住了文件和党的机密。

（4）建立地下交通网。交通工作就是通信联络工作。早在大革命时期，中共就建立了由组织部领导的交通工作，其任务是发送情报和各种宣传品。大革命失败后，交通工作更加重要，由中央秘书处下设的交通科负责。1927年党的"八七会议"决定：中央建立通达各省的交通，各省委建立通达各县的交通，各县委建立通达各乡的交通，构成了全国交通网。该文件还附有一张全国交通网示意图。

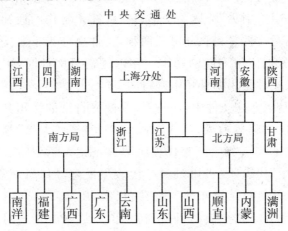

（此图引自李欣等编著的《中国现代秘书工作基础》）

交通网的任务是：传达党的一切文件，输送党的一切宣传品；探听各地反动派的消息和其他各种消息。党中央转移到上海后,党的各个机构处于分散的地下状态,机关与机关之间的联系都通过交通员完成。中央还建立了从上海到北平(北方局)、武汉(长江局)、广州(南方局)三条秘密交通线。地下交通网除了完成传送文件、收集信息情报两项任务外,还有一项护送党的机关和重要领导人转移的任务。1927年党中央从武汉转移到上海,1931年到1933年党中央机关从上海转移到中央苏区,都是由交通员护送安全转移的。

地下交通网在抗战时期的敌占区和国统区,在解放战争时期的国统区继续发挥重要作用。

(5)打入国民党的秘书部门。为了获取国民党的机密情报,党组织派一些优秀党员打入国民党的秘书部门,有的人担任了机要秘书的职务。这些同志长期潜伏于国民党内部,向中共党组织提供了大量核心机密,为革命做出了巨大贡献。例如,中共最早掌握无线电技术人员之一的钱壮飞,打入国民党中央组织部调查科,担任了中统特务头子徐恩曾的机要秘书。1931年4月,掌握中共大量核心机密的中央政治局候补委员顾顺章在武汉被捕后叛变,向国民党当局建议用突然袭击的方式将中共中央机关和主要领导人一网打尽。这一极端机密的紧急情报被钱壮飞首先获悉,他立即派人连夜赶到上海向中央报告。在千钧一发的紧急关头,主持中央日常工作的周恩来果断地采取一系列紧急措施,抢在敌人大搜捕前将党的干部和文件迅速转移,使党中央避免了一场特大灾难。又如,共产党员熊向晖打入国民党,担任胡宗南的机要秘书达12年之久,为共产党提供的绝密情报不可计数。

二、红军和苏维埃政权中的秘书工作

1. 红军中的秘书机构和秘书人员

1927年8月1日,由周恩来、贺龙、朱德等领导的八一南昌起义打响了中国共产党直接领导的武装斗争的第一枪。起义爆发后成立的革命委员会设有秘书厅,由吴玉章任秘书长。

1927年10月,毛泽东率秋收起义队伍进入湘赣边境,建立了井冈山革命根据地。1928年4月,朱德、陈毅率南昌起义余部到达井冈山与毛泽东会师,成立了中国工农红军第四军。在红四军政治部和所属各纵队政治部中,都设有秘书处。1929年初,红四军开赴赣南闽西,开辟闽赣革命根据地,即后来的中央苏区。1929年12月,红四军在福建上杭县古田镇召开第九次代表大会(古田会议),建立了红军的政治工作制度。此后,在红军团、营级士兵委员会中,设立了秘书一职,由士兵委员会委员兼任或另聘。

1930年8月,中共中央发出第154号通知《关于党的军事机关组织与系统问题》,规定中共中央军委常委会下设秘书处,中央局和省、军委常委会下设秘书科。

1931年11月,在成立中华苏维埃中央临时政府的同时,组成了中央革命军事委员会,朱德任主席,王稼祥、彭德怀为副主席。中央军委和红军总政治部都设有秘书处和秘书长,1933年,邓小平曾一度担任红军总政治部秘书长。这一年制定的《中国工农红军暂行编制表》规定,在军队各级组织中都应设置文书部门,在红军营、连等基层单位,则设文书一职。文书部门和文书的主要职责就是保管文件。

2. 早期地方苏维埃政权的秘书机构和秘书人员

在土地革命初期各地建立的苏维埃政权中,都设有秘书一职。如1928年8月中共闽西第一次代表大会上通过的《苏维埃组织法》明确规定:在区、乡苏维埃中设一名与委员会主任并列的秘书,负责领导区、乡苏维埃的秘书工作;在县一级苏维埃执行委员会中设与各委员会并列的秘书处,负责安排县苏维埃的秘书工作;在各县政府中设有秘书长一职,负责领导县政府的秘书工作。又如,《川陕省苏维埃组织法》规定:省和县苏维埃"常委会底下,设秘书长一人;各区乡苏维埃可称为书记",秘书长和书记必须是"同情革命、参加过斗争的工农分子",其职责是"起草文件书信,印刷和收发文件书信,收集各种材料,向主席及常委会报告";秘书长和书记"无单独处理问题、使用图记发布信件之权,一切问题要经主席或代理主席的常委签字才能有效"。在《川陕省各级苏维埃工作方式暂行条例》中,又对秘书的权限和秘书人员的任用作了严格的规定:秘书"管理一切技术文书事宜,秘书不得干涉或代行常委会或主席工作;秘书必须保守革命中的秘密事项,秘书应尽量培养工农分子来充当,禁止富农地主分子到苏维埃当秘书;苏维埃印子必经主席或常委同志许可,秘书方能盖印"。

3. 中华苏维埃共和国政权成立后的秘书机构

1931年11月,在江西省瑞金成立了中华苏维埃共和国中央临时政府,毛泽东任中央执行委员会主席。中央革命委员会主席团下设办公处,由秘书长和技术书记负责文书处理和日常事务。中央执行委员会通过的《苏维埃地方政府暂行组织条例》规定:在地方苏维埃中"废止秘书制,设立总务处以管理城市苏维埃内部一切杂务","总务处下得分设文书、印刷、会计、事务、收发等股",负责处理各项秘书工作和其他事务工作。从"总务处"的内部机构和职责看,它实际上相当于今天的办公厅。

1933年12月通过的《中华苏维埃共和国地方苏维埃暂行组织法(草案)》又恢复了地方苏维埃政权的秘书一职,它规定:"区执行委员会得用秘书一人,文书一至二人;县执行委员会得用秘书一至二人,文书一至三人";乡苏维埃也任用文书一人,以助理乡苏维埃主席团工作。

1934年1月第二次全国苏维埃代表大会通过的《关于苏维埃建设的决议案》指出,为提高政府机关的工作效率,克服官僚主义,必须尽可能改进秘书工作,减少公文数量,提高公文质量。这一方面说明当时的秘书工作中已经出现了官僚主义、形式主义的苗头,另一方面则说明当时的中央苏维埃政权的领导层已经注意到秘书工作的质量对提高领导机关工作效率的重要意义。

4.苏维埃政权使用的公文种类

土地革命战争期间,由于革命战争环境的限制和各根据地条件的差异,在公文的名称和体例上尚未做出严格的统一规定。当时中央根据地和各地红色政权中使用的公文种类,下行文有命令、指令、指示、决定等,上行文主要是报告书,平行文有信、电(报)等。各级苏维埃政权向人民群众宣传政策用布告、通告、壁报等形式;苏维埃共和国临时中央政府对外公布自己的主张和政策用宣言、通电。

5.中共和红军无线电通讯的建立

中共无线电通讯系统是从1928年党的"六大"后逐步建立起来的。1928年,周恩来从莫斯科参加"六大"归来后,根据革命斗争的需要,着手筹建无线电通讯工作。一方面,派在莫斯科的中国共产主义劳动大学的革命青年到国际无线电班等处学习无线电的使用、修理和制作技术;另一方面,在国内组织人员学习无线电技术。1930年前后,我党先后在上海、香港(中共南方局所在地)以及苏区红军中建立了无线电台,红军中的无线电设备是从国民党军队中缴获的,红军第一批无线电工作人员也是从收留的国民党军队中的电台人员中挑选的。1931年,红军成立了无线电学校,成批训练自己的电台工作人员。

我党我军无线电通讯的建立,不仅沟通了党中央和各地党组织、红军总部和红军各部以及各部之间的通讯联络,而且截获了敌方大批珍贵情报,对红军反围剿斗争和长征中红军突破重围取得战略转移的重大胜利,起到了极大的作用。我党老一辈革命家周恩来、任弼时、邓颖超等,都曾经学习过无线电通信技术。据邓颖超同志回忆,1931年9月16日,上海党中央第一次用无线电与瑞金苏区电台联络成功时,在上海担任译电工作的就是周恩来和邓颖超同志,而在苏区电台担任译电的则是任弼时同志。

三、长征中的秘书工作

1. 长征途中惟一的秘书机构——军委机要科

1934年10月,中共中央机关和中央红军开始了两万五千里长征。由于环境艰苦,中央和红军总部原来的一套秘书机构不复存在,仅保留了中央秘书长一职(1935年1月遵义会议前,这一重要职务由邓小平接任)。长征途中负责中央机关和红军总部秘书业务的机构只有一个军委机要科,其主要职责就是抄译电报。在当时的条件下,电报几乎成了惟一的文件和通讯方式。军委机要科的译电员和报务员由周恩来亲自带着行动,完成中央机关和红军总部的机要通信工作。其他文件没有专门机构负责,由各中央领导同志的秘书人员(当时叫"参谋")负责保存。

2. 长征前后对文书档案的收集和保存

长征出发前,中央军委发出命令,严格规定各部队携带文件的数量,要求各部队首长严格检查文件行李担数。为使红军长征中形成的一些重要文书档案得以妥善保存,中央军委还专门组织了一个运输队负责文件等重要物资的运输。在长征途中,红军每占领一个县镇,毛泽东就亲自或派人去找敌人的政府,收集敌人的档案文件。

红军到达陕北后,中央军委于1937年5月发出由毛泽东、朱德签发的《关于征集红军历史材料的通知》,要求多方面征集红军革命历史的档案材料,并成立了由邓小平、陆定一等人组成的红军历史征编委员会。

第三节 抗日战争时期的秘书工作

一、抗战时期中共中央的秘书工作

1. 抗战时期的中央秘书机构

(1)恢复中共中央秘书处。中央机关和红军到达陕北后,恢复了中央秘书处，秘书处受中央秘书长的直接领导，总领中央机关的秘书业务工作。此后，中央机关的秘书工作逐步走上正规。

秘书处分设机要、文书、材料、会计四个科。机要科主要负责电报的收发，管理电台通讯，培训无线电工作人员，编制、破译密码等工作；文书科主要负责文件的印制；材料科负责文件材料的保管整理并提供利用；会计科负责中央和中直机关的后勤服务和财务管理。

（2）王若飞起草《秘书长日常管理业务》。抗日战争前期，中共中央秘书长由我党杰出的领导人王若飞担任。1941年，由王若飞起草、经中央书记处书记任弼时修改，以中共中央名义制订了《秘书长日常管理业务》。这一文件规定了秘书长的八条任务是：

①批阅文电；

②分配（批抄）文电交各部委研办；

③准备会议议程，检查执行会议决议；

④组织会议记录，整理会议议案；

⑤主编《政治通讯》；

⑥处理来信，接待来访，指导秘书处的工作；

⑦管理机要工作；

⑧管理总务工作。

由这一文件可以看出，中央秘书长除了主管秘书业务外（主要由秘书处承担），还兼管中央的其他事务，包括保卫、财经、卫生等事务。王若飞同志随文件还画了一张表，显示秘书长直接领导的机构有：中央秘书处、保卫委员会、中央直属机关管理局、特别会计科、中央直属机关党委。

（3）正式组建中央办公厅。1941年9月，中央决定原秘书长王若飞调任他职，中央书记处书记任弼时同志兼任中共中央秘书长，同时在原中央秘书处基础上组织建立中央办公厅，执行书记处的日常工作。办公厅的任务是：指导秘书处工作，协助秘书长管理政治工作,负责书记处的会务工作等。中央办公厅主任最初由中央副秘书长李富春兼任。

(4)设立中央书记处办公处。1945年党的七大前,中央设立了中央书记处办公处。其职责是:直接协助中央最高层领导人处理文件、电报、会务和日常事务。办公处与毛泽东、周恩来、刘少奇、任弼时等中央常委相邻办公。中央书记处办公处是直接为中共领导核心服务的秘书班子,编制精干,人员不多,是一个高效率的机要秘书班子。

2.文件签发制度和文件传阅制度的形成

中央到达陕北后,对过去的秘书工作经验做了认真总结,其中文件签发制度和文件传阅制度的形成,在秘书工作史上具有重要意义。

1938年,中央制定的《机要规则》正式规定了文件签发制度:任何正式文件(包括电报)必须有领导人签字才能生效。《机要规则》还规定了文件和电报的签发人:中央文件必须由中央政治局委员签发,中央各部的文件必须由部长和秘书长签发,中央军委文件必须由正副书记、政治部主任和参谋长签发,军队中军、师、旅、团的文件必须由部队长、政委、政治部主任和参谋长签发。作为一项严格的办文制度,《机要规则》关于文件签发的有关规定是中共严格执行签发制度的开始。这一制度至今仍然在党政机关文书工作中严格执行。

随着党中央政治生活的正常化,重要事项集体议决成为中央一项重要的领导制度。为适应这种领导方法,抗战初期逐步形成了文件传阅制度。它不仅是一项重要的文书工作制度,而且是实行集体领导的一种必要形式。当时凡属重要文件,都由机要秘书附上一张"传阅单",写明文件的编号、提要、发文收文时间、送件人等,并列出传阅人的名单顺序。重要文件中央主要领导人都要传阅,不是因为文件少,而是领导人通过传阅可以交流意见,互通信息。领导阅文时通常要写上简单批语,表明自己对有关事项的态度。文件传阅制度也是一直沿用至今的一项重要的办文制度。

二、抗日民主政权的秘书工作

1. 抗日民主政权的秘书机构

抗战爆发后,中国共产党领导的八路军、新四军先后开辟了十几个抗日根据地,在根据地中成立了抗日民主政权,其中最重要的有陕甘宁边区政府、晋察冀边区行政委员会和晋冀鲁豫边区政府。这三个抗日民主政权成立最早、存在时间最长、行政机构最健全,秘书工作和秘书机构也比较正规。

在抗日民主政权中都设有专门的秘书机构——秘书处。《陕甘宁边区政府组织条例》规定:秘书处的职责是"管理边区政府委员会会议通知及记录,撰拟、保存及收发文件,管理边区政府会计杂务,编制统计报告,登记边区政府各厅、部、处职员进退,典守印信,以及不属于各厅、部、处的各种事务"。秘书处由边区政府秘书长领导。

陕甘宁政府还设有政务会议,它是执行政务的领导机关。政务会议也设秘书长1人(由边区政府秘书长兼任),另有秘书1人。《政务会议暂行规程》规定:秘书在需要情况下,经会议许可,方可临时出席正式会议,在会上只有发言权,没有表决权。

在边区政府所属各厅、部、处等机构及各专区、县的政府机构中,都设有秘书室,秘书室工作由主任秘书负责,下设秘书、文书、收发员等职务。

2. 抗日民主政权使用的公文种类

抗战时期,抗日民主政权中使用的公文文种主要有:

指示信——上级对下级进行政治领导、检查布置工作、纠正错误或说明条例时用。

复、函——上级机关对下级机关的报告或请示给予答复时用。

令——上级机关对下级机关实行强制执行和限期执行某事项时用。

报告——下级对上级汇报工作情况、工作经验或检讨工作中的失误时用。

请示——下级请求上级答复问题时用。

此外还有布告、公函、代电等公文形式。

3. 抗日民主政权秘书工作的改革和秘书理论的探讨

根据党的抗日民族统一战线的政策，抗日民主政府实行"三三制"政权制度，即政府工作人员中，共产党员、非党左派进步分子、中间派各占三分之一。这就不可避免地让一些旧政权的文职人员进入了抗日民主政府。由于政府内的工农分子文化水平普遍不高，相当多的秘书职位由旧政权的秘书人员担任，他们把旧政权秘书工作中的形式主义和文牍主义以及官僚主义、等级观念等带进了新的民主政权，对抗日民主政府的秘书工作和整个行政工作造成了极为不利的影响。为了克服这种不利影响，提高民主政府的秘书工作和整个行政工作的效率，抗日民主政府对秘书工作进行了一场比较深入的改革。

1938年3月，陕甘宁边区政府就秘书工作发布了一项训令，对秘书工作制度和公文处理的方法作了改进。紧接着，晋察冀边区行政委员会于1938年4月发出《改革公文的理论与实际》的指示信，提出了改革公文的任务和具体办法，废除了一些旧政府的公文名称、格式和套语，规定下行文用信、复、函、令，上行文用报告、请示。

1940年6月，晋察冀边区行政委员会秘书长娄凝先在《边政导报》上发表《怎样使公文科学化》的研究论文，阐述了公文科学化的原则和方法；不久，陕甘宁边区政府秘书长周文在延安《解放日报》发表《谈公文改革》的文章。

1942年1月，陕甘宁边区政府颁布《边区新公文程式》，规定边区政府的公文文体分为主要公文和辅助公文两类，主要公文有命令、布告、批复、公函、呈文5种；辅助公文有指示信、报告、快邮代电、答条、通知5种。这些公文名称简单易懂，扫除了旧公文名称上表现出来的等级观念的残余，受到政府机关工作人员和人民群众的欢迎。

三、抗战时期中共档案工作概况

中央军委曾于1937年5月发出《关于征集红军历史材料的通知》，要求征集红军历史档案。1938年初，中央制定的《中央各级党部工作规则和纪律的决定》，要求各级党组织必须管好文件，同时在中央秘书处设立材料科（实际上就是档案科），在各级机关也设立相应的材料部门。1941年延安整风运动前，中央在关于调查研究的决定中要求收集敌我友三方档案。在此基础上，中央在延安整风运动正式开始前，编印了两部历史档案汇编：其一是《六大以来》，收进1928～1941年间500多件历史文献；其二是《六大以前》，收进1921～1928年间200多件历史文献。这两个档案材料的汇编印发，不仅为延安整风运动提供了第一手资料，而且避免了党的珍贵历史文献的散失。

抗战时期，中共领导的军队和边区政府还用文件形式规定了档案保管制度，如1938年8月，毛泽东、滕代远《致各兵团首长训令》指示，各部"所存密本应由兵团首长和指定可靠专员负责保管"。1943年《八路军各级司令部暂行工作条例（草案）》规定，司令部必须建立案卷，以适应战争的需要。在中共领导下的各边区政府，也普遍建立了文件归档制度。

1945年日本宣布无条件投降时，中央发布了接受日伪投降的命令，其中包括接受日伪档案的内容。在受降过程中，八路军、新四军和各抗日民主政权，接受、搜集了大量日伪档案，这些档案成为日军侵华战争罪行的铁证，是极为珍贵的档案资料。

四、延安整风运动和精兵简政对秘书工作的影响

1942年，在抗日战争最艰苦的年代，中共中央在延安开始了整风和精兵简政两项运动，这两件事对秘书工作都产生了重大影响。

整风运动将"反对党八股以整顿文风"作为它的三大任务之一。1942年2月8日,毛泽东在延安干部大会上做了《反对党八股》的著名报告,一针见血地指出党八股的不良文风是思想上的主观主义和组织上的宗派主义的反映。报告列举了党八股的"八大罪状":空话连篇,言之无物;装腔作势,借以吓人;无的放矢,不看对象;语言无味,像个瘪三;甲乙丙丁,开中药铺,等等。这些党八股的表现形式在秘书工作中有非常突出的表现。毛泽东在报告中还尖锐地批评了具有党八股性质的不良会风:"每处每回无大无小"的会都要按照"一开会,二报告,三讨论,四结论,五散会"的"死板的程序"来开,"做起'报告'来,则常常就是'一国际,二国内,三边区,四本部',会是常常从早上开到晚上,没有话讲的人也要讲一顿"。他呼吁对不良文风和会风都"应该加以改革"。

通过整风运动,中共党内和革命军队、民主政权的秘书工作中存在的脱离群众、脱离实际的文牍主义和形式主义得到一定程度的遏制,公文写作摆脱了空洞陈腐的八股腔,逐步形成了鲜明生动的公文文风;会务工作摆脱了单调呆板的八股味,出现了简短务实的良好会风。

精兵简政是中共为了克服日寇的封锁所造成的极度的经济困难而采取的一项重要政策。精兵简政的对象当然也包括秘书机构。1942年,陕甘宁边区政府各部门实行了合署办公,成立了合署办公厅,下设秘书处、总务处、交际处等,秘书处统一管理合署办公的各部门的会议记录、公文处理、档案保管等事项。边区各专区和县则取消了秘书室和总务科,改设政务秘书和事务秘书,政务秘书协助专员或县长处理日常政务,事务秘书管理机关事务、文书印信等事项。通过精兵简政,秘书机构和秘书队伍变得精干有力,秘书工作的效率反而有所提高。精兵简政对秘书工作的影响表明,秘书机构庞大、秘书人员众多,对搞好秘书工作不一定是好事,关键是秘书工作者队伍是否精干,秘书工作是否注重实效。

五、边区参议会和党的"七大"的会务工作

1.《陕甘宁边区参议会会议规程》

据《陕甘宁边区参议会会议规程》规定:参议会主席团设秘书处,有秘书长、副秘书长各1人,秘书若干人,由主席团选任。正副秘书长承主席团命令处理会议一切事宜,并监督指挥各秘书和其他职员的工作。秘书处下设4个科:文书科负责各科文件、电报、决议案、报告稿、条例的撰拟与整理,编制会议日程及会议记录、会议通知等;议事科负责议员报到、登记、生活安排、布置会场及编制会刊等;总务科负责大会人员的食宿安排和各项杂务;警卫科负责会场内外及空中的警戒。参议会秘书处的机构形式和内部分工已经相当完备了,与今天的较大型的正式会议的"大会秘书处"基本相同,今天的大会秘书处也设秘书组、会务组、后勤组等。

2.党的"七大"的会务工作

1945年4月至6月在延安召开的中国共产党第七次全国代表大会,有正式代表547人、候补代表208人,是到当时为止规模最大、时间最长、内容最丰富的一次大会,这次大会的会务工作也达到了相当高的水平。

"七大"由大会秘书长统筹各项会务工作,秘书长下设有大会秘书处、大会总务处、大会警卫处。秘书处内分记录科(又分为汉记组和速记组)、文书科(负责文书、打印、通讯)。大会规定了8条会场规则。每位代表都发有代表证,代表证上有证号、座位、姓名和会议注意事项。这次会议形成的大量文书材料得到很好的整理和保存。"七大"的会务工作除了会场条件简陋,没有电子计算机等现代化设备外,其组织水平已与今天的会务工作没有多大差别。"七大"的会议组织水平表明中共秘书工作已经走向成熟。

第四节　人民解放战争时期的秘书工作

一、人民解放战争时期中央秘书机构的变迁

从1945年8月日本帝国主义宣布无条件投降到1949年10月中华人民共和国成立的这四年多时间中,中共中央机关先后从陕北延安转移到河北省平山县西北坡,再转移到北平(北京)。

抗战胜利后,中央机关的秘书机构仍然是中央办公厅(负责中央机关日常管理和秘书工作)和书记处办公处(负责直接为最高层领导工作服务的秘书工作)。

1947年3月,在向解放区发动全面进攻失败后,国民党政府集中兵力向党中央所在地陕北和山东解放区发动所谓重点进攻。为适应战争形势,中共中央决定将中央机关撤出延安,毛泽东、周恩来、任弼时等多数中央领导率中共中央和人民解放军总部的精干机关撤出延安后,继续留在陕北,指挥全党工作和全国各战场作战;刘少奇、朱德等领导人组成中央工作委员会,转移到华北(后来选在河北省平山县西北坡村)进行中央委托的工作;另外由叶剑英等组成中央后方委员会,转移到晋西北统筹后方工作。与此相适应,中共中央办公厅也一分为三。

在中央机关撤出延安前后,中办秘书处为疏散、转移中央文书档案材料做了大量工作,随后秘书处和书记处办公处的工作人员也随中央领导人分散开,主体部分留下来,跟随毛泽东、周恩来、任弼时转战陕北;一部分人跟随刘少奇、朱德转移到西北坡,为中央工作委员会工作服务;第三部分跟随叶剑英等领导人转移到山西临县,为中央后方工作委员会的工作服务。中央办公厅秘书处和书记处秘书处暂时自然撤销,负责中央机要事务的机要处则分为中央机要科、中央工委机要科、中央后委

机要科,分别随毛泽东、刘少奇、叶剑英等领导人在不同地方工作。

1948年4月,毛泽东率中共中央机关来到西北坡,中央工委自行撤销,中央办公厅恢复正常工作,当时任中央办公厅主任的是杨尚昆,办公厅下设秘书处、机要处、中央机要室等九个单位。

1949年4月,中央办公厅随中央机关进入北平。此后为中国人民政治协商会议(当时行使全国人民代表大会的职能)的召开和中华人民共和国的成立做了大量的辅助工作。

二、解放区人民政府的秘书机构

抗战胜利后,中共为表示和平诚意,在重庆谈判中主动提出让出淮河以南8个省中的根据地,但国民党政府撕毁停战协定,于1946年发动了全面内战。战争打响后,解放军节节胜利,解放区迅速扩大、巩固,各地人民政府相继成立。

1948年8月,原晋察冀边区政府和晋冀鲁豫边区政府合并,成立了华北人民政府。它是中央人民政府正式成立前中共领导下的一个规模最大、机构设置最健全的政府机构,为以后中华人民共和国中央人民政府的建立和各省市人民政府的组建积累了宝贵的经验。华北人民政府设有专门的秘书机构——秘书厅,秘书厅与各部、委、院并列。秘书厅由秘书长领导,统一负责政府机关的秘书工作。

1949年2月,人民解放军进驻北平,随后成立了北平市人民政府,由叶剑英同志任市长。北平市人民政府的机构设置吸收了华北人民政府的经验,设立了秘书长领导下的秘书厅,秘书厅下再设二级机构秘书处、行政处、人事处、新闻处、交际处(接待处)、调查研究室等。这种机构设置的模式已与今天省市一级人民政府的办公厅略无二致。在此之前,在省市一级人民政府中,都没有这种总领一切秘书工作的秘书厅(或办公厅),而仅设秘书长一职,由秘书长统管秘书处、行政处(总务处)、政策研究室等若干各自独立的办事机构。

解放区各县级人民政府的秘书机构是秘书室,秘书室的职责是:综核文件,典守印信,缮写、校对、收发、保管文件,组织机关日常工作,办理其他不属各科、局的事项。

三、公文种类和秘书工作制度

1. 解放战争时期使用的公文种类

解放战争时期,中共组织和各大区人民政府都对公文名称、用法和格式做了统一规定。当时使用的主要公文有:

令——颁布法令、条例,任免干部及指挥军事、行政时用。

训令——上级机关对直接下级机关解释政策法令,规定工作方针、计划,或布置工作、交代任务时用。

指令——对下级机关的请示给以答复或指示时用。

指示——对下级机关的工作进行指导时用。

决定——对重大问题有所决定时用。

布告——政府或人民解放军对人民公布政策法令时用。

批复——机关内部上级对下级的呈请事项给以答复时用。

通知——对特定范围内的人员告知所要知照的事项时用。

通报——将某一需要普遍知照的事件告知下级时用。

呈或报告——下级对上级有所请示或报告时用。

函或公函——平行机关或不相隶属的机关之间来往公文时用。

所有公文的格式均强调以简便、清楚、便于处理为原则。

2. 秘书工作制度

解放战争时期,中共和解放区人民政府的秘书工作形成了一些明确的制度。例如,明文规定公文不得由私人转交,必须由秘书部门统一收发;递交公文必须有严格的签收和回执制度;统一各级党委的印章格式等。

3. 党内报告制度的建立

1948年1月7日,中共中央发出了由毛泽东亲自起草的

《关于建立报告制度的指示》。文件规定:"各中央局和分局,由书记负责(自己动手,不要秘书代劳),每两个月,向中央和中央主席作一次综合报告。报告内容包括该区军事、政治、土地改革、整党、经济、宣传和文化等各项活动的动态,活动中发生的问题和倾向,对于这些问题和倾向的解决方法。报告文字每次一千字左右为限,除特殊情况外,至多不得超过两千字……综合报告内容要扼要,文字要简练,要指出问题或争论之所在。"

中央的这个重要指示本来是为克服党内存在的无纪律无政府状态,加强民主集中制而对各中央局和分局的领导人发出的,但文件的内容对秘书工作提出了很高的要求,如重要报告由领导人自己起草不要秘书代劳,公文文字要简练并限定字数(内容如此重要和丰富的文件只限定一两千字),报告或请示必须指出问题和争论之所在,不得泛泛而谈等,都应该成为秘书工作的重要原则。报告制度的建立对秘书部门和秘书人员改进工作作风、树立良好文风产生了重大影响。

四、政权交替中对旧档案文件的保护

党中央历来重视收集和利用国民党军队和政府的文件档案。早在长征途中,红军每到一个县城或集镇,毛泽东都亲自或派人到县镇政府去找档案文件。

1948年下半年,解放战争进入最后大决战阶段,解放军不断解放和接收原国民党统治的城镇,一些下级军官和士兵,因为不了解旧政府档案文件的价值,一度出现了损毁旧档案的事件。1948年9月,在解放济南的战役中,发生了一些士兵将旧文件档案烧掉烤火的事,引起了中央和军队领导人的重视,并下达了妥善接收和保管旧档案的指示。此后,解放军在占领各城市和接管旧政权时,都十分重视对旧政权档案文件的保护。

1948年12月19日,北平市市长、北平市军事管制委员会主任叶剑英在市委干部准备接管北平的动员报告中指出:"对于文件、证件、档案、单据,应看得和物资一样重要,单纯地只重视物资的观念是片面的、不正确的,那是忽视管理的思想,因为要管理就离不了档案及其他文件。"1949年1月1日,北平市军事管制委员会发布《告北平市各界同胞书》,规定"一切在国民党及其所属机关中供职的各种人员,都必须照常负责保护和看管所在机关的房屋、资财、账簿、文卷、档案及其他一切公共财物"。

1948年11月11日,中国人民解放军总部发布的《惩处战犯命令》规定,国民党一切军政官员,如命令其所属"破坏通讯器材,烧毁一切文电案卷者",均应加以逮捕,并以战犯论罪;对保护有功人员,给予应得之奖励。1949年4月,中国共产党代表团和国民党政府代表团拟定的《国内和平协定》(这一协定被南京国民党政府拒绝)中规定:南京政府一切"公开的或秘密的外交文件及档案,均应由南京国民政府交给民主联合政府,并由民主联合政府予以审查","一切政府机关、国家企业及属于国家的动产不动产,不许有任何破坏、损失、迁移、藏匿或出卖……其已经迁移或藏匿的图书档案……均应立即冻结,听候接收。其已经送往外国或原在外国者,应由南京国民政府负责收回或保管,准备交代"。

人民解放军胜利渡江后,毛泽东、朱德发布《中国人民解放军布告》,其中规定:"所有在官僚资本企业中供职的人员,在人民政府接管之前,均须照旧供职,并负责保护资财、机器、图表、账册、档案等";国民党政府一切大小官员必须"各安职守,服从人民解放军和人民政府的命令,负责保护各机关资财、档案等……如有趁机破坏,偷盗,舞弊,携带公款、公物、档案潜逃,或拒不交代者,须予惩办"。

由于在解放全中国和接管旧政权过程中对旧政权的档案保护给予了足够的重视,所以原国民党政府及官僚资本企业的档案基本上保存了下来,没有受到严重破坏。

第五节　民主革命时期中共领导下的秘书工作的特点

一、老一辈革命家非常重视秘书工作

中国共产党从成立那天起，就非常重视秘书工作。许多老一辈革命家直接担任过秘书职务。毛泽东同志是党的一大兼职秘书，又是中共中央第一位专职秘书，他在担任党中央秘书期间，为党起草并保管了大量重要文件，是中共建党初期秘书工作的开创者；邓小平同志在大革命失败后和红军长征途中，曾两度担任中共中央秘书长，这两次都是中共历史上最艰难的时期；周恩来同志长期主持和领导党中央的秘书工作；任弼时同志是我党最早的密码翻译人员之一，后任中共中央秘书长。党的早期领导人瞿秋白同志亲自起草了中共历史上第一个比较完备的《文件处置办法》。党的早期领导人蔡和森、邓中夏、李维汉、王若飞等同志都曾经是党内秘书工作的负责人。毛泽东、周恩来、刘少奇等领导人亲自为党中央和中央军委、中国人民解放军总部起草了大批重要文件，形成了中共秘书工作一个好传统，并用制度形式规定重要文件应由领导人亲自起草，不要秘书代劳。

二、秘书机构和秘书工作方式、工作内容灵活多样

从中国共产党成立到中华人民共和国诞生的28年中，秘书工作机构多次变动，秘书工作方式和秘书工作内容也有许多变化。不仅各个革命历史时期不同，而且同一时期中白区和苏区不同，敌占区、国统区与边区不同，革命军队和革命政权也不同。这是由不同时期、不同性质的领导机构的工作重点和工作性质不同决定的。秘书机构的多变性、秘书工作方式的灵活性、秘书工作内容的多样性，完全符合秘书工作必须适应领导

工作的实际需要这一秘书学的基本原理。

三、秘书工作条件极其艰苦

革命斗争环境中的秘书工作条件是极其艰苦的,不但秘书的生活条件和工作条件十分艰苦,而且在地下斗争状态下和战争环境中秘书人员随时还会有生命危险,许多革命先烈就是在秘书工作岗位上,为了保守党的文件和机密而献出了宝贵生命。他们有的牺牲在敌人的屠刀之下,有的牺牲在战场之上,有的牺牲在长征途中。秘书工作人员中的绝大多数保持了革命的气节和必胜的信念,他们在艰苦的条件下兢兢业业为革命从事平凡的秘书工作,为民主革命的胜利做出了不可磨灭的贡献。

四、善于总结经验,形成一些比较成熟的制度

中国共产党的秘书工作可以说是从无到有、白手起家的。到建国前,党和革命政权有了比较规范的秘书机构和秘书工作制度,是党在革命实践中不断总结秘书工作经验而逐步形成的。早在大革命时期,我党就形成了文件收发登记制度和文件秘密传递制度。土地革命战争时期,在白区工作的党中央又形成了严格的文书保密制度,1931 年的《文件处置办法》则明文规定了文书存档制度(当时不叫存档,而是规定"一份存阅,一份入库",所谓"入库"即存档)。中央到陕北后,在总结过去秘书工作经验的基础上,于抗战初期形成了文件签发制度和文件传阅制度。解放战争时期形成了公文统一收发制度、签收和回执制度。1948 年建立的报告制度对秘书工作也产生了重大影响。

复习思考题

1. 简述建党初期和大革命时期中共秘书职务和秘书机构的设置情况。

2. 中共早期秘书工作有哪些创新和不足之处?

3. 大革命时期我党形成了哪些文书工作制度?

4. 1928年成立的"中央秘密委员会"是一个什么性质的机构?

5. 《文件处置办法》是一份什么样的文件?它在秘书史上的意义如何?

6. 中央秘密文库是怎样形成的?它做出了哪些贡献?

7. 白色恐怖下中共秘书工作有哪些特殊形式?

8. 邓小平、吴玉章等在土地革命战争期间担任过何种秘书职务?

9. 简述长征中党的秘书机构和文书档案工作概况。

10. 简述抗战期间党中央秘书机构和秘书长变动情况。

11. 抗战初期中共形成了哪些重要的文书工作制度?

12. 延安整风运动和精兵简政运动对秘书工作产生了何种影响?

13. "七大"会务工作有何特点?

14. 简述解放战争期间中央办公厅的机构变动情况。

15. 华北人民政府和北平市人民政府的秘书机构对新中国秘书机构的建立有何影响?

16. 《关于建立报告制度的指示》对秘书工作产生了哪些影响?

17. 民主革命时期中共领导下的秘书工作有哪些特点?

18. 有哪些事实能够说明老一辈革命家对秘书工作非常重视?

19. 民主革命时期,中共先后形成了哪些重要的秘书工作制度?

第六章 新中国成立后的秘书工作

第一节 建国初期的秘书工作

一、建国前后行政人员和秘书队伍的状况

中华人民共和国成立前后,正是人民解放军向全中国胜利进军之时。人民解放军每解放一个地区,先是成立军事管制委员会,镇压反革命破坏活动,维护社会秩序,接管国民党的行政机关,组织恢复生产;然后召集各界人民代表会议,讨论组织当地人民政府。中华人民共和国从中央到地方的各级政权,都是在彻底打破旧的国家机器的基础上建立起来的人民政权。新的人民政府的工作人员,大体上由以下四部分人员组成:一是人民解放军的干部;二是从老解放区来的地方干部,以上两类人员多数担任各级领导或部门负责人的职务;三是新参加革命的知识分子和知识青年;四是原国民党政府的留用人员。

新政权的秘书工作队伍除秘书部门负责人外,大部分是由新参加革命的知识青年和原国民党政府留用人员组成的。知识青年(当时具有高小文化的人即算知识青年)富有朝气,工作热情高,但缺少工作经验和秘书业务知识;国民党政府的留用人员有一定的行政工作经验和秘书业务水平,在整理保管旧政权的文书档案等项事务中曾发挥非常重要的作用,但他们习惯于旧政权的行政管理方式,或多或少将旧政权中一些不良作风带进了新政权。对这两部分人都需要进行教育培训。建国前

后,各地军管会和人民政府举办了许多短训班(一般只有两三天时间),对新政权的秘书人员进行政治思想教育和业务知识培训,使秘书队伍的政治素质和业务水平得到一定的提高,基本上满足了新政权行政工作的需要。

二、各级党政机关秘书机构的设置

秘书机构是国家行政机关的重要组成部分,在新中国成立初期的政权建设中,秘书机构的设置受到党中央和中央政府的充分重视。

1949年9月21日至30日,中国人民政治协商会议第一次全体会议通过的《中央人民政府组织法》规定:中央人民政府设秘书长一人,其职责是协助政府主席执行职务。1949年12月4日发布的《政务院及其所属各机关组织通则》规定:"各机关得设办公厅;为分掌业务,得设司或处。"这实际上是用法规的形式确定了掌管机关综合性事务的秘书机构与分掌专门业务的部门平列的机关格局,同时规范了我国各级各类秘书机构的名称——办公厅(或办公室)。此后,各省、地市、县级的行政机关基本上是按照政务院的格局设置了相应的秘书工作机构,其中省、部级以上的机关秘书部门为"办公厅",地市以下机关的秘书部门为"办公室",在办公厅(室)下,一般都有秘书处(科)、行政处(科)、机要处(科)、信访处(科)、政策研究室等二级机构。当然,由于各地各单位具体情况不同,机构设置存在着一些差别,但秘书机构的名称"办公厅(室)"则已经固定下来。

《政务院及其所属各机关组织通则》还规定:"各委得设秘书长、副秘书长,一般机关均得设秘书。"这又以法规的形式,规定了政府机关各部门均设秘书长或秘书的格局。这一规定完全符合行政管理的基本原则和秘书工作的辅助性、综合性的特点。

三、第一次全国秘书长会议

为了及时总结新中国成立后各级行政机关秘书工作的经验,使秘书工作走上规范,中央人民政府政务院于1951年4月召开了全国秘书长会议(后来称作"第一次秘书长会议")。周恩来同志亲临会场,并作了题为《目前的形势和任务》的报告。会议讨论通过了一系列有关秘书工作的文件。这次会议在新中国秘书工作史上具有极为重要的地位。

这次会议的主要任务是规范行政机关的秘书机构和秘书工作。这次会议结束以后不久,中央人民政府政务院根据会议讨论的结果,做出了《政务院关于各级政府机关秘书长和不设秘书长的办公厅主任的工作任务和秘书工作机构的决定》(以下简称《决定》)。文件的主要内容如下:

1.关于秘书长、办公厅主任的工作任务

《决定》所规定的秘书长、办公厅主任的工作任务是:

(1)协助首长综合情况,研究政策,推行工作。

(2)协助首长密切各方面的工作联系。

(3)协助首长掌管机关内部统一战线工作。

(4)协助首长掌管保密工作。

(5)掌管机要工作。

(6)主持日常行政事务(包括公文处理、会议组织、检查与督促政府决议的执行事项)。

(7)掌管机关事务工作(包括机关财务、生活管理、学习、文化娱乐活动等事项;但不设秘书长的机关,如在办公厅之外专设机构管理机关事务工作者,此项工作可不由办公厅主任掌管)。

文件所规定的秘书长或办公厅主任的上述任务,实际上就是秘书工作的基本内容。这一规定打破了长期以来许多人将秘书工作仅仅理解为给领导写写东西、管管文件的狭隘认识,大大扩充了秘书工作的内容,尤其是将"协助领导综合情况,研究政策"等具有参谋性质的工作放在各项工作的首位,对秘书工作提出了比较高的要求。

2. 关于秘书工作的性质、方法、原则和作风

关于秘书工作的性质,《决定》指出:"秘书长和办公厅主任工作的性质是既要参与政务又要掌管事务。"要做好这些重要而复杂的工作,就必须"建立和健全机关的工作制度,加强计划性和组织性,以争取工作上的主动"。

关于秘书部门的工作方法,《决定》要求:秘书部门的负责人要"经常注意'抓住重点,照顾全盘'的工作方法。重点应该放在协助首长研究政策、处理政务方面;但同时要把日常行政工作和机关事务工作安排好,使之有条不紊地顺序推进"。要"经常注意了解各部门工作动向……密切各部门工作的联系,使事无疏漏,达到步调协调、政令统一的目的。并应采取谦虚态度和商讨办事的方式,使各部门觉得对他们有帮助、有便利,而无增加麻烦和困难的感觉"。

关于秘书工作的原则,《决定》要求:"贯彻执行'集中领导,分工负责'的原则。要根据实际工作需要,划分每个工作人员的职责,做到机关没有忙闲不均现象。正副职之间,应在副职协助正职的原则下,根据所属业务单位或各项具体工作,明确分工,在一定职责范围之内,放手工作,大胆处理问题……不要事事集中到上面,把自己陷在事务主义的圈子里边。"要"经常注意领会并根据领导上的意图,主动地在自己职责范围内,认真处理问题,使首长减少事务纠缠,多考虑重大问题。并注意在实际工作中,体会与掌握办事规律,分清哪些问题可以自己处理,哪些问题可以处理后报告首长,哪些问题必须请示后再处理,避免遇事不敢负责现象,并防止越权行事的偏向"。

关于秘书工作的作风,《决定》要求:"每个秘书工作部门的干部,认清自己的工作是政府工作中很重要的一部分。不仅在口头上,而且在实际行动中,把个人的工作兴趣、个人事业心完全结合于人民事业的整体利益中,坚守岗位,埋头苦干",秘书

工作者"要养成任劳任怨的工作态度和谦虚、谨慎、细密、切实的工作作风"。

3.关于秘书组织机构的设置原则

《决定》对政府机关秘书机构的设置也作了明确规定:"秘书工作机构应根据精简原则,尽量减少层次。办公厅一般可分设两层,最多不超过三层。""适应业务分工,组织机构可适当向横的方面发展……条件许可时,可把秘书业务、研究工作、机关事务管理工作划分开来","尽量减少事务人员,充实业务部门……以达精简节约提高工作效能的目的"。

1951年政务院根据"第一次秘书长会议"精神作出的这一《决定》,在相当长的时期内被看成是各级党政机关秘书工作的指导性文件。它不仅是建国后近两年政府机关秘书工作的总结,也是中国共产党领导下的苏区、边区、解放区政权建设中长期积累的丰富的秘书工作经验的总结。"第一次秘书长会议"的召开和政务院《决定》的发表,标志着现代中国的秘书工作开始走上了正规化、规范化的轨道。

四、各项秘书工作制度的形成

在"第一次全国秘书长会议"召开前后,中央人民政府政务院发布了一系列文件,规定了各项秘书工作制度。其中主要有:

1.印信管理制度

1950年2月,政务院发布《印信条例》,对全国各级机关的公章的格式、字体、尺度、质料以及制发办法等作出了统一的规定。该条例规定,中央政府所属机关、省人民政府、驻外使馆的印信"一律由中央人民政府制发","县、市以上机关的印信均由省人民政府制发",其他"各机关印信均由各该主管机关制发"。

2.保密制度

1950年2月,发布了《政务院关于各级政府工作人员保守国家机密的指示》,对国家机密的范围、各机关和工作人员的保密纪律,以及对泄密人员的处罚等作了比较严格的规定。其中有一条特别指出:"各机关担任记录、抄写、印刷、盖印等工作人员,应特别注意保守机密的良好习惯,不得泄露。"这一条显然是专门针对秘书工作人员规定的。"该文件"还规定,"有关机密的文电、资料等应由机要秘书或首长指定之人员负保管之全责"。这实际上规定了保密工作是秘书部门的经常性业务之一。

1951年6月,根据"第一次秘书长会议"的精神起草的《保守国家机密暂行条例》,经中央人民政府政务院第87次会议通过,并报请中央人民政府主席批准后,正式颁布实行。这是建国以后关于保守国家机密的第一个法规性文件。

3. 信访工作制度

1951年6月7日,发布了《政务院关于处理人民来信和接见人民工作的决定》。

文件指出:"各级人民政府应该密切地联系人民群众,全心全意地为人民服务;并应鼓励人民群众监督自己的政府和工作人员。因此,各级人民政府对于人民的来信或要求见面谈话,均应热情接待,负责处理。过去有的地方对于这一工作很重视,认真负责地处理了人民所提出的问题,满足了人民的要求,获得人民群众的称赞。但也有很多地方,对于这一工作不够重视,有的甚至采取了敷衍应付或马虎拖延的态度,因而引起人民群众的不满,疏远了人民政府与人民群众之间的关系。"

针对这一情况,文件规定:"县(市)级以上人民政府,均须责成一定部门,在原编制内指定专人,负责处理人民群众来信,并设立问事处或接待室,接见人民群众,领导人并应经常地进行检查和指导。"

文件还规定:"对人民所提出的意见和问题,凡本机关能办理的,必须及时办理。需要转交下级机关或其他有关部门办理的,应及时转办,并检查催办……若有特殊情况不能及时处理,亦应告知来信本人……对于人民所提问题的处理结果,应及时通知本人。"

文件严禁对控告性的人民来信采取打击报复行为,明文规定:"严禁被控机关或人员采取报复行为;如有报复者,应予以处分,情节严重者并应送司法机关依法惩处。"

文件要求,"对于处理人民来信和接见人民的工作,应建立登记、研究、转办、检查、催办、存档等各项制度,并定期总结"。各大行政区和省市,"应每半年向政务院作一次关于处理此项工作的总结报告"。

政务院的这一"决定"下达后,信访工作就成为秘书工作的一项重要内容,并形成了一系列有关制度。

中国共产党和人民政府信访制度的建立,与当时任中央人民政府主席的毛泽东对信访工作的重视是分不开的。据逄先知《毛泽东和他的秘书田家英》一书记载,建国前后,党中央收到的人民来信逐渐多了起来,开始毛泽东几乎对每一封来信都亲自阅示,有的是毛泽东直接回信,大部分由田家英代为回信。后来人民来信越来越多,就成立了一个机构,专门为毛泽东和其他中央领导人处理信访工作。

1951年5月16日,毛泽东在转发中央办公厅秘书室关于处理群众来信的报告时写下了如下重要指示:"必须重视人民的通信,要给人民来信以恰当的处理,满足群众的正当要求,要把这件事看成是共产党和人民政府加强和人民联系的一种方法,不要采取掉以轻心置之不理的官僚主义的态度。如果人民来信很多,本人处理困难,应设立适当人数的专门机构或专门的人,处理这些信件。如果来信不多,本人和秘书能够处理,则不要另设专人。"

毛泽东关于正确对待人民来信的指示发出后20天,中央人民政府就作出了关于信访工作的上述"决定"。

4. 机关文书工作和档案工作制度

1951年5月,政务院发布了《行政公文处理暂行办法》和《政务院所属各部门、各级政府行文关系的暂行规定》,这两个文件对行政机关的公文种类和名称、行文关系、文书处理的程序、公文的格式等作了具体规定。

1954年12月,中共中央组织召开了党的机关第一次全国档案工作会议,会议通过了《中国共产党中央和省(市)级机关文书处理和档案工作暂行条例》。这个文件对党的机关文书处理工作和档案工作规定了一系列切实可行的制度,包括机构设置、公文体式、文书处理程序、档案管理程序等,其中文书档案由文书部门立卷后再移送档案室保管的规定是对文书工作和档案工作分工协作关系的一项重大改革。根据中央批示,上述《条例》原则上适用于军队和政府机关。1956年4月,国务院发布了《关于加强国家档案工作的决定》。1956年11月,中央办公厅根据上述条例又制定颁布了《中国共产党县级机关文书处理和档案工作暂行办法》。至此,我国党政机关文书工作和档案工作形成了相对稳定的制度。

五、会务工作的新水平

办会历来是秘书部门的重要业务之一。自党的"五大"起,党的代表大会都组织临时的"大会秘书处",统筹大会各项秘书工作。实践证明,对规模较大的会议,组成临时的大会秘书处是办好大会的行之有效的方法。

中共取得全国政权后,和平环境为会务工作提供了良好的外部条件,会议的规模也空前扩大。从建国到"文革"爆发,有几次大会对当代历史发生了重要影响,其中1954年的第一次全国人民代表大会第一次会议、1956年的中共第八次全国代表大会和1962年的扩大的中央工作会议(史称"七千人大会")具有代表性,这些大会之所以能够取得圆满成功,与大会周密、高效的会务工作是分不开的。下面以"八大"为例,说明会务工作的新水平。

"八大"的会务秘书工作受到中央的高度重视,组建的大会秘书处阵容强大,由中共中央政治局委员邓小平任大会秘书长,王稼祥、胡乔木、杨尚昆、谭震林等13人为秘书处成员,其中有9人是大会主席团成员。参加大会的各代表团也设有秘书长和秘书处,各代表小组则设有秘书。整个会务工作在邓小平主持下进行得井井有条,受到代表和中央的一致好评。

"八大"的政治报告是刘少奇做的,而开幕词是毛泽东致的。毛泽东作报告、做演讲、写文章,从来不让别人代笔,他自己1964年在一次中央会议上说:"我写文章从来不叫别人代劳。""八大"的开幕词毛泽东本来也打算自己写,他起草过两个稿子,不知什么原因,自己不满意,因而没有写完。后来他让陈伯达起草,毛泽东又不满意,说写得太长、扯得太远,于是将任务交给田家英。毛泽东特别关照"不要写得太长"。田家英花了一个通宵写出初稿,毛泽东比较满意,送中央其他领导看后,又经过多次修改才定稿。毛泽东致开幕词后,许多人都称赞开幕词写得好,毛泽东对大家说:"开幕词是谁写的?是个年轻秀才写的,此人是田家英。"毛泽东当众说明自己的报告是秘书写的,体现了他对秘书劳动的尊重。

六、20世纪60年代初的调查研究之风

"八大"以后的几年,中央在一系列问题上发生了严重偏差,其中包括1957年开始的严重扩大化的"反右"运动、1958年开始的"大跃进"和人民公社化运动,以及1959年庐山会议将彭德怀等定为"反党集团"为标志的"反右倾"运动等等。一系列决策失误造成的极其严重的后果,使全党和中央逐步清醒过来,决心认真调查,纠正错误。

1961年初,毛泽东在八届九中全会等一系列会议上多次讲话,要求全党恢复实事求是、调查研究的作风。他说,我们党是有实事求是的传统的。最近几年,调查做得少了,不大摸底了,大概是官做大了。我这个人就是官做大了,从前在江西那样的调查研究现在就做得很少了。请同志们回去大兴调查研究之风(胡绳主编:《中国共产党的七十年》,第383页)。

全会以后，毛泽东直接组织了三个调查组，分别以陈伯达、胡乔木、田家英为组长，每组6人，分赴广东、湖南、浙江农村进行调查。与此同时，周恩来、刘少奇、朱德、邓小平等人也分别深入基层调查研究。这期间还将毛泽东1929年写的《关于农村调查》一文，改名为《反对本本主义》并正式出版。在毛泽东的倡导下，一时调查研究蔚然成风。党的建设和国家经济建设也在60年代初期有过一段相对稳定的发展。但是，好景不长，从1962年党的八届十中全会开始，毛泽东再次将阶级斗争提到全党工作的中心地位，并于不久后开始在农村进行以"四清"（清理账目、清理仓库、清理财物、清理工分）为主要内容的"社会主义教育运动"（简称"社教"），并进一步发展为全国性的"无产阶级文化大革命"，党的路线再次背离了马克思主义的正确方向。

七、"文革"前我国秘书工作的特点

从1949年10月中华人民共和国建立到1966年5月"文革"发生，我国的秘书工作总的来说具有以下几个特点：

1. 党和国家最高领导人对秘书工作十分重视

这是中国共产党自民主革命时期就形成的优良传统。新中国的秘书机构建设、秘书制度建设都是在中央领导直接关怀和指导下进行的。例如1951年5月，毛泽东在一份文件上作了"必须重视人民的通信"的重要批示，周恩来总理随即主持政务院政务会议，做出了《政务院关于处理人民来信和接见人民工作的决定》，并于1951年6月正式发布。周恩来直接主持了第一次秘书长、办公厅主任会议，并在会上作了题为《目前的形势和任务》的报告。实际上，政务院关于秘书工作一系列法规性和指导性文件都是在周恩来总理直接指导和参与下制定的。邓小平1954年起任中共中央秘书长，1956年任党的"八大"秘书长，八届一中全会上当选为中共中央政治局常委、中央委员会总书记，主持中央书记处工作长达10年之久，直到"文革"

前夕。

2.秘书工作在封闭状态下由逐步发展到基本停滞

建国初期,在"学习苏联老大哥"的口号下,我国秘书工作一度受到苏联秘书工作模式的影响,但这种影响并不明显,主要原因是中国共产党在长期的革命实践中自己积累了一套行之有效的秘书工作经验和方法。我国秘书机构的设置原则和秘书工作的具体程序,主要是继承了民主革命时期中国共产党及其领导下的革命政权秘书工作的做法,在封闭的状态下不断总结新的经验,逐步发展起来的。

17年当中,由于西方国家对新中国采取封锁政策,加上党和国家对西方发达资本主义国家的管理模式采取一概排斥的态度,我们对西方的秘书工作和秘书学知之甚少,这在一定程度上使新中国的秘书工作自20世纪50年代中期以后基本上处于停滞状态,影响了秘书工作向科学化、现代化、高效化方向发展。我们的秘书工作虽然基本上能够满足当时党政领导机关工作的需要,但秘书工作的手段比较陈旧,办公设备比较落后,工作效率不高。

3.秘书教育和秘书业务理论研究比较落后

新中国建立前后,曾对参加新政权的秘书工作人员普遍进行过短期培训。这在当时是完全必要的。但是这种短期培训的方式不能从根本上解决秘书人员短缺和秘书人员素质较低的状况。在"文革"之前(以及"文革"之中),我国没有一所高校招收秘书专业学生,学科体系中没有秘书学的地位。各机关选拔秘书一般采用两种方式:一是从高等学校中文等专业毕业生中录用,二是从机关其他部门选调一些写作能力较强的人员。这些人进入秘书岗位后,一般又是通过"师傅带徒弟"这种比较原始的方式接受秘书业务的指导。

由于秘书学没有形成独立的学科,秘书业务理论研究基本处于空白状态,除了文书、档案工作(文书学和档案学已经在为数很少的高校开设的档案专业成为必修课程)的理论有一些像样的成果外,秘书业务的其他方面最多只有一些工作经验交流一类的成果。秘书业务理论研究的落后状况与当时对西方管理科学完全排斥的态度是分不开的。

第二节 "文革"时期的秘书工作

一、"文革"对秘书机构和秘书制度的冲击

以1966年5月16日中共中央发出《5·16通知》为标志,到1976年10月"四人帮"被粉碎,长达十年之久的"文化大革命"对中国的政治、经济、文化和社会生活各方面都造成了极大的损害。

"文革"的矛头一开始就指向"党内一小撮走资本主义道路的当权派"。在"文革"初期,上至中共中央副主席、中华人民共和国主席刘少奇,下至基层党政机关和企事业单位的大大小小的领导,都被称为"走资派",受到造反派的冲击。秘书部门作为直接为领导服务的机构,当然也受到了严重冲击,具体表现为:

其一,秘书部门的负责人,包括各级党政机关的秘书长和办公厅主任,也被当作"走资派"受到批斗。许多兢兢业业为党工作的秘书工作人员,被称为"走资派的忠实走狗",受到批斗和歧视。还有一些秘书工作人员因为忠实地遵守保密纪律,不向造反派提供"走资派"的"罪证材料",而被作为"保皇派"受到打击和迫害。

说到"文革"期间秘书人员受到的冲击,不能不提到"文革"初期被迫害致死的田家英。

田家英自1948年10月到1966年5月任毛泽东秘书,长达十八年之久。毛泽东与田家英在长期相处中建立了深厚的感情,曾让田家英当回国不久的儿子毛岸英(因长期住在苏联,中文基础不够好)的国文教员。田家英为毛主席整理过诗词,并

自始至终参加了《毛泽东选集》1～4卷的编辑工作,是《毛泽东选集》出版委员会编辑组的主要成员。前文曾经提到,解放初期田家英受命为毛泽东处理人民来信;1956年,毛泽东请田家英起草"八大"开幕词;60年代初,受毛泽东派遣深入农村调查研究。就是这样一位曾经深受毛泽东信任,又有较高理论修养和文化功底的秘书,因为对毛泽东晚年的某些思想和做法有自己的看法,自1962年后逐渐被毛泽东疏远。1965年12月初,毛泽东召集陈伯达、胡绳、田家英、艾思奇、关锋到杭州,研究为几部马列著作写序言的事,但是毛泽东在会上没有谈多少写序的事,却讲了一大篇哲学问题,特别是对姚文元、戚本禹等人写的关于批判新编历史剧《海瑞罢官》的文章(他们的文章是江青策划的,是为发动文化大革命造舆论的)作了一些评价。其中说:"《海瑞罢官》的要害是罢官。嘉靖皇帝罢了海瑞的官。彭德怀是海瑞,我们罢了彭德怀的官。"毛泽东这句定调子的话,毫无根据地把历史学家吴晗的剧作《海瑞罢官》同彭德怀的问题联系起来,使它成了一个尖锐的政治问题。田家英作为序言编写组正式成员和毛泽东秘书,在整理毛泽东的这个讲话时,提出不要把这段与编写马列著作序言无直接关系的话写进去,并在整理关锋、艾思奇提供的纪要稿时,删去了上面所引的那段话。尽管后来发表时恢复了毛泽东的原话,但关锋将这一事件向陈伯达、江青告了密。1966年5月,就在《5·16通知》通过几天之后,一项"篡改毛主席著作"的罪名栽到田家英头上。5月22日,田家英被宣布"停职反省",并被限令搬出中南海。在巨大的精神打击下,田家英选择了他的朋友们不希望他选择的道路——在中南海自己家中的图书室自尽!临死前田家英留下了振聋发聩的遗言:"相信党会把问题搞清楚,相信不会冤沉海底!"

作为最高领导人曾经信赖的秘书,田家英在"文革"初期被迫害至死,这件事情发人深省。从此事也可以想见当时秘书队伍受到的冲击如何严重。

其二,在1967年1月由上海掀起的波及全国的"夺党内一小撮走资派的权"的狂潮下,许多党政机关的秘书机构直接受到造反派的冲击。

所谓"一月风暴"的发源地在上海。1967年1月3日,上海《文汇报》社"星火燎原革命造反总部"夺取了文汇报社的领导权。1月5日,以王洪文为头目的"上海工人革命造反总司令部"等11个群众团体在《文汇报》刊登《告上海全市人民书》,掀起所谓"一月风暴"。1月9日,经毛泽东亲自决定,由中央人民广播电台向全国播发了《告上海全市人民书》,表示中央对上海造反派夺权行为的支持,上海市委的主要领导人和数百名局以上干部被揪到人民广场公开批斗,这次行动造成上海市委、市人民委员会(即人民政府)所有机关陷入瘫痪。

由上海掀起的夺权狂潮,在中央的支持下,迅速蔓延到全国范围,造成几乎所有城市和部分县级机关正常业务无法正常进行。例如,1967年2月2日晚,安徽省沿江某中等城市的"革命造反派"冲进市委和市政府大院夺权,当场从各机关办公室抢走公章一百多枚,封死了几十间办公室,使市领导机关的工作完全限于停顿。在这一形势下,不用说秘书工作的一系列规章制度没有办法坚持,就连秘书人员履行正常职责也不可能进行。这种无政府主义状态,导致了建国以后形成的许多切实可行的秘书工作制度被废止。

其三,在"文革"初期的一段时间,很多档案保管部门受到一些别有用心的人的冲击,许多宝贵的档案材料散失了,有的历史档案被严重歪曲篡改后用来作为抓"叛徒"、揪"特务"的"重磅炸弹"。

"文化大革命"开始时,林彪、四人帮一伙为了打倒刘少奇,抓住1936年一批著名共产党人出狱一事大做文章。康生和"中央文革小组"的成员一再挑动红卫兵追究所谓"六十一人叛徒案"。1967年3月,戚本禹在《红旗》杂志上发表《爱国主义还是卖国主义——评反动影片〈清宫秘史〉》的署名文章,文章最后列举了"党内最大的走资本主义道路的当权派"的"八大罪状",其中有一条就是"大肆宣扬投降哲学、叛徒哲学,指使别人自首变节,要他们投降国民党,叛变共产党"。在这种鼓动之下,全国范围内掀起了"抓叛徒、揪特务"的热潮,许多地方造反派冲击档案管理部门,破坏档案工作的一系列制度,违章查阅档案资料,断章取义地摘取旧档案中的只言片语。如果一旦查到某人曾经被国民党当局逮捕过,谁就成了当然的叛徒;查到某人解放前曾在旧政权任过职,谁就成了当然的国民党特务。

对档案材料的肆意伪造和断章取义的歪曲利用最典型的案例,莫过于江青等人直接控制的专案组向中央提出的《关于叛徒、内奸、工贼刘少奇罪行的审查报告》。该报告"采取弄虚作假、断章取义、逼供信等恶劣手段,拼凑虚构的、牵强附会的材料,伪造证据,报送中央",党的八届十二中全会在党内生活处于极不正常的状态下通过了这份报告和附件《罪证》,宣布中央"把刘少奇永远开除出党,撤销其党内外的一切职务,并继续清算刘少奇及其同伙叛党叛国的罪行"的决议。这就造成了共和国历史上最大的一桩冤案(以上材料引自《中共十一届五中全会关于为刘少奇同志平反的决议》)。

共和国主席刘少奇蒙冤于1969年11月12日被迫害致死。从这一冤案可以想见"文革"时期我国档案工作受到冲击的程度。

二、"文革"中秘书队伍素质的下降

"文革"期间,我国秘书工作者的整体素质明显下降。其主要原因有二:

一是在极不正常的政治环境下,一些在秘书工作岗位上工作多年的富有责任心和工作经验的同志被迫离开了秘书工作岗位。例如,"文革"尚未正式开始,中共中央办公厅主任杨尚昆就被打成"彭(真)、罗(瑞卿)、陆(定一)、杨"反党集团主要成员而靠边站。再以毛泽东身边的秘书工作者为例:毛本人对秘书的素质要求很高,他曾写信给邓小平和杨尚昆,要求他们为自己找一位适当的秘书,要求是"文化、政治水平较高的同志",能向他提意见。1956年,中央正式任命了毛泽东的"五大秘书",即陈伯达、胡乔木为政治秘书,田家英为日常秘书,叶子龙为机要秘书,江青为生活秘书。其中前三位秘书都是中共党内著名的"笔杆子",有较高的理论水平和文化素养,都参加过《毛泽东选集》的整理和出版,叶子龙则负责专项机要工作,政治可靠,业务熟悉。在提名江青时,毛泽东曾表示反对,说江青不行,常委们经过讨论,认为毛泽东的生活秘书还是由江青担任比较合适方便。这几位秘书在"文革"中的情况如何呢?

　　田家英在"文革"之前即遭冷落,并在"文革"初期被迫害致死。

　　胡乔木1959年庐山会议时因赞同彭德怀等反"左"的主张,差点难以过关,好在长期担任毛泽东的秘书,毛泽东对他印象不错,终于摆脱了政治危机。1961年,胡乔木因健康状况不佳需要长期疗养,经毛泽东同意离开毛泽东身边。虽然胡乔木在"文革"之前已经恢复了健康,但这时江青已经得势,胡乔木在"文革"中先后被揪斗、游街、抄家,不断地写检查,根本没有正常工作。直到1975年邓小平重新主持中央工作时,他才被任命为国务院政策研究室主任,恢复工作。

　　陈伯达自1939年起即为毛泽东的秘书,早年做过一些有益的工作,是中共党内杰出的"理论家"。此人善于见风使舵,迎合毛泽东的政治主张,在"文革"前期受到毛泽东的重用,曾主持起草《5·16通知》,不久被毛泽东提名为"中央文化革命小组组长",这个小组后来实际上取代了中央政治局。在八届十一中全会上,陈伯达被选为政治局常委,成为中共第五号人物,并主持起草了《中共中央关于无产阶级文化大革命的决定》(即"十六条")。但是毛泽东对陈伯达的信任是有限的,1969年"九大"前,陈失去了毛泽东的信任,他起草的"九大"政治报告毛泽东没有拆封就退了回来。"九大"以后,陈伯达开始投靠林彪,

1970年8月在庐山召开的九届二中全会上,他配合林彪就设国家主席问题发起突然袭击,遭到毛泽东的怒斥。毛泽东写下了《我的一点意见》,称"我跟陈伯达这位天才理论家之间,共事三十多年,在一些重大问题上从来就没有配合过,更不去说很好的配合……我们只有站在马列主义的立场上而决不能跟陈伯达的谣言和诡辩混在一起"。九届二中全会宣布对陈伯达进行审查。1971年林彪叛逃事件发生后,陈伯达被投入监狱。

江青本来是负责毛泽东生活事务的生活秘书。1962年以后,江青渐入政坛,"文革"初期担任"中央文革"第一副组长,实际上掌握"中央文革"的领导权。从理论水平、写作能力和综合素质看,江青远远不及陈伯达、胡乔木、田家英,但在"文革"特殊时期,江青却飞黄腾达,成为中央政治局委员,直到毛泽东逝世,"四人帮"被打倒。

从毛泽东身边主要秘书人员地位的变化,可以窥见秘书队伍整体素质下降的一般情况。

在"夺权"以后新成立的"革命委员会"的秘书机构中,一些造反派或极"左"思想严重的人占据了负责人的位置。

二是"文革"期间我国的教育事业尤其是高等教育遭到严重破坏,全国高校自1966年至1971年停止招生,1971年以后则不经考核而招收了为数有限的基础水平参差不齐的"工农兵大学生",他们上大学的任务主要不是学知识,而是"上、管、改",即上大学、管理大学、改造大学,学校管理一片混乱,在这种情况下,一些真正想学习知识的"工农兵大学生"也难以学到真正的知识。不但高校多年不招学生,就连中小学教育的正常秩序也受到严重干扰。我国公民特别是青年的文化素质普遍下降。在这种形势下,各级秘书部门缺少受过正规教育的新鲜血液的补充,也导致秘书队伍整体素质的降低。

三、"文革"时期的公文文风

"文革"时期,党的实事求是的正确思想路线被抛弃,民主集中制的领导原则也受到严重破坏。思想组织路线上的错误也影响到公文文风。毛泽东在延安整风运动时曾经发表《反对党八股》的著名演讲,倡导生动活泼的文风。1958年,毛泽东在为中共中央起草的《工作方法六十条(草案)》中指出:"文章和文件都应当具有三种性质:准确性、鲜明性、生动性。准确性属于概念、判断和推理问题,这些都是逻辑问题。鲜明性和生动性,除了逻辑问题外,还有词章问题……现在许多文件的缺点是:第一,概念不明确;第二,判断不恰当;第三,使用概念和判断进行推理的时候又缺乏逻辑性;第四,不讲求词章。看这种文件是一种大灾难,耗费精力又少有所得。一定要改变这种不良风气。"

毛泽东反对形式主义的文风,反对文章不讲逻辑,这无疑是正确的。遗憾的是,由于种种原因,毛泽东在晚年却未能坚持这一思想。在"文革"这一特殊的历史时期,我国各种公文文风出现了一些奇怪的现象:

一是形式主义泛滥。如任何公文前都必须先引用"最高指示"(林彪发明的对毛泽东语录的称呼,"文革"期间流行了若干年),公文中凡是引用的毛泽东的原话都必须用黑体字印刷,以表示对"最高指示"的尊重,等等。

二是个人崇拜盛行。对毛泽东的个人崇拜达到登峰造极的地步,毛泽东的话"句句是真理,一句顶一万句",公文中口号连篇,"万岁"泛滥。在1967~1968年各省、市、自治区革命委员会成立大会给党中央、毛主席的贺电中,文头居然普遍写有:"我们最最最最敬爱的伟大领袖、我们心中最红最红的红太阳毛主席"的称呼;而文尾则写上"衷心敬祝伟大领袖毛主席万寿无疆!万寿无疆!祝毛主席的亲密战友林副主席身体健康!永远健康!"

三是弄虚作假不讲逻辑。明明是全国因为武斗升级国民经济遭到严重破坏,正常工作秩序受到严重干扰,林彪在1967年"代表毛主席、党中央和中国政府"的国庆讲话中却总结说,文化大革命"取得的成绩最大最大最大,受到的损失最小最小最小",当时公文中类似"文化大革命就是好!就是好!就是好"、"谁反对文化大革命,我们就砸烂谁的狗头"的一类毫无道理可言的语言随处可见。

为了说明"文革"期间公文文风情况,下面引录1969年4月1日林彪代表党中央在"九大"所做的政治报告最后一节,以供"欣赏":

全党团结起来,全国人民团结起来,高举毛泽东思想伟大红旗,**下定决心,不怕牺牲,排除万难,去争取胜利**。

无产阶级文化大革命的伟大胜利万岁!

无产阶级专政万岁!

伟大的、正确的、光荣的中国共产党万岁!

伟大的马克思主义、列宁主义、毛泽东思想万岁!

我们伟大的领袖毛主席万岁!万岁!万万岁!

(以上引文中的黑体字是毛泽东在党的"七大"闭幕词《愚公移山》中的一段语录。"文革"时正式文件、党报以及各种出版物引用"最高指示"都要用黑体字排印,这样做在"文革"期间是一种惯例。)

第三节 新时期秘书工作的恢复和发展

一、十一届三中全会后秘书工作的全面恢复

1.第二次全国秘书长办公厅主任会议

1978年12月,中国共产党召开了十一届三中全会,完成了党的思想路线的历史性转折和全党全国工作重心的战略转移,我国进入了全面进行现代化经济建设的新的历史时期,秘书工作也随之出现了全新的局面。

1981年3月,中共中央办公厅召开了全国各省市秘书长、办公厅主任座谈会(后来被称作"第二次全国秘书长办公厅主

任会议"),对建国后三十多年秘书工作的正反两个方面的经验教训进行了全面总结。这次会议充分估计了"文革"对秘书工作造成的巨大破坏,对"文革"前形成的一系列秘书工作制度进行了认真讨论。会议认为,"文革"前许多秘书工作制度在当时是完全合理的和行之有效的,重申其中许多制度在新时期仍然需要认真执行。会议同时指出,随着时代的发展,原来的一些制度在新时期需要进一步修改完善。

在具体工作上,这次秘书长、办公厅主任会议着重研究了机关文书工作和调查研究工作。会议对机关公文处理办法进行了全面讨论,决定结合新时期机关工作的特点,对建国初期发布的《关于行政机关公文处理暂行办法》进行修订。

会议决定,在条件成熟的县级以上党政机关,设置与办公厅(室)平级的政策研究机构,加强调查研究工作,要求秘书部门向领导提供决策依据和决策备选方案。

"第二次秘书长、办公厅主任会议"的召开,标志着我国秘书工作重新走上规范化、制度化、科学化的轨道。

2."公文处理办法"的发布和修订

"第二次全国秘书长、办公厅主任会议"召开后,国务院办公厅根据会议精神,于1981年2月27日公布了《国家行政机关公文处理暂行办法》,这是对1951年5月政务院发布的《关于行政公文处理暂行办法》第一次全面修订。这次颁布的"暂行办法"对国家行政机关的公文种类、公文格式、行文关系、公文处理程序、公文立卷方法等作了严格规定。暂行办法规定的国家行政机关使用的公文种类包括9类15种,即:

① 命令、令、指令;

② 决定、决议;

③ 指示;

④ 布告、公告、通告;

⑤ 通知;

⑥ 通报;

⑦报告、请示；

⑧批复；

⑨函。

1987年2月，国务院办公厅对上述"暂行办法"进行了修改，正式发布了《国家行政机关公文处理办法》。这次修改在"总则"中增加了一条"国家行政机关的公文工作，应贯彻党政分工的原则"，强调了行政机关文书工作与党委系统文书工作应有所区别。关于行政机关公文种类，将"令"并入"命令"，并增加了第⑩类"会议纪要"。

1993年11月，国务院办公厅对这一办法又进行了一次修订，并于1994年1月起在全国行政系统施行。修订后的行政机关主要公文有12类13种，它们是：

①命令(令)；

②议案；

③决定；

④指示；

⑤公告、通告；

⑥通知；

⑦通报；

⑧报告；

⑨请示；

⑩批复；

⑪函；

⑫会议纪要。

值得指出的是，修改后的"办法"将原来的"决议"撤销，而增加了一个新的文种——议案，它的用处被规定为"使用于各级人民政府按照法律程序向同级人民代表大会或人民代表大会常务委员会提请审议事项"。这一改动反映了我国法制建设的成果和行政机关依法行政的原则。

党委机关的公文与行政机关的公文有所不同，处理办法也应有差别。1989年4月,中共中央办公厅在总结新时期文书工作新经验的基础上,对1955年和1956年发布的《中国共产党中央和省(市)级机关文书处理和档案工作暂行条例》和《中国共产党县级机关文书处理和档案工作暂行办法》中的文书处理部分作了全面修改,发布了《中国共产党各级领导机关文件处理条例(试行)》,这一条例试行7年后,中央办公厅对它进行了较大修改,并于1996年5月3日正式发布了《中国共产党各级领导机关公文处理条例》。"条例"规定的党的机关使用的主要公文种类有14种:

①决议;

②决定;

③指示;

④意见;

⑤通知;

⑥通报;

⑦公报;

⑧报告;

⑨请示;

⑩批复;

⑪条例;

⑫规定;

⑬函;

⑭会议纪要。

以上文种中的决议、意见、公报、条例、规定等是1993年行政公文种类中没有的。

3. 中共中央关于领导干部要亲自动手起草重要文件的指示

由领导人亲自动手起草重要文件,是中共从革命战争年代起就形成的一项优良传统。毛泽东、周恩来等同志亲自为中共中央和中央军委起草过许多重要文件。1948年,中共中央在关于建立报告制度的指示中还明确规定:各中央局和分局每两个月向中央和中央主席所作的综合报告,必须由书记"自己动手,不要秘书代劳"。但是,这一优良传统建国后没有得到保持和发扬,经过十年"文革",更是被破坏殆尽。三中全会后,邓小平曾经在一个讲话中严厉批评了一部分领导干部中存在的这种不良现象:一些领导"不动脑筋,靠秘书办事。讲五分钟话都要人家写成稿子照着念,有时还念错了。这是思想懒惰"。

为了克服这种严重的官僚主义现象,恢复和发扬党的优良传统,加强和改善党的领导,1981年5月7日,中共中央向全党发出了《关于各级领导干部要亲自动手起草重要文件,不要一切由秘书代劳的指示》(以下简称《指示》)。文件规定:"今后,领导者(指各级党委的第一书记,分工负责某一方面工作的书记,国家机关的部长、省长、市长,其他各部门、各单位类推)个人的重要讲话、报告,一律要亲自动手起草。领导机关的重要文件,一律由领导者(或指定一位负责同志,或由若干人合作,一人负主责)亲自动手、亲自指导、主持起草工作。所谓亲自动手,主要是指领导者必须开动脑筋,提出文件的基本思想,包括主要的观点、意见、办法……文字的加工整理,可以由秘书或其他适当人员协助,但不得把起草工作全部推给他们。"

《指示》阐述了领导干部亲自动手起草重要文件的重要意义,指出这"不是技术性的问题,而是领导工作的原则性问题"。"领导者自己动手起草重要文件准备讲话的过程,是一种不能假手别人的艰苦的创造性劳动。如果没有这个过程,虽然写出了文件或讲了话,作了报告,但思想、观点和语言都是别人的,对所论述的事物缺乏规律性的认识,对所说的意见、办法,是否正确,是否行得通,心中还是无数,那末,在执行中央或上级指示的过程中,其行动也必然带有某种盲目性或摇摆不定,也就难以做好工作。如果有了这个调查、加工、思索、提炼的过程,情况就会截然不同,不仅能够避免讲话、报告一般化,而且由于对所论述的问题有了比较清醒而深刻的认识,对自己提出的意见、办法的正确性、可行性心中有数,比较有把握,那末,在执行中央或上级指示的过程中,其行动就会是自觉的、坚定的。也只有在这种情况下,才能真正地担负起领导的责任,做好工作"。

《指示》还提出了对"各级领导机关的文件、简报数量过多"的现象加以"整顿、精简"的任务。

中共中央的这个《指示》是对各级领导干部发出的,但它在重要文件的产生程序和内容上的要求、秘书人员在起草重要文件过程中的作用、秘书和领导的关系等方面,对秘书工作者也有重要的指导意义。

4. "拨乱反正"时期信访工作的特点

处理人民来信,接待人民来访,通过信访了解人民群众的心愿和呼声,听取他们对方针政策的意见,接受人民对各级机关和领导干部的批评监督,是党和人民政府贯彻群众路线的重要方式。"文革"期间,党和政府的信访工作受到冲击,密切联系群众的优良传统也被破坏了。粉碎"四人帮"后,邓小平同志在一次讲话中说:"密切联系群众,是我们党的一个优良传统。但是,把脱离群众这个问题统统归到林彪、'四人帮'身上也不符合实际,我们自己也有责任。"(《邓小平文选》上,第 200 页)他多次指示,要重视人民群众的来信来访工作。

"拨乱反正"时期信访工作有三个重要特点:

一是上访来信数量巨大,仅 1979 年 9 月以后的半年中,县以上党政机关信访部门受理的信访案件就达 105 万件(《瞭望》1985 年第 3 期),由于只有重要的信访问题才立案,实际受理的信访人次数远远超过此数。

二是信访反映的问题非常集中,其中绝大部分是要求对 1955 年"镇压反革命"、1957~1958 年"反右"、1959~1960 年"反右倾",以及十年"文化大革命"中的冤假错案进行甄别平反,这是我党多年执行极"左"路线留下的后遗症。

三是党中央对信访工作极为重视。除了小平同志多次对信访工作作过重要指示外,1979年9月17日和10月22日《人民日报》接连发表了两篇评论员文章,第一篇题为《切实解决上访问题》,第二篇题为《正确对待上访问题》,足见中央对人民群众来信来访问题的重视。

在当时的中央领导中,胡耀邦同志对信访工作做出了很大贡献。他还没有恢复工作时,就为许多受迫害的老干部和知识分子平反昭雪、恢复工作而奔走呼号。1978年,他出任中共中央组织部长的第二天,就到信访部门去听取汇报。1979年1月,他担任中共中央秘书长,1980年任中共中央总书记,到1985年7月离开主要领导岗位,6年多时间内亲自批阅人民来信2千多件,平均每天1件。除此而外,他还亲自接待了大量来访,他要求自己的警卫人员,对登门来访反映问题的人员一律不许挡驾。耀邦同志重视人民来访来信有许多非常感人的故事,这体现了当时的中央主要领导人与人民群众的血肉联系,同时也为全党全国的信访工作者作出了光辉榜样。

1982年初,中共中央召开了第三次全国信访工作会议,认真总结了三中全会以后的信访工作经验,并通过了《党政机关信访工作暂行条例(草案)》,这一文件对信访工作的意义、原则、机构设置和信访人员的职责和具体要求,都作了具体明确的规定。

二、新时期秘书工作的新要求和新内容

1. 第三次全国秘书长办公厅主任会议

1985年1月,中共中央办公厅主持召开了全国秘书长办公厅主任座谈会(后被称作"第三次秘书长办公厅主任会议"),共有166人参加会议。这次座谈会总结了第二次秘书长办公厅主任会议以后四年来秘书工作的经验,确定了今后秘书工作的发展方向。这次会议在共和国秘书工作发展史上具有特别重要的意义。

第一,这次会议着重研究了新形势下如何发挥秘书部门的参谋助手作用问题,第一次正式把"参谋作用"提到"助手作用"之前,对秘书工作提出了新要求。

早在1951年"第一次秘书长会议"上就提出了秘书长和办公厅主任"既要参与政务又要掌管事务",这一思想写入了会后发布的《政务院关于各级政府机关秘书长和不设秘书长的办公厅主任的工作任务和秘书工作机构的决定》,但当时这仅仅是对秘书长和办公厅主任的要求,而不是对秘书工作的一般要求。虽然一个水平高的秘书对领导决策提供参考意见的现象自古而然,但在一般民众、各级领导以及广大秘书工作者自己的意识中,秘书的"参谋作用"一直没有作为一个明晰的概念被确认,就连《辞海》等权威性的辞书也只说秘书"是领导的助手",不提秘书是领导的参谋。

1985年1月14日,当时任中共中央总书记的胡耀邦到全国秘书长办公厅主任座谈会上作了重要指示:秘书部门要充分发挥参谋助手作用,遇事能为领导想办法、出主意、提建议、提方案。领导同志还没有想到的事,秘书人员想到了,想得很周到,还提出了新的建议,这就是个好秘书。秘书部门不仅在具体问题上能辅助领导,而且在大政方针的决策中,也要能提供相关信息,诸如历史情况、有关文献、数据资料、权威的观点、国内外各方面的看法等,乃至提出供领导选择的建议或方案,便于领导作出正确的决定。

自第三次秘书长办公厅主任会议后,"秘书既是领导的助手,也应该是领导的参谋"就成为了秘书工作者的共识,也逐步被社会承认。这一方面提高了秘书工作者的地位,同时也对秘书工作提出了更高的要求。

第二,这次会议明确了秘书部门的工作必须努力做好"三服务"。在此之前,中央领导对中共中央办公厅的工作提出了"三服务"的要求——为中央领导服务,为中央各部委和各省、自治区、直辖市服务,为人民群众服务。在第三次秘书长办公厅主任座谈会上,"三服务"的精神被确定为全党、全国秘书工作的共同的根本要求。由于各机关的级别、性质不同,"三服务"应该变通理解为:为领导工作服务,为各部门和下级单位服务,为人民群众服务。

第三,这次会议从强化秘书部门的参谋职能出发,明确提出了新时期秘书工作必须实现"四个转变":从偏重办文办事转变为既办文办事又出谋献策;从收发传递信息转变为综合处理信息;从单凭老经验办事转变为实行科学化管理;从被动服务转变为主动服务。当然,要实现秘书工作这四个根本性的转变,不是一次会议或一个文件能够解决问题的,转变也不可能在很短的时间内完成。但这"四个转变"提出了秘书工作向现代化发展的途径,极大地调动了秘书工作者的积极性、主动性,强化了秘书人员的参谋意识,对改变秘书工作相对落后的状况产生了巨大的作用。

2. 秘书工作内容的拓展

随着秘书部门参谋职能的强化,秘书工作在领导决策的形成和实施过程中的辅助作用越来越重要,秘书工作的内容在20世纪80年代后有了新的拓展。这主要表现在以下几个方面:

(1)调查研究在秘书工作中的地位得到提高。各级秘书部门本来就负有为领导提供情况的职责,而调查研究是了解情况获取第一手信息的可靠渠道,因此在较高机关的办公厅(室)中,原来就设有"研究室"(或调研室、政策研究室等)这样的二级机构。20世纪80年代后,领导的科学决策和管理对秘书部门调查研究的要求越来越高,原来隶属于办公厅的"研究室"已经不能适应日益繁重的调查研究工作的需要。1981年1月的第二次秘书长办公厅主任座谈会决定在条件成熟的县级以上党政机关,设置与办公厅(室)平级的政策研究机构,加强调查研究工作,要求秘书部门向领导提供决策依据和决策备选方案。

从20世纪80年代早期起,各地市以上党政领导机关办公厅(室)中的"研究室"陆续从办公厅(室)中分离出去,成为与办公厅(室)平行的机构。研究机构的独立并不说明秘书部门减少了调查研究的业务,而恰恰说明调查研究在秘书各项业务中相对地位的提高和工作量的增加。尽管调研机构不再隶属于办公厅(室),但它所承担的主要业务如调查研究、信息分析、文件起草等,都是秘书工作的重要内容,因此,各级领导机关的调研机构与办公厅(室)一样,也属于广义的秘书工作部门。

(2)信息工作成为秘书部门一项重要的经常性业务。信息作为一个科学概念的形成以及信息论成为一门科学,在西方是最近几十年的事。在我国,信息在科学决策和科学管理中的作用,到改革开放以后才逐渐被人们理解和认识。1986年12月,中央办公厅召开了一次由部分省市和中央各部门秘书长办公厅(室)主任座谈会,会议的主要议题就是如何进一步做好办公厅(室)的信息工作,更好地为领导的科学决策服务。这次会议以后,我国各级领导机关的秘书部门陆续建立了专门负责收集、处理信息的机构(信息处、信息科等),配备了专门的信息工作人员,并逐渐形成了覆盖全国的信息网络。据统计,到1990年,全国从中央到县级党委系统的秘书机构中,已经配备的专职信息工作人员达7千人,兼职的信息工作人员达8万人,政府系统的人数还要多得多。

(3)督促检查成为秘书部门一项重要职责和常规业务。督促检查本来是领导的职责,它成为秘书部门的一项经常性的业务和重要职责,是20世纪80年代中期以后逐步形成的。1983年8月,中央几位领导指示秘书部门,对领导批示有关单位办理的重大问题,秘书部门要检查落实,督促办理。当时督促检查的内容主要是一些领导人批示的具体事项。后来,督促检查的内容逐步扩展到下级对上级领导机关的重大决策和方针政策的贯彻落实上来,成为领导决策实施过程中的一项常规性工作。1990年1月,中央主要领导人在全国秘书长座谈会上明确指出:"我们各级领导机关长期以来存在一个比较薄弱的环节,就是布置多,检查少,或者说得更严重一点,就是有布置无检查。我们应该下决心改变这种状况,做到布置一项工作就要把它落到实处,抓一件是一件。我看办公厅应该发挥这样的督促检查作用。"至此,督促检查就正式成为秘书部门一项重要职责和常规业务,各级办公厅(室)中也相继成立了督查工作处(科)等专门机构。

(4)秘书部门的协调职能得到充分的重视和强调。协调是领导者的职责,秘书部门本来就有义务协助领导做协调工作。20世纪80年代以来,为了使领导从繁杂的协调事务中解脱出来,以便将主要精力用于思考经济和社会发展的全局,办公厅承担了越来越多的协调事务。1990年1月,中央政治局五位常委在接见全国秘书长座谈会代表时的讲话中,不约而同地谈到秘书部门协调工作的重要性,是对秘书部门协调工作的充分肯定。协调已经成为秘书部门一项常规业务。

3. 第四次全国秘书长会议

为总结1985年第三次全国秘书长办公厅主任会议以后五年秘书工作的经验,中共中央办公厅于1990年1月又召开了一次各省、自治区、直辖市党委秘书长座谈会(后称为"第四次全国秘书长会议")。这次会议的中心议题是:落实中央领导同志对秘书工作的重要指示,研究在新形势下改进工作作风进一步做好秘书工作的问题。

"第四次全国秘书长会议"的特点是:

其一,中央领导同志对会议极为重视,政治局五位常委(江泽民、李鹏、乔石、姚依林、李瑞环)全部到会接见了代表并做了重要讲话,这在中国历史上和中共党史上是从来没有过的。上段引用的中央主要领导关于办公厅要发挥督促检查作用的重要指示就是在这次接见代表时发表的。

其二,会议明确提出了要把信息调研和督促检查作为今后秘书工作的重点,实际上就是强调了秘书部门在领导机关决策形成和实施过程中应发挥更大的作用。会议根据中央领导同志的指示,提出了《关于党委办公厅(室)进一步开展督促检查工作的意见（讨论稿）》，要求强化各级秘书部门的督查职能，指出要把督查工作的重点从"批办督查"转到"决策督查"上来。会后，全国各地市以上单位都成立了督查室，地市以下单位也设立了督查员。

4. 档案工作和保密工作的法制化

档案工作和保密工作历来是秘书工作的重要内容。80年代，我国的档案工作和保密工作走上法制化的轨道。

中国共产党和中国政府历来重视档案工作。1954年，中共中央发布了《中国共产党中央和省（市）级机关文书处理和档案工作暂行条例》；1956年4月，国务院发布了《关于加强国家档案工作的决定》，我国党政机关档案工作形成了相对稳定的制度。但是，这两个文件并不具有国家法律、法规性质，而且它们所规定的一些行之有效的档案工作制度，在"文革"期间遭到严重破坏。1983年4月，国家档案局根据中共中央和国务院有关档案工作的决定和指示，制定发布了《机关档案工作条例》，并随《条例》发布了《关于文书档案保管期限的规定》。这个具有法规性质的重要文件发布以后，全国上下各机关单位都按照《条例》的规定，建立了档案室，配备了专职的或兼职的档案工作人员。1987年9月，六届人大常委会通过了《中华人民共和国档案法》，并于1988年起在全国施行。至此，我国档案工作完全实现了法制化管理。在《机关档案工作条例》和《档案法》发布施行后，各地档案管理机构对各单位的档案工作人员进行了强制性的轮训，大大提高了档案人员的素质。这段时期，各单位还按照中央的要求，集中人力物力，对本机关过去的档案材料（其中有些在"文革"中遭到严重破坏）进行了全面清理，建立了相对正规的档案库。

早在建国后不久，中央人民政府政务院就发布了《保守国家机密暂行条例》，这是建国以后关于保守国家机密的第一个法规性文件。进入新时期后，国际国内形势发生了深刻变化，原来规定的一些制度已经不宜继续执行，而一些有效的制度由于十年动乱的巨大冲击又亟待恢复,根据这一形势,1988年9月,七届人大常委会通过了《中华人民共和国保守国家秘密法》,从法律上对"国家秘密"的概念和范围、保密制度、泄密失密的法律责任等作了严格规定。国家对保密工作实行了法制化管理。

三、秘书教育和秘书学科研的大发展

1. 高等教育秘书专业的创办和迅速发展

"文革"前,我国高等学校没有秘书专业,学科体系中也没有"秘书学"这门学科。虽然中国人民大学在1955年就在原来的档案专修科的基础上成立了历史档案系,并且该系设有文书学课程,但是历史档案系的培养目标是专业的档案工作者,该系毕业生大多到中央和各地的大型档案馆从事专业档案管理或档案史料的整理研究工作。众所周知,档案馆的专业档案管理和研究工作不属于秘书工作的范畴,而且事实上历史档案系的毕业生基本上没有进入秘书工作者队伍的。因此,人大历史档案系的建立,不能作为我国高校秘书专业教育的开始。

中共十一届三中全会后,大规模经济建设和管理现代化的发展趋势,使得原来"师傅带徒弟"式陈旧的培养秘书的方式越来越不能适应社会对秘书人才的需求。

根据有关资料,在我国高等院校中,最早创办秘书专业的是上海大学文学院(当时为复旦大学分校)。1980年秋,该校为适应三中全会后社会对秘书人才的广泛需求,在全国率先招收秘书专业学生(专科)。此后不久,成都大学、江汉大学、安徽师范大学等院校也开设了秘书专业。

由于秘书专业顺应社会经济发展的大趋势,秘书专业毕业生一时成为社会的"抢手货",在当时计划经济条件下,他们大多被分配到党政机关、事业单位和大中型企业(包括当时为数不多的"三资"企业)工作。毕业生的广受欢迎,受到教育行政主管部门的关注,刚刚创办的秘书专业在很短的时期内得到迅猛发展。据不完全统计,到 1985 年止,全国设置秘书专业或秘书学课程的高等院校已达 120 多所。到 1990 年,秘书专业已经发展成为全国高校招生人数最多的专业之一。从 80 年代后期起,上海、广东等许多省市的高等教育自学考试也开考了秘书专业。

2. 秘书学理论研究兴起

高校开办秘书专业,对学生进行系统的秘书专业知识和技能的教育培养,标志着"秘书学"作为一门新兴学科的正式诞生。

虽然秘书学在国外已经有了好几十年的历史,但由于我国管理模式与西方国家有很大不同,我国秘书工作与西方国家也有很大差异,加上长期对外封闭,我国秘书学的产生基本上没有受到国外秘书学的影响,而主要是在总结中共领导下的秘书工作历史经验的基础上创建的。在这一点上,秘书学与大众传播学、公共关系学等近二十年来在我国兴起的学科是很不相同的,后者主要是从西方发达国家引进的新学科,而秘书学则是我国独立创办的一个新学科。

根据目前的史料,我国最早对秘书工作规律进行系统的理论研究的学者是李欣,他同时是中共中央办公厅秘书局的一位资深秘书和官员。李欣 1959 年开始对秘书活动进行全面而系统的研究,并于 1961 年完成了《秘书工作》的初稿。但是,由于种种原因,这部书稿直到 20 年后才正式出版。尽管如此,《秘书工作》仍然是中国秘书学论著中的开山之作,对我国秘书学的学术研究和学科建设产生了巨大影响。

我国秘书学理论研究伴随着秘书教育事业的发展,在 20 世纪 80 年代到 90 年代中期得到迅速发展,其主要表现有:

(1) 秘书学教材和专著大量出版。据不完全统计,到 1995 年止,我国正式出版的秘书学教材和专著不下二百种,其中既有《秘书学》、《秘书学概论》一类通论性的著作,也有《涉外秘书》、《商务秘书》等带有行业特点的专门性著作。

(2)秘书学杂志纷纷创办。到1995年为止,全国出版的秘书学杂志已有十几种。其中中共中央办公厅主办的《秘书工作》、上海大学文学院主办的《秘书》、兰州大学主办的《秘书之友》等,是创办时间较早、影响较大的几家。这些秘书学杂志已成为秘书学理论研究的前沿阵地。

(3)秘书学学术组织相继成立。1984年在上海召开了全国高等院校秘书学教学经验交流会,一百多位秘书学专家和教学工作者参加了会议,经过代表们协商,于1985年成立了中国高等院校秘书学教学研究会(后改为"中国高校秘书学会")。1985年,又建立了中国公文写作研究会等五个专业研究会。在此前后,各省市还成立了主要由秘书工作者参加的秘书学会。

(4)国外秘书学书籍陆续被翻译介绍到中国。从20世纪80年代中期起,先后出版的国外秘书学译本有美国的安娜·埃克丝蕾等主编的《韦氏秘书手册》、苏联卡捷琳娜等著的《机关秘书》、日本夏日通利著的《企业秘书》等。这些国外秘书学书籍的翻译出版,使人们比较全面地了解到国外秘书工作的现状和发展趋势,对我国秘书学的研究和秘书工作的发展具有重要参考价值。

四、市场经济条件下秘书工作的新发展

进入20世纪90年代以后,中国的经济建设进入了一个新的阶段,最主要的变化是1992年春天邓小平南巡讲话和当年秋天召开的中共"十四大"确立了社会主义市场经济的理论。市场经济理论和市场经济体制的逐步确立,使中国社会生活发生了深刻的变化,也对秘书工作产生了巨大的影响。

20世纪90年代以来,我国秘书工作发生的主要变化有以下几个方面:

1.非公有制公司秘书和私人秘书迅速增加

从20世纪50年代中期完成社会主义改造以后的相当长的时间内,中国实行的是单一的生产资料公有制和计划经济体制。在这种社会经济体制下,大陆上基本上不存在私人秘书和非公有制企业的秘书。20世纪80年代以前人们所说的"秘书",指的就是党政机关的秘书或公有制企事业单位的秘书。我国的秘书学理论在起步时,也是以机关秘书工作规律为研究对象,并不涉及非公有制单位秘书和私人秘书的工作规律。

20世纪80年代以后,我国实行改革开放的国策,私营经济、个体经济以公有制经济的"必要补充"的名义取得了合法地位,得到一定程度的发展;对外开放,引进外资,则使国内出现了一批"三资企业",这是非公有制经济的另一组成部分。伴随着非公有制单位的出现,私人秘书、非公有制单位的秘书也就出现了。

社会主义市场经济理论确立以后,我国出现了公有制实现形式多样化和多种经济成分共同发展的局面,非公有制经济在党和政府的鼓励、引导下健康发展,成为我国社会主义市场经济的重要组成部分。经济成分的这一变化也造成了非公有制公司(包括私营企业、外资企业、个体企业)秘书人员和私人秘书的急剧增加,他们成了我国秘书队伍中不可忽视的重要组成部分。

随着非公有制公司秘书人数的增加,以及国有企业现代公司制度的确立,我国原来以党政机关秘书工作规律为主要研究对象的秘书学理论也随着发生变化,出现了机关秘书学、企业秘书学、涉外秘书学、商务秘书学等等分支,这是符合应用学科的发展规律的。

2. 公关工作和谈判事务成为秘书工作的重要内容

随着市场经济体制的建立,国有企业也按照市场运行机制进行以建立现代企业制度为方向的改革,许多企业实行了公司化管理,它们和非公有制公司一样参加市场竞争。公有制企业的这一变化,加上各级党政领导机关和事业单位的经济活动在整个公务活动中比重的增加,使秘书工作又增加了新的内容:公关工作和谈判事务成为秘书部门(尤其是公司秘书)的两项重要工作。

企业要在市场竞争中生存发展,必须建立良好的公众形象,扩大公司及其产品的知名度,提高美誉度,这就离不开公共关系工作。公共关系是社会组织运用传播手段使自身与公众互相了解、互相适应,以达到和谐的一种管理职能。公共关系的核心是在公众中树立组织的良好形象。为了实现公共关系的职能,就必须进行公关形象调查,策划传播手段,开展公关活动。这些公关工作是市场经济条件下公司、机关或其他单位不可缺少的工作。在我国,尽管一些大公司设立了专门的公关部门,但大多数企业及所有事业单位和政府机关的公关工作都是由秘书部门承担的,许多单位还配备了专门的"公关秘书";即使那些设有专门公关部的公司,办公室也承担不少公共关系事务。

"谈判"有广义和狭义之分。广义的"谈判"包括社会上组织与组织之间、组织与个人之间、个人与个人之间就特定问题所进行的交涉、协商。广义的"谈判"已经渗透到社会生活的各个方面,不管你愿意不愿意,你都经常成为谈判的参加者。狭义的"谈判"指那些正式场合下进行的旨在达成某种对各方有约束力的协议而进行的商谈,又叫"正式谈判"。

新时期党和国家的工作重点已经转到以经济建设为中心的轨道上来,随着社会主义市场经济体制的建立和改革开放的深入,谈判尤其是经济谈判已经成为各级各类机关和企事业单位领导经常性的公务活动。尤其是作为国民经济细胞的企业,在市场经济的条件下正在获得越来越多的经营自主权,在日益频繁的对外对内经济来往中,既需要经常运用谈判这一手段来推销商品,采购原材料,引进人才、资金、技术、设备,广泛开展经济技术协作;也要经常运用谈判来解决越来越多的利益冲突和经济纠纷,谈判在企业经营活动中的作用越来越重要。作为领导的参谋和助手,秘书要为领导的谈判提供各方面的服务,承担谈判的具体事务,经常直接参加领导的谈判活动,有时还在领导的授权下代表单位进行谈判。因此,谈判事务在20世纪90年代后便成为秘书部门经常性的业务工作之一。

3. 办公自动化迅速发展

现代科学技术的发展对秘书工作产生了巨大影响,在西方发达国家,"办公自动化"的概念早在20世纪30年代就已经提出,到70年代中期,西方发达国家陆续建立了办公自动化体系。办公自动化的主要特征是将现代计算机技术、现代通信技术等先进的科技设备引进办公室,并与具有现代管理观念的办公人员构成完整的人机信息处理系统,极大地提高了办公效率。

"办公自动化"的概念在20世纪70年代末80年代初传入我国,1985年我国召开了第一次办公自动化规划讨论会,一些高层机关和大型企业于80年代逐渐引进了一些现代化的办公设备,理论界和科技界对我国办公自动化的模式和发展规划进行了探讨。

我国办公自动化是从20世纪80年代末到90年代初才真正起步发展的,但速度比较快。主要表现有:一是现代化的办公设备进入了一般单位办公室,到20世纪90年代中后期,许多办公室都配备了电子计算机、多功能电话、传真机、激光打印机、复印机等设备,这些先进的办公设备是二十年前绝大多数人闻所未闻的;二是在省级以上办公厅和部分地市级机关、大型企事业单位的办公部门实现了计算机联网;三是我国科技人员开发了一些适合我国国情的办公自动化软件。

由于人员素质和思想观念等方面的原因。我国办公自动化程度相对来说还比较低,与发达国家和地区相比差距还很大,有待于进一步发展。

4. 国家公务员制度正式推行

1993年4月,国务院发布了《国家公务员暂行条例》,并从当年10月1日起在全国施行。这个法规性条例的施行,对国家行政机关的秘书工作产生了很大影响。

我国国家工作人员(其中文秘人员占有相当大的比例)录用、任免、奖惩、升降等,在相当长的时间内没有实行法制化、科学化管理,带有一定程度的随意性。许多有知识有才能的青年由于种种原因,被排斥在"国家干部"队伍之外,而一些素质不高的人却由于种种原因长期占据着某些工作岗位,严重影响了行政机关的办事效率。《国家公务员暂行条例》规定,公务员制度贯彻"公开、平等、竞争、择优"的原则。"国家行政机关录用担任主任科员以下非领导职务的国家公务员,采用公开考试、严格考核的办法,按照德才兼备的标准择优录用"。

从1995年开始,全国各省市陆续按照条例规定,以公开考试的办法面向全社会录用公务员,每次招考录用的职位中,文秘人员都占有较大比重。公务员录用考试在全社会引起极大反响,报考秘书职位的人数一般都超过录用人数的十几倍甚至几十倍,这使得国家行政机关新录用的秘书人员的素质得到保证。这些基本素质好、文化水平高、思想观念新的年轻人不断补充到国家行政机关的秘书工作人员的队伍中来,必将加快我国秘书工作现代化的进程。

2005年4月27日,在《国家公务员暂行条例》基础上制定的《中华人民共和国公务员法》获十届人大常委会十五次会议通过,2006年起在全国正式推行。

复习思考题

1. 我国各级机关秘书机构的名称是如何确定下来的?

2. "第一次全国秘书长会议"和政务院《关于各级政府机关秘书长和不设秘书长的办公厅主任的工作任务和秘书工作机构的决定》在新中国秘书工作史上的有何重要意义?

3. 从建国到20世纪50年代中期,我国陆续建立了哪些秘书工作制度?

4. 简述20世纪60年代初我党"大兴调查研究之风"的原因、基本情况和意义。

5. "文革"前我国秘书工作有哪些特点?

6. "文革"初期我国秘书工作受到哪些严重冲击?

7. "文革"时期我国秘书队伍素质明显下降的主要原因是什么?

8. "文革"时期我国公文文风出现了哪些不正常的现象?

9. 试述第二、第四次全国秘书长会议的时间、内容、特点及对秘书工作的影响。

10. 简述新中国成立后《国家行政机关公文处理办法》的发布和修订过程。

11. 中央于20世纪80年代初发出的《关于各级领导干部要亲自动手起草重要文件,不要一切由秘书代劳的指示》,对秘书工作有何指导意义?

12. "拨乱反正"时期我国信访工作有哪些特点?

13. 为什么说第三次秘书长办公厅主任会议在新时期秘书工作史上有特别重要的意义?

14. 20世纪80年代中期以后,我国秘书工作内容有哪些新的拓展?

15. 档案法、保密法、国家公务员条例(暂行)是何时施行的?

16. 我国秘书学正式诞生的标志是什么?秘书学理论研究迅速发展的主要表现有哪些?

17. 市场经济体制确立以后,我国秘书工作有哪些新的发展?

18. 非公有制秘书人员迅速增加的原因是什么?

19. 为什么公关工作和谈判事务会成为秘书工作的重要内容?

20. 我国办公自动化发展较快的主要表现有哪些?

附 录

中国历史朝代沿革表

五帝（传说） （黄帝、颛顼、帝喾、尧、舜）			约前26世纪～约前21世纪
夏			约前21世纪～约前16世纪
商			约前16世纪～约前1066
周	西周		约前1066～前771
	东周 　春秋时代 　战国时代①		前770～前256 前770～前476 前475～前221
秦			前221～前206
汉	西汉②		前206～公元23
	东汉		25～220
三国	魏		220～265
	蜀		221～263
	吴		222～280
西晋			265～316
东晋 十六国	东晋		317～420
	十六国③		304～439
南北朝	南朝	宋	420～479
		齐	479～502
		梁	502～557
		陈	557～589
	北朝	北魏	386～534
		东魏	534～550
		北齐	550～577
		西魏	535～557
		北周	557～581
隋			581～618
唐			618～907

续上表

五代十国	后梁	907～923
	后唐	923～936
	后晋	936～946
	后汉	947～950
	后周	951～960
	十国④	902～979
宋	北宋	960～1127
	南宋	1127～1279
辽		907～1125
西夏		1038～1227
金		1115～1234
元		1279～1368
明		1368～1644
清		1644～1911
中华民国		1912～1949

附注：①这时期，主要有秦、魏、韩、赵、楚、燕、齐等国。

②包括王莽建立的"新"王朝（公元8年～23年）。王莽时期，爆发大规模的农民起义，建立了农民政权。公元23年，新莽王朝灭亡。公元25年，东汉王朝建立。

③这时期，在我国北方，先后存在过一些封建政权，其中有：汉（前赵）、成（成汉）、前凉、后赵（魏）、前燕、前秦、后燕、后秦、西秦、后凉、南凉、北凉、南燕、西凉、北燕、夏等国，历史上叫做"十六国"。

④这时期，除后梁、后唐、后晋、后汉、后周外，还先后存在过一些封建政权，其中有：吴、前蜀、吴越、楚、闽、南汉、荆南（南平）、后蜀、南唐、北汉等国，历史上叫做"十国"。

主要参考书目

1. 李　欣主编:《中国秘书发展史》,北京,高等教育出版社,1993。
2. 杨剑宇:《中国秘书史》,上海,同济大学出版社,1988。
3. 闵庚尧:《中国古代公文简史》,北京,档案出版社,1988。
4. 许同莘:《公牍学史》,中国人民大学历史档案系根据商务印书馆 1947 年版翻印,1958。
5. 潘林杉:《中国古代秘书通论》,合肥,安徽人民出版社,1990。
6. 聂中东主编:《中国秘书史》,郑州,中州古籍出版社,2000。
7. 李　欣等:《中国现代秘书工作基础》,北京,高等教育出版社,1993。
8. 邹家炜等:《中国档案事业简史》,北京,中国人民大学出版社,1985。
9. 逄先知:《毛泽东和他的秘书田家英》,北京,中央文献出版社,1995。
10. 胡　绳主编:《中国共产党的七十年》,北京,中共党史出版社,1991。
11. 范文澜:《中国通史》,北京,人民出版社,1978。
12. 李　欣:《秘书工作》,北京,高等教育出版社,1985。
13. 王千弓等:《秘书学与秘书工作》,北京,光明日报出版社,1984。
14. 陈合宜:《秘书学》,广州,暨南大学出版社,1996。
15. 刘登山:《秘书学教程》,北京,中国政法大学出版社,1988。

后　　记

　　我国秘书学产生于 20 世纪 80 年代初,而中国秘书工作已经有了四千多年的历史。和其他社会文化现象一样,中国历代秘书工作有着极为丰富的遗产值得继承和借鉴,同时也有一些沉痛的历史教训需要记取。秘书理论工作者有必要以马克思主义历史观和现代秘书学理论为指导,对秘书工作的历史经验和教训进行系统的研究和总结。秘书专业的学生和广大秘书工作者了解一定的中国秘书史知识,对他们理解秘书工作的基本规律和当代秘书的工作制度也是不无裨益的。

　　本书作者所在的安徽师范大学自 20 世纪 80 年代初就开办了秘书专业,是全国较早开办秘书专业的高校之一;90 年代中期,又被确定为安徽省高等教育自学考试秘书专业的主考学校。在长期的秘书学教学和研究中,我们认真拜读了一些中国秘书史专著和教材,在深为前辈专家厚实的学术功底和严谨的治学态度所折服的同时,也有一些新的体会,对中国秘书史上的若干重要问题形成了自己的观点。1999 年,我们申报的"中国秘书工作发展史研究"获得了安徽省教育厅社会科学研究基金的资助,便合作开始了对中国秘书史的系统研究,这期间形成的一些成果已经撰写成学术论文在《秘书工作》(中共中央办公厅主办)、《档案学研究》(中国档案学会主办)、《江汉论坛》(湖北省社会科学院主办)、《秘书之友》(兰州大学主办)等学术期刊陆续发表。本书就是在这些研究成果的基础上撰写而成的。现不揣冒昧,以《中国秘书史》的名义,向秘书理论界、秘书教学界以及广大秘书工作者献上一份薄礼,希望对中国秘书史的学术研究和秘书史知识的普及作出一点小小的贡献。

　　本书除了对中国秘书史上一些重要问题提出了自己的观

点外,对古代秘书史部分的撰写体例作了新的探索——不采取断代史的方法,而采用专项内容纵向考察的方法。本书第六章"中国当代秘书史"部分则是在基本没有同类资料参考的情况下撰写而成的。

在本书撰写过程中,我们查阅了大量秘书学、档案学、历史学、政治学等方面的专著、教材以及其他文献,吸收了学术界许多研究成果,凡直接引用或转述内容较多者,均一一注明出处,在此谨向这些专家学者表示深深的谢意。

本书是两位研究者合作的成果。其中引言、下编以及上编的第三章第4~6节,由杨树森撰写;上编第一、二章以及第三章的第1~3节,由张树文撰写。因才疏学浅,不敢自信,恳请秘书学界同仁和广大读者对书中的不足之处提出批评。

作　者

2003 年 5 月

再版后记

本书能够再版，颇有点出乎意料。

2003年8月初版时，我们没有请名家作序，本以为不会产生多大影响，但是出版后却受到专家和社会的充分肯定，现在本书不但被大陆许多高校秘书专业选用为教材，而且被各类图书馆广泛收藏，在各地图书市场上也赢得一部分读者，甚至远销台湾、香港、新加坡等海外华人文化区。2005年10月，本书参加"第十三届全国秘书学论文论著评奖"获一等奖；2006年6月，本书参加"第六届全国秘书学与秘书工作论著"评奖活动又获二等奖。

由于本书产生了广泛的影响，中共中央办公厅秘书局主管的《秘书工作》杂志约请作者撰写"漫话中国秘书史"系列文章，已在该刊2005年第9～12期连载；另外《秘书之友》杂志也将于2006年下半年连载本书作者撰写的"中国现当代秘书史"系列文章。

这次再版，我们根据一些专家、使用本书为教材的老师和其他读者的意见，对书中史料进行了核实和补充，纠正了部分文字上的疏漏。谨向提供宝贵意见的专家、老师、读者表示诚挚的谢意。欢迎读者继续对本书提出批评和建议，来信请寄：241000 安徽师范大学文学院 杨树森收；电子信箱：yangshusen2005@126.com。作者承诺来信必复。

作　者

2006年1月